T0274658

La mirada quieta
(de Pérez Galdós)

Mario Vargas Llosa

La mirada quieta
(de Pérez Galdós)

ALFAGUARA

Primera edición: mayo de 2022

© 2022, Mario Vargas Llosa
© 2022, Penguin Random House Grupo Editorial, S.A.U.
Travessera de Gràcia, 47-49. 08021 Barcelona
© 2022, Penguin Random House Grupo Editorial USA, LLC
8950 SW 74th Court, Suite 2010
Miami, FL 33156

penguinlibros.com

© Diseño: Penguin Random House Grupo Editorial, inspirado en un diseño original de Enric Satué

Penguin Random House Grupo Editorial apoya la protección del *copyright*.
El *copyright* estimula la creatividad, defiende la diversidad en el ámbito de las ideas y el conocimiento, promueve la libre expresión y favorece una cultura viva. Gracias por comprar una edición autorizada de este libro y por respetar las leyes del *copyright* al no reproducir, escanear ni distribuir ninguna parte de esta obra por ningún medio sin permiso. Al hacerlo está respaldando a los autores y permitiendo que PRHGE continúe publicando libros para todos los lectores. Diríjase a CEDRO (Centro Español de Derechos Reprográficos, http://www.cedro.org) si necesita fotocopiar o escanear algún fragmento de esta obra.

Impreso en México - *Printed in Mexico*

ISBN: 978-1-64473-597-8

22 23 24 25   10 9 8 7 6 5 4 3 2 1

Índice

A mi amigo Pedro Cateriano Bellido

La mirada quieta (de Pérez Galdós)

Tengo a Javier Cercas por uno de los mejores escritores de nuestra lengua y creo que, cuando el olvido nos haya enterrado a sus contemporáneos, por lo menos tres de sus obras maestras, *Soldados de Salamina*, *Anatomía de un instante* y *El impostor*, tendrán todavía lectores que se volcarán hacia esos libros para saber cómo era nuestro presente, tan confuso. Es también un valiente. Quiere su tierra catalana, vive en ella y, cuando escribe artículos políticos criticando la demagogia independentista, es convincente e inobjetable.

En la civilizada polémica que tuvo sobre Benito Pérez Galdós hace algún tiempo con Antonio Muñoz Molina, Cercas dijo que la prosa del autor de *Fortunata y Jacinta* no le gustaba. «Entre gustos y colores, no han escrito los autores», decía mi abuelo Pedro. Todo el mundo tiene derecho a sus opiniones, desde luego, y también los escritores; que dijera aquello en el centenario de la muerte de Pérez Galdós, cuando toda España lo recordaba y lo celebraba, tenía algo de provocación. A mí no me gusta Marcel Proust, por ejemplo, y por muchos años avergonzado lo oculté. Ahora ya no. Confieso que lo he leído a remolones; me costó trabajo terminar *En busca del tiempo perdido*, obra interminable, y lo hice a duras penas, disgustado con sus larguísimas frases, la frivolidad de su autor, su mundo pequeñito y egoísta, y, sobre todo, sus paredes de corcho, construidas para no distraerse oyendo los ruidos del mundo, que a mí me gustan tanto. Me temo que si yo hubiera sido lector de Gallimard cuando Proust presentó el manuscrito de su primer volumen, tal vez hubiera desaconsejado su publicación, como hizo André Gide (se arrepintió el resto de su vida de este error). Todo esto para decir que, en aquella polémica, estuve al lado de Muñoz Molina y en oposición a mi amigo Javier Cercas.

Pero algunos meses más tarde, en su columna semanal de *El País* (9 de enero de 2021), titulada «El mérito de Galdós», Cercas publicó una versión mucho más favorable y acertada, creo, sobre el autor de *Fortunata y Jacinta*. Dentro del gran vacío que dejó en España el *Quijote*, la revolucionaria novela de Cervantes, le reconocía a Pérez Galdós haberse embarcado «en un proyecto literario de una ambición y una amplitud inéditas con el fin de cimentar una tradición novelesca que brillaba por su ausencia en España». Y afirmaba que ni «las *Memorias de un hombre de acción*, de Baroja, ni *La guerra carlista*, de Valle-Inclán, eran concebibles sin los *Episodios nacionales...*», afirmaciones con las que no puedo estar más de acuerdo.

Creo injusto decir que Benito Pérez Galdós fuera un mal escritor, como dijeron muchos en su tiempo. (Véase al respecto el libro reciente de Francisco Cánovas Sánchez, *Benito Pérez Galdós: Vida, obra y compromiso*, Madrid, Alianza Editorial, 2019). No sería un genio —hay muy pocos—, pero fue el mejor escritor español del siglo XIX, el más ambicioso y, probablemente, el primer escritor profesional que tuvo nuestra lengua. En aquellos tiempos, en España o América Latina era imposible que un escritor viviera de sus derechos de autor (lo increíble es que muchos periodistas dejaban de recibir sueldos y escribían gratis sólo para «hacerse conocidos»). Pero Pérez Galdós tuvo una familia próspera, que lo admiraba y que lo mantuvo durante un buen tiempo, garantizándole el ejercicio de su vocación y, sobre todo, la independencia, que le permitía escribir con libertad. Sus novelas y ensayos los publicaba con editores diversos (y a veces él mismo hacía de editor) y bajo contratos que, creía él, sus editores no siempre respetaban. Y, sin duda, se hizo muy conocido y pasó a escribir, sin intermedios novelescos, los *Episodios nacionales*.

Tenía muchas ganas de leer a Pérez Galdós de principio a fin —cuando era estudiante había leído de él *Fortunata y Jacinta*, por supuesto, pero desconocía el conjunto de su obra—, y pensé que la pandemia del coronavirus me facilitaría la tarea. Dieciocho meses después estaba terminando las obras de teatro y había leído ya sus novelas y los *Episodios nacionales*, y estaba impresionado con el mundo quieto y dolido que inventó. Pero me faltaban los artículos, que constituyen una inmensa tarea —voy avanzando en ella, poco a poco—, que, creo, sólo algunos críticos han culminado. Por una razón muy simple: Pérez Galdós no era un gran pensador, como Ortega y Gasset o Unamuno, y aunque escribió algunos ensayos interesantes, la mayoría de su obra periodística pasó sin pena ni gloria, como algo transitorio y superficial. No tenía mucho sentido dedicar tanto tiempo a esa literatura de escaso vuelo, con algunas excepciones, por supuesto.

Pérez Galdós había nacido en Las Palmas de Gran Canaria el 10 de mayo de 1843, hijo del teniente coronel Sebastián Pérez, jefe militar de la isla, que, además, tenía tierras y varios negocios a los que dedicaba buena parte de su tiempo. Fue el menor de diez hermanos y la madre, doña María de los Dolores de Galdós, de mucho carácter, llevaba los pantalones de la casa. Ella decidió que Benito, quien, al parecer, enamoraba a una prima que a ella no le gustaba, se viniera a Madrid cuando tenía veinte años a estudiar Derecho.

Yolanda Arencibia, gran promotora de Pérez Galdós y que ha escrito, de lejos, la mejor (y la más abultada) biografía que se conoce de él (*Galdós. Una biografía*, Barcelona, Tusquets Editores, 2020), ha tratado de esclarecer si la salida de Las Palmas de Gran Canaria se debió a que Pérez Galdós estaba enamorado de Sisita, aquella prima, unos amores que su madre, la severa doña María de los Dolores, no aprobaba. Pero se encontró contra un muro, pues, en esta familia por lo menos, los secretos se guardaban estrictamente.

En las primeras vacaciones que tiene en Madrid, Pérez Galdós regresa a su isla, donde todavía estaba Sisita. Pero ella, según Arencibia, parte pronto a Cuba, de donde era oriunda —y de la más bella ciudad colonial de la isla, Trinidad—, donde contrajo matrimonio con un hacendado, Eduardo Duque, con el cual tuvo un hijo, Sebastián, que vivió pocos años. Fallecido su primer esposo, Sisita volvió a casarse con un pariente, Pablo de Galdós, pero murió muy joven, a los veintiocho años, de fiebres puerperales. Si Pérez Galdós estuvo realmente enamorado de ella y permaneció soltero por el recuerdo de aquella muchacha, es algo que pertenece a la pura especulación de los críticos, porque ni él ni su familia tocaron nunca ese tema ni dejaron que trascendiera al público.

Benito obedeció a su madre, vino a Madrid, se matriculó en la Complutense pero se desencantó relativamente pronto de las leyes, que detestaba, aunque consiguió aprobar las materias del curso en los primeros dos años. Lo atrajeron más el periodismo, al que dedicó mucho tiempo, y la bohemia madrileña, la vida de los cafés, que él describió admirablemente, donde se reunían pintores, escribidores, periodistas y políticos, y se orientó más bien hacia la literatura, empezando por el teatro, su primera pasión. Escribió muchas comedias, en prosa y en verso, y, según su propia versión, sin que subiera a las tablas ninguna de ellas, un día las quemó todas. Volvería al teatro años después.

Su amor a Madrid fue más constante. No lo ha tenido a ese extremo ningún otro escritor, ni antes ni después que este canario. Fue el más fiel y el mejor conocedor de sus calles y tugurios, comercios y pensiones, sus tertulias y chismes, sus tipos humanos, costumbres, oficios y negocios, hasta de las maneras defectuosas de hablar el español de algunos madrileños incultos, y, por supuesto, de su historia.

Si se quiere un ejemplo del amor y la profundidad con que Pérez Galdós conoció y quiso a Madrid, basta leer los dos primeros capítulos de *Prim*, uno de los mejores *Episodios nacionales*; aquellas calles y pobladores parecen revivir como animados por una varita mágica —la prosa del autor—, mientras el personaje de Santiago Ibero, un chiquillo, gran admirador del general Prim, prepara su delirante fuga rumbo a México para acompañarlo. En esa misma novela, hay una descripción del Ateneo, donde Pérez Galdós estudió y leyó mucho, que es espléndida por la buena prosa en que está escrita y por la ajustada síntesis política que hace en ella de España en abril de 1862. Su visión es tranquila, muy serena, de ese mundo inmovilizado por la religión que describió y que tiene la virtud (¿o el defecto?) de aquietarlo en una inmovilidad que a veces da la impresión de una buena pintura. Y en otras aparece como su maldición y su tragedia.

Hoy nos parece increíble la hostilidad que despertó Pérez Galdós en su propio país, en aquellos años en que escribía sus novelas, sus obras de teatro y los *Episodios nacionales*. Tenía sus partidarios, por supuesto, pero me temo que sus adversarios fueran más numerosos. Como revela Francisco Cánovas Sánchez en su ensayo, se decía de él que sus libros apestaban «a cocido», que escribía con vulgaridad, sin elegancia, y es famoso el insulto que le dedicó Valle-Inclán en *Luces de Bohemia* llamándolo «garbancero», un apodo que nunca se pudo quitar de encima. Se vio, sobre todo, cuando hubo un movimiento espontáneo de sus admiradores; unos quinientos escritores, periodistas y artistas pidieron para él el Premio Nobel de Literatura en 1912, cuando el autor tenía sesenta y nueve años. Al parecer, la Academia Sueca recibió listas de firmas de España combatiendo esa idea que superaban en número a las que respaldaban su candidatura, objeciones que procedían de círculos católicos ultras que lo consideraban un librepensador extremista. Nadie es profeta en su tierra y en la España de Pérez Galdós, todavía impregnada entonces de un catolicismo estrecho y sectario, se lo tenía injustamente por un «liberal» comecuras, aunque nunca lo fuera: su liberalismo y republicanismo fueron discretos y, sobre todo, tolerantes. Con razón y la claridad que lo caracteriza, el escritor y poeta Andrés Trapiello dijo de aquella operación sueca contra Galdós: «Fue el triunfo de la roña y la sarna españolas frente a los principios liberales».

En su obra describió principalmente a la clase media —por lo menos eso se dijo—, con las limitaciones que veremos; pero no evitó referirse a la nobleza o a los más humildes personajes de la sociedad; a menudo subió y descendió en la escala social y, por ejemplo, uno de los *Episodios nacionales* de la última época, titulado *Los duendes de la camarilla*, comienza con una espléndida descripción del Madrid más miserable, «una de sus más pobres y feas calles, la llamada de Rodas, que sube y baja entre Embajadores y el Rastro», donde vive precisamente una mujer de pueblo, Lucila Ansúrez, que se ha refugiado allí con el capitán Bartolomé Gracián, al que ama y que está perseguido por el poder.

Hay fotos que muestran la gran concentración de madrileños que acompañaron los restos de Pérez Galdós hasta el cementerio de la Almudena el día de su entierro, el 5 de enero de 1920; al menos treinta mil personas acudieron a rendirle ese póstumo homenaje, según la prensa. Aunque no todos aquellos que siguieron su carroza funeraria lo hubieran leído, había adquirido enorme popularidad. ¿A qué se debía? A los *Episodios nacionales*, sobre todo. Él hizo lo que Balzac, Dickens y Zola, por los que sintió siempre admiración, hicieron en sus respectivas naciones: contar en novelas la historia y la realidad social de su país, y, aunque sin duda no superó a los dos primeros (pero sí, tal vez, en ciertas novelas, a Émile Zola, que había nacido sólo tres años antes que él), con sus *Episodios* estuvo en la línea de aquéllos, convirtiendo en materia literaria el pasado vivido, poniendo al alcance del gran público una versión quieta pero amena, bien escrita, con personajes vivos y documentación solvente, del XIX, decisivo en la historia española porque en él ocurrieron la invasión francesa, las luchas por la independencia contra los ejércitos de Napoleón, la reacción absolutista de Fernando VII, la invasión de Marruecos, las guerras carlistas, la Primera República y su corto tránsito y, finalmente, la Restauración.

Pero, a diferencia de otros países europeos, como Alemania, Francia e Inglaterra, de España se puede decir que no tuvo revolución industrial y perdió miserablemente el tiempo en estos años con anacrónicas guerras de religión, quedando fatalmente postergada después de haber sido durante siglos la primera potencia europea.

El mérito de Pérez Galdós no es sólo haber documentado con novelas todo este período, sino cómo lo hizo: con objetividad y un espíritu comprensivo y generoso, sin *parti pris* ideológico, poniendo la moral por encima de la política, tratando de distinguir entre lo tolerable y lo intolerable, el fanatismo y el idealismo, la generosidad y la mezquindad en el seno mismo de los adversarios. Eso es lo que más llama la atención al leer sus novelas, sus dramas y sus *Episodios*: un escritor que se esfuerza por ser imparcial. Su actitud da la impresión de congelar a la España de entonces en una mirada quieta y objetiva, que inmoviliza aquello que quiere narrar para dar una visión más fidedigna de lo narrado.

Nada más lejos del español recalcitrante y apodíctico de las caricaturas que Benito Pérez Galdós. Era un hombre civil y liberal que, en su vejez, militó con los republicanos; pero, antes que político, pese a que estuvo en las Cortes, fue un hombre decente y sereno; al narrar un período neurálgico de la historia de España, se esforzó por hacerlo con imparcialidad, diferenciando el bien del mal y procurando establecer que había brotes de uno y otro en ambos adversarios. Salvo, tal vez, en lo que se refiere a la frivolidad de las clases altas y medias, sobre todo en la época de la Restauración, contra la que solía ser implacable. Esa limpieza moral da a los *Episodios nacionales* su aire justiciero y por eso sentimos sus lectores, desde *Trafalgar* hasta *Cánovas*, gran cercanía con su autor.

Escribía así porque era un hombre de buena entraña o, como decimos en el Perú, muy buena gente. No siempre lo son los escritores; algunos pecan de lo contrario, sin dejar de ser magníficos escribidores. El talento de Pérez Galdós estaba enriquecido por un espíritu de equidad que lo hacía irremediablemente amable y creíble. Pero esa equidad daba a lo narrado por él esa quietud que se confunde con la inmovilidad, como si lo que narrara fuesen fotografías.

Se advierte también en su vida privada. Permaneció soltero y sus biógrafos han detectado que tuvo tres amantes duraderas y, al parecer, muchas otras transeúntes. A la primera, Lorenza Cobián González —una asturiana humilde, madre de su hija María (a la que reconoció y dejó como heredera universal)—, que era analfabeta, le enseñó a escribir y leer. Sus amoríos con doña Emilia Pardo Bazán, mujer ardiente —salvo cuando escribía novelas—, fueron bastante inflamados. «Te aplastaré», le dice ella en una de sus cartas. No hay que tomarlo como licencia poética; doña Emilia, escritora púdica y militante cultural feminista, era, por lo visto, en su vida privada, un diablillo lujurioso. La tercera fue una aprendiz de actriz, bastante más joven que él: Concepción Morell Nicolau. Pérez Galdós apoyó su carrera teatral y, no hay duda, no se portó nada bien con ella, que era, dicho sea de paso, pedigüeña y difícil. El rompimiento, en el que intervinieron varios amigos, fue largo pero discreto.

Su gran defecto como escritor fue ser preflaubertiano: no haber entendido que el primer personaje que inventa un novelista, lo sepa o no, es el narrador, y que éste es siempre —personaje implicado o narrador omnisciente— una invención del autor que da independencia y autonomía a las historias. A pesar de escribir tantas novelas, esto no lo entendió nunca. Por eso sus narradores suelen ser personajes «omniscientes» a la manera clásica, que, como Gabriel Araceli y Salvador Monsalud, tienen un conocimiento imposible de los pensamientos y sentimientos de los otros personajes, algo que conspira contra el «realismo» de sus novelas. Pérez Galdós, que a menudo se presentaba como «el narrador» de los *Episodios* y de sus novelas —por ejemplo, en *Amadeo I*, de la quinta serie, donde aparece transformado con el nombre de don Tito Liviano, caricatura de Tito Livio—, disimulaba esto atribuyendo aquel conocimiento a supuestos «historiadores» y testigos, o, peor aún, saltando a lo fantástico en una vena realista, algo antinatural, que introducía la irrealidad en sus relatos.

En los siguientes *Episodios*, *La Primera República* y *De Cartago a Sagunto*, en los que narra los desórdenes —el caos— en que transcurre la primera experiencia republicana de España, con crisis ministeriales constantes, la aventura cantonal de Cartagena, amenazas de golpe de Estado y la guerra civil con los carlistas, de pronto, el historiador don Tito Liviano, enano leguleyo e incansable fornicador, se enamora de una maestra, Floriana. Ésta, en realidad, es una ninfa, y arrastra al historiador en un paseo subterráneo, lleno de sorpresas mágicas, como toros monumentales y pacíficos que sirven de cabalgaduras a las delicadas figuras femeninas que pueblan el subsuelo madrileño.

En realidad, se trata de una recreación imaginaria de la Grecia clásica, de un sueño. Todo esto interrumpe la acción de manera arbitraria, introduciendo en ella una fantasía fuera de lugar y nada persuasiva. Son detalles que suelen pasar, a la larga, desapercibidos dentro del conjunto de la narración, pero sus lectores más avezados debían de adaptar su conciencia a aquellos deslices de la novela del pasado, después de que Flaubert, en las cartas casi diarias que escribió a Louise Colet mientras hacía y rehacía *Madame Bovary*, dejara clara esta revolucionaria concepción del narrador como personaje central, aunque a menudo invisible, de toda narración.

En el penúltimo episodio, *De Cartago a Sagunto*, hay una inolvidable descripción de la toma de Cuenca por el Ejército carlista —nada menos que a las órdenes de una amazona, doña María de las Nieves, esposa de don Alfonso de Borbón— donde la realidad se llega a confundir con lo diabólico por la ferocidad de las matanzas, degollinas y saqueos, de una crueldad y salvajismo indescriptibles. Es una prueba de que, a veces, Pérez Galdós podía ser un narrador desatado y hasta un poco salvaje, pero se trata de excepciones; lo más frecuente es que sus relatos procedan serenamente, con sosiego y en una prosa de pasos tranquilos.

Las novelas

La sombra (1870)

La sombra es la más antigua novela que escribió Pérez Galdós. Sus biógrafos no se ponen de acuerdo si la escribió en 1870, es decir, después de *La Fontana de Oro*, o un año antes que esta última. Es lo más probable. Salió publicada en tres números de la *Revista de España*, donde Pérez Galdós entró a trabajar en 1872. Fue reimpresa en folletines de diversos periódicos.

Lo más acertado es que haya sido su primer ensayo novelesco, y de índole fantástica, cuando el autor era todavía un joven sin experiencia en composiciones literarias. Se trata de una historia bastante desatinada, sin poder de persuasión, donde el milagro o hecho insólito consiste en la desaparición y reaparición misteriosa del personaje de un cuadro, nada menos que el ateniense y mitológico Paris, en un lienzo que compartía con la bella Elena. El cuadro, se supone que bastante antiguo, está en casa de un rico coleccionista de antigüedades, el doctor Anselmo, que ha convertido su hogar en un caos de trastos y objetos griegos, bizantinos, africanos..., en todo caso antiguos.

Todo lo que ocurre en esta historia es delirante, empezando por los personajes, que cambian de funciones arbitrariamente en el curso de la novela (llamémosla así, aunque no se lo merezca). Lo más sorprendente es un duelo entre el doctor Anselmo y el fugado del cuadro, Paris, en que aquél hiere de muerte (pero no acaba de matarlo, porque un ser mitológico es inmortal) a su adversario, que sobrevive a sus heridas sólo para envenenarle la vida al otro duelista.

Quizás lo más absurdo de esta novelita sin aliento ni forma es la confusión que hay entre el narrador y los personajes de la historia, algo que en las novelas posteriores Pérez Galdós trataría a menudo de disimular, aunque, ya lo hemos dicho, sin haber tenido nunca en cuenta la lección de Flaubert sobre la función y razón de ser del narrador en una novela.

La Fontana de Oro (1871)

La segunda novela, que publicó en 1871, *La Fontana de Oro*, es más larga y compleja que la primera, aunque no mucho más lograda. Ocurre en 1821 y cuenta dos historias, una política y otra sentimental. Según un interesante artículo de María del Pilar García Pinacho, Pérez Galdós utilizó para sus primeras novelas muchos ensayos y crónicas que escribió para revistas y periódicos.

Esta novela narra los amores de los jóvenes Clara y Lázaro, dos aragoneses de Ateca; su historia es muy simple y el amor brota entre ellos antes siquiera de que cambien dos palabras. La política, en cambio, es un panfleto antiabsolutista en el cual Lázaro deshace una emboscada armada por su tío, agente de Fernando VII, destinada a matar, agitando a las turbas, a los liberales que forman parte del Gobierno. Lo ayuda en esta operación un militar joven y guapo, Claudio Bozmediano, que, aunque enamorado de Clara, renuncia a ella cuando descubre que la joven ama a Lázaro.

El malvado de la novela es un personaje característico de Pérez Galdós y de los *Episodios nacionales*. Lo llaman Coletilla. Este viejo reaccionario, católico de extrema derecha, realista férvido, se siente horrorizado por la modernización que ve a su alrededor, sobre todo en lo que se refiere a las costumbres y creencias. No entiende su época ni acepta que se modifique, porque piensa que si el mundo se estropea cae en poder de Satán. Ha permanecido soltero, ve (o se imagina más bien) que Clara, su pupila, está «perdiéndose» y por eso la lleva donde tres fósiles —doña María de la Paz Jesús, doña Salomé y doña Paulita, las tres Porreño, momias vivientes— para que guarden su virtud. La experiencia de la niña entre estas damas es por supuesto catastrófica.

Las tres mujeres viven rodeadas de curas ultrarreaccionarios como el fraile de la Merced que las visita y a quienes ellas obedecen ciegamente. Pese a todo, doña Paulita, humana al fin, termina enamorándose del joven Lázaro y sus hermanas creen que ha enloquecido. En las últimas páginas, enloquece de verdad.

Hay dos finales de la historia, escritos por Pérez Galdós en distintas épocas; en uno de ellos, mueren ambos jóvenes cuando tratan de huir de Madrid; en el otro, llegan a Aragón, se casan, viven felices y en silencio, tienen muchos hijos y renuncian a buscar la celebridad.

La novela se llama *La Fontana de Oro* por un café político de moda en la época, donde se reunían los jóvenes madrileños para discutir temas de actualidad y fraguar conspiraciones y contraconspiraciones, como en este caso. Más que una novela es un panfleto, por el lenguaje furibundo y militante en el que el libro está escrito. Como casi siempre en las novelas de Galdós, el narrador es el propio autor, que constantemente, nos afirma, tiene seguridad de aquello que cuenta pues ha sido bien informado —por el propio Bozmediano—, de tal manera que su testimonio es verdadero y exacto.

La novela se concentra en Coletilla, tío de Lázaro, y en las tres fanáticas, las Porreño, alejadas de la vida, dedicadas a la fe y a arrebatos místicos. Las mujeres y el anciano Coletilla son fanáticos religiosos hasta extremos patológicos, pero este último, a diferencia de aquéllas, que se han aislado del mundo asqueadas de la época, es un intrigante y armador de emboscadas antiliberales, para las que hace correr dinero que recibe sin duda del propio rey.

Todo en este panfleto es superficial y alambicado, sobre todo la jerga agresiva que utiliza el autor, insultando a los personajes o endiosándolos según su filiación política, a extremos de hacer increíble la historia que nos cuenta. No es posible en una novela tomar partido tan abiertamente en favor del narrador, so pena de conseguir el efecto contrario al que se busca, es decir, despertar las simpatías del lector por quien es insultado y caricaturizado de manera tan agresiva.

Es lo que ocurre en esta novela, en la que, sin embargo, hay algunos episodios logrados y bien escritos, como el recorrido que hace Clara, de noche, por un Madrid proceloso y exaltado, lleno de pícaros y mendigos, donde nadie quiere darle la dirección que busca, y en la que incluso un curita fornicario trata de abusar de ella, que, a punto de desmayarse, consigue por fin llegar a casa de la criada Pascuala, que la ampara. Este episodio es lo mejor que tiene esta novela, junto a aquel paseo nocturno por un Madrid de los arrabales en que las sombras parecen detenerlo todo: las figuras amenazantes, los pájaros de mal agüero y hasta los ladridos de los perros que salen a embestir a Clara.

El audaz (1871)

De las tres primeras novelas que escribió Pérez Galdós, la más política y la menos mala es *El audaz*, que apareció también en el año 1871. Cuenta dos historias que, al final, se funden en una sola. Una, el imposible amor de una aristócrata, Susana, hija del conde de Cerezuelo, y un pobre muchacho de pueblo, Martín, que se considera un revolucionario y quiere acabar con nobles, curas y poderosos, tratando de establecer una sociedad igualitaria y justa en España.

La otra historia, trenzada con la primera, es la de una conspiración para acabar con Godoy, el Príncipe de la Paz, al que, en un principio, parece profesar toda España un odio universal. Los conspiradores, que, al comienzo, son todos los españoles o poco menos, eligen a Martín para que dirija las acciones revolucionarias. Pero el extremismo y virulencia de este muchacho asusta a los curas —principalmente al padre Corchón, alto prelado de la Inquisición—, que traicionan y frustran la revolución popular, y, más bien, agitan a las masas contra el joven caudillo. Son sobre todo los altos funcionarios de la Inquisición los que le dan la espalda.

Martín se vuelve loco, se llama a sí mismo un dictador y ordena que pasen a la guillotina a medio mundo. En tanto, la pobre Susana se suicida, echándose al torrente del Tajo en una noche oscura.

Pérez Galdós no entendió nunca lo que Flaubert enseñó al mundo. Ya lo dije pero vale la pena repetirlo: que la invención del narrador es el primer y más importante paso que debe dar quien se dispone a escribir una novela. Las posibilidades son sólo dos: un narrador omnisciente, que, como Dios, lo sabe todo y está en todas partes (pero no se muestra a los lectores, aunque a veces sí), o un narrador-personaje, que, como tal, sólo sabe lo que los personajes pueden saber. Un narrador-personaje no puede atribuirse las funciones de un narrador omnisciente, es decir, ser el Dios de la novela, sin crear una confusión caótica en la historia que cuenta. Claro que en una novela ambos narradores pueden alternarse, así como puede haber uno o varios narradores-personajes. Si el autor no tiene esto claro, escribe «novelas antiguas», como lo hacía Pérez Galdós, novelas que parecían «viejas» siendo jóvenes.

Pérez Galdós nunca tuvo clara esta diferencia de narradores. A menudo se presenta él mismo como el narrador de los *Episodios*, y, entonces, para explicar cómo sabía tanto de la intimidad y vida privada de los otros personajes, recurría a fórmulas que sólo servían para sembrar dudas sobre aquellas «fuentes» a las que, según afirma, recurría: los «historiadores» o «testigos» a los que habría consultado. Esta confusión motivaba que a veces saltara de su propia narración a narraciones de otros personajes, y, a veces, de narradores omniscientes (la función de Dios Padre), lo que creaba un serio desorden en la historia.

Cuando uno narra en primera persona, con su nombre y apellido, se compromete a ser un personaje de la historia, a jugar un rol en el entramado de ella. Si no lo hace, frustra al lector y lo confunde. Un personaje tiene una historia propia de la que debe dar cuenta la novela y esto, como ocurre con frecuencia en las novelas de Pérez Galdós, hace que se aparte del tema principal de la historia y se vea obligado a introducir episodios que afectan sólo al personaje-narrador. En otros casos, se valía a veces de narradores-omniscientes —el famoso Dios Padre—, lo que distraía y despistaba al lector. En algunos casos se valía de cartas escritas por distintos personajes que le servían para explicar el origen de las informaciones que manejaba; y ya hemos visto que uno de los *Episodios* adopta esa forma: un cruce de cartas entre personajes, pero se equivoca al decir que esta novela está narrada por narradores-personajes. Cuando esto ocurre, el narrador-personaje se convierte en un narrador omnisciente, pues la historia depende enteramente de lo que él diga, haga o deje de hacer. Mucho más sencillo hubiera sido utilizar siempre el narrador omnisciente, algo que a Pérez Galdós nunca se le ocurrió pese a pasarse la vida escribiendo novelas.

Es curioso que un escritor tan fraguado en el arte de la narración nunca hubiera advertido que, narrando desde el punto de vista de un narrador omnisciente, hubiera podido concentrarse mucho más en la historia central, sin necesidad de las intromisiones de autor que padecen sus novelas, en las que se sentía obligado a justificar a sus narradores-personajes con comentarios personales que distraían al lector, dando a lo que escribía la inevitable sensación de lo anticuado. He aquí algunos ejemplos de aquella manera anticuada (o clásica) de narrar: «Dejémosla en su encierro para acudir a Lázaro, que gime en una prisión de otra clase»; «Dejémoslas, y acudamos a las visitas»; «Antes de dar a conocer en toda su extensión el coloquio de estos personajes, conviene dar noticias de uno de ellos, ya harto conocido por el lector»; «Respecto a su carácter, ¿qué diremos? Este hombre nos hirió demasiado, nos abofeteó demasiado para que podamos olvidarle. Fernando VII fue el monstruo más execrable que ha abortado el derecho divino. Como hombre, reunió todo lo malo que cabe en nuestra naturaleza; como rey, resumió en sí cuanto de flaco y torpe pueda caber en la potestad real».

¿Quién habla aquí? Se supone que son personajes, pero se supone mal. Se exceden en sus poderes y al interpelar de esa manera al lector, usurpan la personalidad al dios omnisciente, el único que podría dar opiniones tan extremas y definitivas como éstas. Se ha producido una muda: el narrador-personaje se ha convertido en un personaje-omnisciente, es decir, en el dios de lo narrado. Todo esto desconcierta al lector y debilita su credulidad de la historia.

No siempre ocurre de este modo, por supuesto. A veces, la fuerza de lo narrado nos hace olvidar a su autor y lo narrado parece brotar de las mismas acciones de la historia. Ni qué decir que éstos son sus mejores aciertos en las novelas y en los *Episodios*.

Doña Perfecta (1876)

Doña Perfecta se publicó por primera vez en la *Revista de España*, en 1876, y luego en libro, donde Pérez Galdós hizo importantes correcciones, sobre todo en el desenlace de la historia. No hay duda de que es una de sus mejores novelas, por lo bien escrita y lo ceñida que está, con pocas intromisiones del autor, y por lo bien redondeado del relato, concebido como un cubo perfecto. La mirada quieta del narrador funciona aquí de maravillas. El formato es suficiente: nada sobra ni falta en ella.

La novela es también una crítica muy severa a la realidad social, espiritual y política española, pero no disociada del relato como ocurría en *El audaz*, sino, por el contrario, como transpiración natural del mismo, e, incluso, como razón de ser de las terribles ocurrencias que suceden en ella.

José de Rey, más familiarmente llamado Pepe Rey, es un ingeniero y matemático que ha vivido en Madrid y otras grandes ciudades, y que, a sus treinta y cuatro años, decide viajar a una pequeña ciudad de provincia, Orbajosa, bien documentada por Pérez Galdós, prototípica de innumerables ciudades de provincia españolas, de apenas siete mil trescientos y pico de habitantes, para casarse con Rosarito, una prima hermana que tiene allí, y disfrutar de algunos bienes que ha heredado. Goza de un nombramiento oficial para explorar las minas de hulla de la región.

Pepe Rey es un hombre moderno y llega a Orbajosa lleno de buena voluntad y proyectos de transformación para esa ciudad sobre la que no parece correr el tiempo, congelada en los viejos hábitos y costumbres, entre ellos, por supuesto, la práctica de un catolicismo beato, tradicional y estrictísimo. Desde que Pepe Rey conoce a su prima Rosarito, hija de la matrona más ilustre del lugar, doña Perfecta, queda prendado y feliz con la idea de desposarla.

Sin embargo, desde el primer momento, las cosas resultan muy difíciles para él. Comete algunos errores, sin duda, criticando con cierta altivez lo que ve, pero no hacía falta eso para que aquella provincia entrara en hostil ebullición hacia ese forastero que, piensan los vecinos resentidos, venía a lucir sus conocimientos científicos y a despreciarlos, a mirarlos por sobre el hombro, envanecido por su sabiduría. Y, además de sentir hacia él resentimiento, los orbajosenses tratan de aprovecharse, y, casi de inmediato, le llueven toda clase de juicios que pretenden despojarlo de los pocos bienes que posee.

Doña Perfecta, madre de Rosarito y tía carnal de Pepe Rey, lo trata de entrada con mucho cariño y lo aloja en su casa, pero pronto descubrirá él que esa dama —la verdadera autoridad de Orbajosa— no es de fiar y que detrás de su catolicismo cerrado hay un espíritu difícil, muy estricto, algo así como el emblema mismo de aquella vida provinciana.

A los pocos días de llegar, Pepe Rey está reñido con toda la ciudad, por la desconfianza y la hostilidad con que los lugareños miran a este «modernizador» que, creen, los desprecia, y es víctima de una enemistad —de la que participa su propia tía, doña Perfecta— que tiene que ver, sobre todo, con sus desairados comentarios sobre la gloria arquitectónica local, la catedral de Orbajosa, a la que suele entrar sin santiguarse; de ello, los provincianos deducen absurdamente que se trata de un ateo, o, todavía peor, de un masón y un protestante. La ciudad entera, dominada por los frailes, le hace la guerra y, se diría, quiere echarlo o se propone acabar con él. Y, sin embargo, Pepe Rey no es ateo, sino un cristiano moderno, que cree en Dios y en el progreso.

Todo esto está muy bien contado y el lector lo vive desde la frustración y la angustia del propio Pepe Rey, quien comienza teniendo un altercado con su propia tía, doña Perfecta, por lo cual sale de su casa y se aloja en una pensión. Sus amores con Rosarito, pese a todo, prevalecen, gracias a su empeño, que —se diría— consigue convencer a la bella muchacha de que ambos deben partir a ser felices, lejos de allí, porque Orbajosa, presa de sus rituales y creencias pasadistas, es incompatible con la felicidad de una pareja joven y moderna que se ama.

Los personajes que rodean a Pepe Rey no pueden ser productos más genuinos de la provincia letárgica: el tío Licurgo, hombre para todo servicio; el canónigo don Cayetano, orgulloso de su vasta biblioteca y su empeño en escribir una profusa relación de los orbajosenses ilustres de la Historia; el líder de las «partidas» o guerrillas que han nacido en la ciudad y que es una especie de Hércules local, un bruto o ser bestial llamado o apodado Cristóbal Caballuco; y una pobre mujer, María Remedios, que sueña con que su hijo, Jacincito, un empollón, recién recibido de abogado, que se sabe de memorias todos los códigos, se case con doña Rosarito y llegue a ser ministro.

Pepe Rey es asesinado por Caballuco —en realidad la verdadera autora intelectual del crimen es su tía, doña Perfecta— cuando ha ingresado a escondidas a la huerta de la casa para ver a Rosarito. El crimen se convierte grotescamente en un suicidio, gracias a las travesuras de los jueces. En este enjuague, se adivina, están comprometidas las autoridades judiciales de la ciudad y su asesino, Caballuco, que ha armado para entonces ya otra «partida», y amenaza con ser uno de los futuros generales del Ejército de España.

El alma y la máxima autoridad de Orbajosa es doña Perfecta, un personaje de los más logrados en toda la obra de Pérez Galdós. Si algún adjetivo le conviene es el de hipócrita, dada la dualidad contradictoria de su conducta. Por afuera, cara al exterior, no puede ser más digna, correcta y amable, entre sus devociones, rezos y asistencia puntual a misas y procesiones. Por adentro, es una matriarca despiadada, que todo lo vigila y controla, y que se sabe respetada, obedecida y adulada por todo el mundo, ya que es la propietaria más rica de Orbajosa. Su función es no permitir que lo moderno llegue a aquella ciudad, detenida —y la prosa suave y serena de Pérez Galdós ayuda mucho a esto— como un milagro fuera del tiempo. Su hija Rosarito es un ser sin personalidad, a quien ella maneja a su antojo. Su fin, volverse loca y pasar todo el resto de su vida en un manicomio de Barcelona, era perfectamente previsible.

Orbajosa y la historia de *Doña Perfecta* son una alegoría, representan lo que Pérez Galdós más odiaba: la España viejísima, que se creía eterna, reñida con la modernidad, presa de los curas y de los ritos y prejuicios católicos más tradicionales, dotada de un espíritu alérgico a toda forma de novedad y de progreso, hundida y congelada en el pasado. Es evidente que el impetuoso Pepe Rey será derrotado en su lucha por traer vientos nuevos a la ciudad de sus ancestros, aunque, tal vez, su muerte sea un precio demasiado alto por haber querido transgredir las eternas e inmóviles costumbres de esa provincia glacial. Claramente, hay un simbolismo en la novela, en la que la inventada Orbajosa es España, y Pepe Rey, todo lo que en ella —la juventud, en especial— lucha por cambiar, modernizándola y haciendo que viva y disfrute de su época. Pero el lector advierte que aquello sólo ocurrirá cuando pase mucho tiempo. Lo que más se opone a ello es la Iglesia católica, la secreta pero firme presión que ejerce para que nada evolucione y las viejas instituciones y prejuicios se mantengan. Casi sin ser conscientes, todos los orbajosenses contribuyen a ello, respetando estrictamente las jerarquías sociales, a sabiendas de que Orbajosa tiene un poder secreto que es como la esencia de su intangible resistencia a cambiar: doña Perfecta. Ella es, además de mujer, un símbolo de la España vieja y tradicional, aquella que nunca se moderniza, que se aferra al pasado, es decir, todo lo que Pérez Galdós combatió con su pluma y sus historias a lo largo de su vida.

Pero en *Doña Perfecta* lo hace por primera vez con verdadero talento, en una historia en que sus fobias y esperanzas están perfectamente integradas en el texto y la anécdota. Se trata de una magnífica novela, una de las mejores que Pérez Galdós escribió.

De todos modos, cabe hacerse una pregunta. En la España de hoy día, tan cambiada y moderna, ¿significa lo mismo esta obra que cuando apareció? Sí, porque aquí lo literario —su lenguaje, su estructura, sus personajes— prevalece sobre las consideraciones sociales y críticas, como una historia acabada, en la que el lector puede deleitarse como en un clásico, válida no sólo para España sino también para cualquier lugar en que los vecinos viven prisioneros de sus prejuicios y resentimientos y quienes quieren cambiar aquella realidad pueden perecer al estrellarse contra un muro de incomprensión y ceguera.

Gloria (1877)

Gloria se publicó en sus dos partes en 1877, y fue escrita, según el propio Pérez Galdós, entre marzo y mayo de ese mismo año. Después de *Doña Perfecta*, una de sus mejores novelas, *Gloria* es una de las peores. Ocurre también en un pueblo marino de provincias inventado por don Benito, de cierto sabor cantábrico, pero de nombre feísimo, Ficóbriga.

Cuenta una historia sin pies ni cabeza: los amores imposibles entre una cristiana, Gloria, y un judío británico riquísimo, Daniel Morton, en un medio en el que, en los primeros capítulos, se tiene la impresión de que todos los pobladores son dóciles creyentes y perfectos practicantes católicos, empezando por la familia Lantigua, la más poderosa del lugar. Y también la más devota, pues tiene en su seno nada menos que a un cardenal.

Pero, en la segunda parte, que ocurre durante la Semana Santa, el mismo pueblo se muestra racista y a punto de linchar al pobre judío, Daniel Morton, por el terrible delito de haberse enamorado de Gloria, la hija de don Juan Lantigua.

Los amores de esta pareja constituyen el tema central de una novela larguísima, en la que el lector pasa de una primera parte en la que Ficóbriga parece la más noble y piadosa ciudad del mundo, a su transformación radical en la segunda, donde, se diría, todos los ficobriguenses merecerían irse al infierno por lo obtusos y brutales que son, sobre todo en su racismo y fanatismo religioso. La prosa, que había alcanzado un nivel de excelencia en *Doña Perfecta*, se desmadra en *Gloria* y practica unos alardes de cursilería y abandono de los que es una buena muestra este horrible párrafo: «¡pobre flor tronchada por el bárbaro pie del asno que en un momento de descuido entró en el jardín!». Tanto que parecen ambos libros escritos por autores diferentes.

En contraste con *Doña Perfecta*, donde reinaba la sobriedad lingüística, en *Gloria* hay un abuso de las «grandes palabras», sobre todo en las disquisiciones religiosas y bíblicas, de las que el narrador emplea con frecuencia, como si, persistiendo en las referencias a los textos sagrados y a los latinajos de la tradición religiosa, elevara la espiritualidad de la historia; el efecto es más bien contrario, fatigar al lector y, a menudo, hartarlo con una deriva religiosa y espiritual más bien forzada y en todo caso inoportuna.

Al principio de la novela, Daniel Morton sobrevive a un naufragio espectacular que ocurre en Ficóbriga gracias a don Juan de Lantigua, un hombre buenísimo y —ni se diga— cristiano ejemplar, que estimula a los vecinos a desafiar las aguas embravecidas para salvar al desconocido. Los amores entre Gloria y Daniel transcurren a escondidas de todos, incluso de los lectores, así como el hijo inexplicable que engendran, pues rara vez se ven a solas, llamado nada menos que Jesús, y que será la causa del drama tremebundo que desarrolla, con un lujo de detalles literalmente asfixiante, la historia novelesca.

La enorme distancia que hay entre ambas novelas se explica, tal vez, porque don Benito Pérez Galdós no rehacía casi lo que escribía, limitándose a mejorar el original con notitas superpuestas. Las primeras versiones eran las definitivas. A veces, le salían muy bien y, como en *Doña Perfecta*, las novelas resultaban redondas; pero, también, aquella prisa podía serle fatal, como en *Gloria*, donde todo es absurdo: la historia que cuenta, su desarrollo disparatado, su lenguaje impreciso y cursi, y el desenlace final, de un tremendismo ridículo. La quieta mirada del autor en estas páginas no funcionó: hay exaltación y este estado anímico no le conviene.

En primer lugar, no es posible creer que un pueblo sea tan perfecto y religiosamente tan piadoso y cumplidor de sus deberes con la Iglesia como parece ser Ficóbriga en la primera parte de la historia; por lo demás, así lo demuestra la segunda, cuando ese mismo pueblo, que ve interrumpidas sus procesiones y rezos de la Semana Santa, se lanza contra el hebreo Daniel Morton y lo hubiera linchado hasta hacerlo pedacitos si éste no se esconde a tiempo donde el tolerante y generoso Caifás. De otro lado, en esta segunda parte descubrimos a su alcalde, el ambicioso y corrupto don Juan Amarillo, que se vende a la madre de Morton, la retorcida doña Esther, hasta el extremo de acusar a aquél de haber robado a su propio padre y ser prófugo de la justicia británica, sabiendo muy bien que todo eso es una invención de la siniestra Esther para impedir que su hijo renuncie a la religión judía y se convierta al catolicismo. Ella inventa toda esta historia criminal y compra al alcalde de Ficóbriga con un anillo de diamantes.

Sin embargo, algo hay de excepcional en *Gloria* que no se repetiría en la enorme obra novelesca de Benito Pérez Galdós: la sutileza con que está descrito un personaje que pertenece a la familia Lantigua, la menor de los cinco hermanos y, por lo tanto, tía carnal de la heroína, es decir, Gloria, que es —así, en diminutivo— Serafinita. Se trata de uno de los seres más repugnantes y abyectos de esta historia y de todas las historias que Pérez Galdós concibió, pero esconde esa recóndita maldad a los ojos de todo el mundo y a los de ella misma, pues, entre los retorcimientos espirituales a los que es adicta, figura el de considerarse una santa y una mártir, algo que todas las personas de su entorno creen efectivamente que ella es. Y, sobre todo, su víctima principal: Gloria. En una novela que resulta bastante burda, este personaje sutil y retorcido en pliegues como los de una víbora es una invención genial. No es seguro que el propio Pérez Galdós haya sido consciente de la extraordinaria astucia con que dibujó a semejante personaje.

Serafinita ha sido víctima de un esposo cruel y brutal, que la golpeaba, y ella, esposa discreta y leal, era una víctima sufrida y complaciente, que, por respeto a Dios y a las obligaciones de lo que se creía entonces era una esposa modelo, padecía su viacrucis sin rebelarse ni protestar. Cuando muere su esposo se dispone a entrar en un convento de clausura, el de regla más estricta e inhumana, pero renuncia a ello cuando descubre el drama de su sobrina Gloria, a quien desde entonces toma a su cargo con aparente devoción generosa. Sin embargo, pronto descubrimos que hay en la torturada Serafinita una estrategia secreta y malhadada. En el corazón de sus enredados esquemas de creyente, pronto advertimos que ella no trata de liberar a su sobrina de los suyos, sino que, por el contrario, sutilmente quiere hundirla cada vez más en la pesadumbre y los remordimientos. Así, le explica que sólo a ella, por la enormidad de su pecado —enamorarse de un judío, un descendiente de los asesinos de Dios—, le ha cabido la suerte de poder hacer sacrificio al ser supremo de lo más secreto y mejor que hay en ella: abandonar a su hijo recién nacido y entrar a pudrirse para el resto de su vida en la más severa de las órdenes religiosas, un convento de Valladolid donde la penuria y los sacrificios de las monjas son extremos.

El doble juego de Serafinita se desarrolla de manera extremadamente astuta y tanto los lectores como los personajes de la historia no son conscientes —nunca lo ven claro— de si en aquélla hay una doblez criminal y perversa, o hace lo que hace por amor a Dios y desprecio de su propia vida, pues, en todo lo que discurre y amarra, el amor a su sobrina Gloria parece ser el norte y razón de su vida. La acaricia, reza con ella, aplaca sus caprichos. Todo lo que la guía parece fundado en la fe más viva y ardiente; al mismo tiempo, impide que Gloria encuentre una solución a su problema y pueda, mediante la conversión al cristianismo de Daniel Morton, tener una vida normal, de acuerdo con sus propias creencias. Ella empuja a Gloria a la más extrema desesperación, con el pretexto de aconsejarle que ofrezca a Dios el más arriesgado de los sacrificios.

Al final, Gloria muere —su muerte, más que una desgracia, es como un desprendimiento feliz de esta vida— y de este modo escapa a las intrigas de Serafinita, pues ella sucumbe cuando su tía está a punto de llevarla a ese convento de Valladolid, donde se hundiría para siempre en las dietas y rituales mortuorios de un puñado de monjas fanáticas. Serafinita tampoco parece ser consciente de las honduras de maldad que hay en ella: tiene una buena conciencia de sí misma inspirada en el sacrificio y la entrega a Dios, y de este modo se engaña y engaña a quienes la rodean, que ven en esa mujer todavía joven un caso extraordinario de generosidad y sacrificio. Pero lo que hay en ella es un odio a la vida, a la alegría, a la felicidad, una masoquista y perversa adicción a torturarse, al sacrificio y al aplastamiento de todo lo que en los seres humanos es positivo, la alegría de vivir y la búsqueda de la felicidad a través del amor. La religión es para ella sólo morbosa renuncia y abdicación de todo lo que justifica la existencia al común de los demás mortales. Se trata de un personaje muy complejo, sin duda, de una doblez exquisita, que es en sí mismo una historia secreta dentro de la historia general de la novela y, digámoslo también, lo que la justifica.

He leído en alguna parte que en esta novela las ideas políticas de Galdós prevalecieron sobre sus convicciones literarias y que a ello se debe la implacable descripción que hace tanto del fanatismo católico como del judío. No lo creo así. Pues la verdad es que Galdós, aun en las novelas menos logradas que escribió, siempre tuvo, a la hora de redactar, los imperativos literarios por encima de los políticos, aquella quieta mirada que paralizaba todos sus sentimientos personales ante los de sus personajes.

Es verdad que él fue muy crítico de lo que consideraba la excesiva influencia de la Iglesia y los curas en la vida social y política de España, y que ello lo llevó sin duda a declararse republicano y librepensador, pero esto no lo indujo jamás como escritor a optar por el sacrificio de la literatura en favor de la propaganda política. Por el contrario, fue muy respetuoso de las ideas adversarias, a las que siempre dio cabida en sus libros, sobre todo en sus novelas. La crítica feroz y destemplada que hace del catolicismo y el judaísmo en *Gloria* es, por ello, una deficiencia literaria de una novela que no llegó, según su costumbre de escritor a vuelo de pájaro (como el propio Balzac, pero con menos talento que éste), a corregir a tiempo. Es una lástima, pues si todos o al menos algunos de sus personajes tuvieran la personalidad de Serafinita, esta novela habría despegado y dejaría una sensación muy distinta en sus lectores.

Marianela (1878/1899)

Aunque se publicó en 1878 y hubo varias ediciones de ella, sólo en la de 1899 Pérez Galdós hizo cambios importantes y definitivos en el texto. Es esta última versión la que me ha servido para esta reseña de *Marianela*.

Es una historia corta y, más que una novela, parece ajustarse al formato de lo que los franceses llaman *nouvelle*, es decir, un relato largo o una novela breve. Ocurre principalmente en las minas de Socartes, en el norte de España, en las vecindades de ese pueblo de nombre tan feo inventado por Galdós donde transcurre la novela anterior: Ficóbriga. Pese a su tono y descripciones de paisaje realista, tiene poco que ver con el mundo real, donde no abundan tanto los seres buenos y angélicos como los de esta historia —todos los personajes lo son, con excepción de algunos pobres diablos, como la imperfecta Señana—, que está más cerca de un apólogo o fantasía filosófica que de una historia realista, aunque, sin duda, ella es bastante efectiva y conmueve a muchos lectores. De hecho, se trata de una de las novelas más populares de Pérez Galdós.

Cuenta la peripecia de una joven que es como un animalito salvaje, de corazón de oro, llamada Nela, María o Mariquilla, de donde le viene el nombre de Marianela. Ella ha servido desde siempre —o, por lo menos, desde que tiene recuerdos— de lazarillo y guía a un ciego de nacimiento, Pablo Penáguilas, vástago de una buena familia. Éste, gracias al empeño genial de un gran oculista (pariente suyo) que se ha hecho a sí mismo a base de extraordinarios esfuerzos, el doctor Teodoro Golfín, se somete a una operación y recupera la vista: ¡un verdadero prodigio de la ciencia médica!

Pablo, entre otras cosas que le ocurren al redescubrir los bellos espectáculos que hay en la vida, va a comprobar que su amiga y guía Marianela, por la que tenía gran cariño, es, en realidad, muy fea. Su físico no tiene nada que ver con sus prendas espirituales. Nela sospechaba que esto ocurriría y por eso temía, desde el fondo de su alma, aquel momento en que Pablo, que en su ceguera decía amarla tanto, descubriera su verdadero físico, se decepcionara de ella y volcara su amor en una prima bellísima, Florentina, con la que previsiblemente terminará casándose. Marianela, que hasta entonces ha sufrido lo indecible porque sabe que aquello tendría que ocurrir, fallece misteriosamente el día en que acepta por primera vez ver a Pablo, que ha recobrado la vista.

Todo ello ocurre ante la presencia del doctor Golfín, un hombre bueno también, por supuesto, que ha prometido a Marianela enseñarle a escribir y demostrarle, contra lo que ella cree de sí misma, que es una muchacha de valía, capaz de disfrutar de la vida y de ser creativa.

Esta síntesis, por lo demás, vale muy poco o nada; pues toda la riqueza de la historia está en la bondad y generosidad naturales de los principales personajes, en la descripción de las condiciones increíblemente miserables en que transcurre la vida de Marianela, y en la absoluta generosidad y heroísmo de esta muchacha, convencida de que no vale nada, que está de más en el mundo, que es un estorbo para el resto de los seres humanos, y su estrecha dependencia del cieguito, Pablo, al que ha ayudado siempre y quien, pese a todo, ha creído que la amará y que si recuperase la vista por un milagro descubriría, en la cara de ella, la belleza de la vida.

Éstos son los principales personajes, pero hay otros, que, al igual que éstos, son generalmente virtuosos, buenos cristianos, animados de una generosidad natural, propensos a hacer el bien, que se compadecen de la condición de Marianela y quisieran ayudarla; es el caso de Florentina, que ha decidido tomarla a su cargo, tratarla como a una hermana, ocuparse de su educación y de que nada le falte en la vida, y que, al ver el rechazo natural de Marianela a estas oportunidades, piensa que es una ingrata.

El bondadoso doctor Golfín le descubre la verdad y la familia de Florentina paga un gran entierro a la heroína de esta novela, regalándole una urna de grandísimo costo, que quedará como un homenaje para el futuro a esa desamparada y buena adolescente que murió de amor y de tristeza, por no adaptarse a los sinsabores de que está hecha también la vida.

La historia de Marianela está muy bien escrita y en ella hay descripciones bellas y exactas del paisaje, aunque, como ha señalado la crítica, resulta sorprendente que para contar esta sana y devota —aunque también trágica— historia haya elegido Pérez Galdós el entorno natural de unas minas que destruyen el suelo, distorsionan la naturaleza y martirizan a las piedras. Pero la verdad es que hay en el lenguaje de esta historia una tonalidad estética destacada, y que, como les ocurre a algunos personajes, el propio narrador parece gozar con los altos y grandes árboles que crecen en el desigual paisaje lleno de cuestas y abismos, así como con los brotes de plantas y florecillas diminutas que los expertos ojos de los personajes distinguen entre las breñas y acarician con sus manos y sus palabras. Se diría que es un paisaje inventado, aunque exista de verdad, y la prosa y la visión del novelista lo hayan configurado de principio a fin.

A veces la prosa cae en el «buenismo», reseñando con encendido entusiasmo estético las bondades y bellezas de un mundo natural que, sin duda, precisamente por la proximidad de la mina, carece de ellas, aunque su intención haya sido la de irradiar desde el alma generosa de los figurantes de la historia un ánimo que parece inundar el paisaje y contagiarlo de las virtudes morales y estéticas de la naturaleza en que transcurre la historia.

En *Marianela* hay curiosas discusiones sobre el tema de la pobreza. En la descripción de la familia Centeno, muy pobre, constituida por modestísimos trabajadores de la mina, prevalece la idea de Señana, el ama de esa familia de miserables, convencida de que «los pobres siempre habían de ser pobres, y como pobres portarse, sin farolear como los ricos y gente de la ciudad que estaba toda comida de los vicios y podrida de pecados». Sin embargo, tanto el doctor Golfín como su hermano, que fueron pobrísimos, han sido capaces a través de sus esfuerzos y sacrificios de elevarse en la escala social y convertirse en profesionales de altos niveles de vida. Es con esto que sueña Celipín Centeno, que ahorra real a real desesperadamente para poder huir de las minas y labrarse un porvenir, aunque hay en él algo del soñador que, ya que sueña, se abstiene de actuar.

Él trata de convencer a Marianela que se escape con él, pero no la anima y debe huir solo. Ignoramos cuál será su suerte futura. Sin embargo, la propia Marianela está segura de esta convicción terrible: «No debe haber cosas feas... Ninguna cosa fea debe vivir». En cambio, la próspera e ingenua Florentina cree que el problema de la pobreza se resolverá cuando los ricos se vuelvan buenos y den parte de su fortuna a sus pobres. Dice: «Ya he escogido a mi pobre». Que es Marianela, por supuesto.

En el mundo de Pérez Galdós suele haber siempre una confrontación, a menudo violenta, entre la realidad objetiva y las fantasías que tejen sobre ella los seres humanos. *Marianela*, una buena novela, ocurre enteramente en el mundo de la fantasía.

La familia de León Roch (1878)

Si hay un tema que persigue obsesivamente a Benito Pérez Galdós en estos años es, sin duda, la enorme influencia —él la considera nefasta— que sobre la sociedad española tiene la Iglesia católica; a este asunto se halla dedicada la novela más larga que terminó de escribir, según está fechado el manuscrito, en diciembre de 1878: *La familia de León Roch*.

Es una novela extensa, en la que sobran muchas páginas, y en la que abundan las «grandes palabras», los diálogos que se convierten en discursos, a menudo algo cursis, pero en la que hay, también, escenas conmovedoras y personajes muy bien concebidos, como el curita de minúscula estatura, el padre Paoletti, el confesor italiano de María Egipcíaca, uno de los personajes más logrados de la historia pese a que aparece en ella sólo en los últimos capítulos.

La familia de León Roch transcurre en Madrid y sus alrededores, casi exclusivamente entre gentes de la nobleza y los enriquecidos burgueses madrileños —hombres que han heredado grandes fortunas o las han hecho, no siempre de manera decorosa—, a los que se ataca y ridiculiza con frecuencia, por los prejuicios, muy generalizados entre los escritores de ese tiempo en España, y que albergaba el propio Pérez Galdós, sobre quienes se dedicaban a los «negocios», como el marqués de Fúcar, algo que les parecía inseparable de la corrupción y el engaño. (Olvidaban que gracias a su odiado comercio progresó Europa y surgieron las industrias, que trajeron el verdadero progreso social. Si no hubiera sido por el comercio y la industria, España estaría todavía en las cavernas).

En cierto modo, se podría decir que el tema central de la novela son los «amores imposibles», aquellos que ocurren fuera del matrimonio católico, como el de León y Pepa, ambos casados por la Iglesia en uniones fracasadas por distintas razones. Pero tal vez más importante que este tema sea el del enfrentamiento entre católicos y quienes, como León, no lo son de la manera general, un apestado social al que todos los de su clase, empezando por su propia mujer, llaman «ateo» (no siéndolo) porque se jacta de desobedecer muchos preceptos de la Iglesia en una sociedad donde, por razones de fe o simple hipocresía, la inmensa mayoría dice creer y respetar rigurosamente.

El «héroe» de la novela es, como indica su título, el propio León Roch. Ha heredado una inmensa fortuna, que maneja con eficacia y sobriedad, siendo a veces generoso con amigos y parientes. Pero él mismo es un hombre sobrio, que estudió de muy joven en la Escuela de Minas, aunque, al parecer, sin recibirse ni dedicarse nunca a la minería. Se lo llama también «matemático» y «geólogo» y hasta «astrónomo», por su afición a los estudios relacionados con los números y los astros. Lleva una existencia sosegada, virtuosa, conformada por el amor y el estudio, «las dos alas del espíritu, como en su jerga figurada decía». Pero en este aspecto de la vida de León Roch, el estudioso e intelectual, no se profundiza demasiado en la novela, no tanto como en su enfrentamiento con las creencias y las prácticas católicas, con las que León es muy crítico y en todo caso incumple a la vez que las desprecia,

55

con lo que se ha ganado una hostilidad general de la sociedad, empezando por la de su propia esposa, María Sudre o María Egipcíaca, una mujer noble y bellísima, que es también una creyente y practicante muy devota de las instituciones y dogmas católicos.

Esto impide a la pareja un entendimiento y los llevará irremediablemente a la separación. León, pese a su mala fama, no es ateo, incluso acepta algunos de los dogmas y prohibiciones de la Iglesia católica, pero se rebela contra la hipocresía y el cinismo que suele acompañarlos, y que él, en su vida privada, odia, sin tener en cuenta para nada el desprestigio social que esto le acarrea. Se diría que es un librepensador *avant la lettre*, antes de que la palabra existiera, aunque él se llama a sí mismo un «anarquista», pues, aunque goza del dinero que tiene, le interesan mucho más otras cosas, como el estudio, pasar horas entre sus libros y las operaciones matemáticas.

Se enamoró de María Egipcíaca pensando que el respeto mutuo reinaría en su hogar, pero no ha sido así, y su bella mujer, más bien, ha dedicado todo su tiempo libre a las prácticas religiosas, la oración, las novenas, las misas y los sacrificios, hasta el extremo de sentir él que se ha equivocado, que la religión crea entre ambos un abismo insuperable, ya que su mujer, enloquecida por su obsesión religiosa, le pide con frecuencia que se convierta, que abjure de sus horribles creencias, que crea en las palabras divinas y vuelva al redil de la Iglesia en la que fue criado.

Lo que María Egipcíaca consigue con esto es que León deje de quererla y se enamore de otra mujer, Pepa, quien, luego de un matrimonio horrible con un tal Federico Cimarra, jugador obsesivo y explotador inmoral y deshonesto, que la abandona, también se enamora de él. Pero no hay adulterio, pues ambos guardan las formas, pese a las habladurías que los condenan y propagan falsamente que Monina, la hija de Pepa y de Cimarra, es en verdad hija de León Roch.

La rebeldía de León Roch tiene que ver con la hipocresía y las mentiras de su propia clase social, no con la pobreza y la desigual distribución de la riqueza, algo a lo que él es indiferente. Por ejemplo, es muy lograda la escena en que el marqués de Tellería, padre de María Egipcíaca, confiesa a León la manera como se fue arruinando económicamente. En cambio, la descripción de una corrida de toros —algo inusual en Pérez Galdós, que no era aficionado a la fiesta, muy popular en su época— es una pura burla que ignora su antiquísima tradición y no reconoce ni su elegancia ni la valentía y gracia de los espadas, ni tampoco el color, la alegría y animación que suelen tener las corridas.

León Roch se declara «un ser pasivo» y, en efecto, lo es. Porque en él las buenas costumbres forman una segunda naturaleza y por eso, cuando, luego de la muerte de su esposa, Pepa, la mujer que ama y que lo ama a él, le propone escaparse juntos, él se sorprende, e incluso indigna, pues le parece que una fuga conjunta sólo serviría para desprestigiar más a los amantes y frustrarles el futuro. Respecto a las convenciones sociales, Pepa es mucho más audaz y arriesgada que León, siempre preso de los prejuicios, aunque se mantenga como crítico de la rigidez y rigurosidad de las normas que la Iglesia católica impone a los creyentes.

Es sobre todo la doblez y falta de autenticidad de su propia clase social lo que subleva a León Roch, como lo dice él mismo en la última discusión que tiene con su esposa:

... he sufrido cuatro años una vida de opresión y asfixia dentro de una esfera social en que todo es fórmula: fórmula la moral y la religión, fórmula el honor, fórmula la riqueza misma, fórmula las leyes, hechas de mogollón, jamás cumplidas, todo farsa y teatro, en que nadie se cansa de engañar al mundo con mentirosos papeles de virtud, de religiosidad, de hidalguía.

Luis Tellería, hermano gemelo de María Egipcíaca y, por tanto, cuñado de León, es un ser enfermo —«cuidaba su enfermedad como se cuida una flor para que crezca», dice de él la narración— y su muerte precoz, dramáticamente narrada, da lugar a una de las escenas más conmovedoras de la novela. El agonizante está allí con su hermana, María Egipcíaca, dándole a ésta consejos religiosos (y, se diría, bastante fanáticos), mientras León se pasea nerviosamente por los alrededores.

Sin embargo, en esta escena, pese a su acierto, ya se anuncia uno de los defectos más evidentes de Pérez Galdós, que aparece tanto en los *Episodios nacionales* como en sus novelas: sucumbir a las «grandes palabras», a la hinchazón exagerada del lenguaje, y, a veces, a su desfiguración en una retórica excesiva e insulsa, en larguísimos párrafos que son verdaderos discursos, en los que el narrador —en este caso, el autor— se autogratifica con textos supuestamente poéticos y por lo general bastante vulgares, en los que el dramatismo de la escena desaparece y ésta, por el abuso del lenguaje, se desnaturaliza hasta, incluso, volverse caricatura.

Ocurre sobre todo al final de la novela y un ejemplo flagrante de ello es el violento encuentro que tiene

León Roch con su cuñado Gustavo, ya en la tercera parte de la historia, en el que, además de las duras palabras que intercambian los cuñados, la escena se prolonga indebidamente mientras ambos adversarios y enemigos, diría el lector, se deleitan insultándose y atacándose, fascinados por las palabras que vierten y que parecen dominarlos, convertirlos en meros parlanchines, objetos y sujetos de aquella despiadada retórica. Las «grandes palabras» no son lo que parecen; por el contrario, no hay en ellas nada de grande, sino la mera apariencia, un espejismo detrás del cual no existe nada denso ni intenso, sino pura retórica, es decir, un ruidoso vacío.

Algunos de estos diálogos, además, son contradictorios, por ejemplo el encuentro severo que tiene León con su suegro, en el que después de la diatriba de éste contra los «mentirosos» del reino, León se asusta pensando en la «maledicencia» que correrá sobre él y Pepa en Madrid.

Muchas de las novelas y de los *Episodios* de Pérez Galdós no parecen propiamente novelas, sino ensayos disimulados, por los análisis políticos o sociales a los que se entrega el autor como parte de la narración. *La familia de León Roch* es un magnífico ejemplo de esta oscilación en que una historia se convierte en muchas páginas en una interpretación y una crítica social.

Y no es de extrañar, pues, para Pérez Galdós, como para su personaje León Roch, el problema español parece concentrarse fundamentalmente en la dictadura moral que ejerce la Iglesia católica sobre la sociedad, en torno a la clase dirigente, aunque también en la clase media y en las clases populares; una dictadura que tiene el cielo como recompensa, pero que no vacila en castigar con el desprestigio y el vacío social a quienes la desafían o niegan. Es el caso de León Roch, quien, pese a la fortuna que posee y que le da acceso a la vida de las clases altas, es objeto de críticas y condenas múltiples por atreverse a desafiar con su conducta —lo que hace, lo que deja de hacer y lo que dice— a la jerarquía católica.

En resumen, esta novela tiene páginas excelentes, pero también muchas que parecen de más y que hubiera sido mejor suprimirlas, con lo que la novela hubiera quedado mejor construida y lograda.

La desheredada (1881)

La desheredada es una de las mejores novelas de Benito Pérez Galdós y una de las pocas que con justicia debería llamarse «naturalista», pues se ajusta en lo general a los postulados de esta escuela: descripción crítica de una sociedad injusta, vida sexual intensa entre los personajes, pesimismo histórico. Está bastante bien escrita, y la descripción de la ciudad de Madrid, con sus grandes contrastes arquitectónicos, sociales y culturales es muy acertada, con algunos episodios magníficos. En ella, por primera vez, Pérez Galdós emplea fórmulas avanzadas y originales en la estructura de los niveles de realidad, que ponen a esta novela en la vanguardia de la literatura narrativa de su tiempo.

En *La desheredada* se describe una realidad plural, donde lo vivido y lo soñado o fantaseado se alternan en el primer plano de la narración y alguna vez se confunden el uno con el otro. Por desgracia, como ya advertimos, Pérez Galdós nunca resolvió el problema del narrador y la voz omnisciente y a eso se deben las «intromisiones» de autor, que en esta novela, sin embargo y felizmente, son menos frecuentes que en otras que escribió.

Cuenta la historia de una jovencita, Isidora Rufete, de origen humilde, criada en Tomelloso, donde tiene un tío canónigo que le ha inculcado la idea de que es noble y heredará un título y una gran fortuna, promesa que prende en ella y organiza su vida. Vive en Madrid, hasta que al final de un larguísimo pleito, al que ha dedicado todos sus años y recursos, frustrada y amargada, se entrega a la mala vida y muere, lejos de su familia y de los pocos amigos que le quedaban. Varios de éstos, entre ellos el futuro doctor Augusto Miquis y el padrino que la adora, don José, reprochan a Isidora persistir en su sueño inalcanzable de ser algún día la marquesa de Aransis y le aconsejan volverse más «realista», tesis en la que han insistido algunos críticos de esta novela.

En verdad, son ellos los que están equivocados. Isidora es un don Quijote con faldas, una chica idealista que no se conforma con el mundo tal como es y quisiera otro distinto, en el que la elegancia y la abundancia, el buen gusto y la belleza —así cree ella que viven los nobles y los ricos— presidieran la vida, la sociedad, y todo en ésta fuera cultura y buenas maneras; por este sueño inalcanzable —es el mismo de *madame* Bovary cuando lee las novelitas rosas que le despiertan el apetito por las grandes y buenas cosas de esta vida— orienta y gasta sus años, hasta su derrota final. El sueño de Isidora puede ser falso o verdadero (es sobre todo bastante frívolo y su desprecio del «pueblo», su fealdad y su mal gusto, hacen reír a veces a los lectores), pero eso no importa. Ella no acepta su suerte, imagina otra vida y con sus flacas fuerzas lucha por ella, aunque sea derrotada al final. Isidora y los personajes de su estirpe son los adalides del progreso y del cambio, los verdaderos «revolucionarios», aunque lo ignoren y crean más bien luchar por el *statu quo*.

Los primeros capítulos de la novela, describiendo los barrios más humildes de Madrid, donde está la tienda de la tía Encarnación, el personaje más atractivo y descollante de la primera parte de la novela, apodada la Sanguijuelera, que al oír decir a su sobrina Isidora que es «noble» le da una soberbia paliza, demostrando el nulo respeto que le merecen las clases sociales llamadas «superiores», son excelentes. Y lo son también, sobre todo, las páginas que narran la vida infernal que llevan en el manicomio los pobres locos (en especial los no pagantes), entre los que se encuentra el hermano menor de Isidora, Mariano, apodado nada menos que Pecado, un personaje que de ser vago y ocioso en su juventud pasará luego a ser un anarquista y un terrorista; sobre todo su contraste con el barrio elegante de Salamanca, con sus nobles y opulentos burgueses que sacan sus coches y cocheros uniformados a la hora precisa para pasear alrededor del parque del Retiro, y hay muchos episodios en ella que están resueltos con gran maestría e incurriendo muy rara vez en las «grandes palabras», aquella retórica insustancial y rimbombante que asoma en algunas de sus novelas.

La descripción del palacio de Aransis, la única vez que Isidora entra en él, es magnífica, así como el monólogo de esta muchacha —en el capítulo XI de la primera parte— recordándolo.

Pero lo más original y creativo en esta novela es un relato-ficción en el que Isidora, que atraviesa un período difícil, de desvelo y depresiones, sueña o fantasea con que la vienen a detener por alguna falta que le han atribuido en el juicio que arrastra reclamando su título, y va a la cárcel por ello. Luego, este episodio, fantaseado o soñado por Isidora —que nunca estuvo en una cárcel—, se transforma en una realidad vivida que tanto ella como algunos de sus amigos recuerdan con espanto, como si hubiera ocurrido de verdad. Es la primera vez que Pérez Galdós utiliza estos «sueños irreales» que con el tiempo se vuelven vividos, un adelanto sin ninguna duda entre las novelas de su época, pues sólo en el siglo XX, luego de publicado el *Ulises* de Joyce, se volvería frecuente este recurso entre los escritores de vanguardia. (El episodio está en el capítulo XIII de la segunda parte de la novela).

Resumiendo, este libro es uno de los mejores que escribió Pérez Galdós, en el que se ofrece una visión muy nítida de la gente de Madrid, y en el que las distintas clases sociales están bien caracterizadas y diferenciadas. Los personajes, por otra parte, son atractivos y seducen al lector. Si todas sus novelas tuvieran los méritos de ésta, Pérez Galdós hubiera sido uno de los grandes escritores del siglo XIX.

El amigo Manso (1882)

Se publicaron cuatro ediciones de esta novela en vida de Galdós. Sólo la cuarta, de 1910, tiene correcciones importantes, que generalmente han recogido las ediciones posteriores.

Es una novela contada en primera persona por el personaje principal, Máximo Manso, un asturiano que ama las montañas entre las que nació, y que, trasladado a Madrid, hace una carrera intelectual de profesor y catedrático, dedicado a la filosofía, de costumbres y virtudes muy estrictas, una vida regulada de acuerdo con una moralidad muy exigente. A los treinta y cinco años tiene una experiencia sentimental que da origen a esta historia. Él la narra como una memoria, autojustificándose todo el tiempo, pese a que hay un trasfondo amargo, incluso iracundo contra sí mismo, en lo que dice y escribe.

Tiene un hermano mayor, José María, que partió a Cuba a hacer la América, y efectivamente la hizo pues se casó con una mujer muy rica, con la que regresa a Madrid cargado de hijos y parientes políticos, donde vive a lo grande, con la esperanza de recibir un título de marqués y hacer carrera como parlamentario y, acaso, futuro ministro.

La llegada de esta familia trastorna profundamente la vida claustral y austera de Máximo Manso, hasta entonces sobrio y puntual, que, con la venida de sus parientes, no sólo se desordena; también se enamora de

Irene, la institutriz y maestra de sus sobrinos. Este enamoramiento es la desgracia de este hombre triste, tímido y quieto, que, en su soledad e intensa vida solitaria, hecha de libros e ideas, era acaso feliz. Tenía un discípulo, Manuel Peña, que descollaba y del que esperaba mucho todo el mundo, y al que él modela de acuerdo con su estrictísimo concepto vital (por lo menos, eso es lo que cree).

Su amor por Irene es intenso, sin duda, pero secreto, porque, por timidez o cobardía o vanidad, no se atreve a declararse a esta muchacha a la que el calavera de su hermano, José María, ha comenzado a rondar. Cuando descubre estas andanzas, Máximo se encandila y somete a su hermano a una prédica severísima. Pero sólo para descubrir luego que, en verdad, es su discípulo, Manuel Peña, quien enamora a Irene y que ésta también está prendada de él. Esta unión sí se materializa, ante la angustia y frustración del «amigo Manso».

Nada de esto es muy original; eran los argumentos que solían abundar en las novelitas de la época, los «amores frustrados» que hicieron estragos durante el Romanticismo, salvo, tal vez, porque la historia no cesa con la muerte de Máximo Manso, continúa con él después de su fallecimiento, en el purgatorio sin duda, hasta que la gente se va olvidando de que existió. Ésta es la única parte de la historia en la que Pérez Galdós se toma libertades que dan una peculiaridad muy original a la novela. Hay en ella bastantes personajes pintorescos, como doña Cándida, a la que Manso apoda nada menos que Calígula y detesta porque es gorrona y vive saqueando a sus amistades, pero que es simpática, habladora y zalamera.

Se trata de una historia bastante trivial, muy de época, y que sirve sobre todo para revelar las enormes limitaciones de Máximo, tan orgulloso de sí mismo y de la manera en que ha organizado su vida, hecha de austeridad, alta moral y muy rica vida intelectual, aunque terriblemente solitaria, y frustrada por la vanidad con que se oculta a sí mismo su timidez y cobardía, sobre todo a la hora de expresar sus sentimientos.

Hay algo que el lector echa de menos en esta novela, probablemente su falta de realismo. Es difícil creer que, estando tan enamorado de Irene, el catedrático de dos facultades, como dice serlo, demore tanto en declararse a ella, esperando siempre ¿qué?, algo que él no sabría definir, ni sus lectores tampoco. Pese a su gran cultura filosófica y moral, Máximo no ha superado nunca la timidez que le inspiran las mujeres, su condición de solitario, sin esposa y sin hijos, un desconfiado de sí mismo, pese a una gran cultura de la que, por lo demás, no da pruebas tangibles al resto de ciudadanos, pues el discursito que pronuncia en la novela —es todo lo que conocemos de él y de su capacidad intelectual— pasa casi desapercibido, sobre todo en comparación con el éxito arrollador que tiene su dilecto discípulo Manuel Peña, quien arranca una ovación extraordinaria después de su discurso.

La vida de Máximo es triste, quieta y vacía, aunque está algo atenuada por la manera en que se cuenta a sí mismo, en un estilo bien amueblado, en el que hay ironías abundantes, ferocidad contra la gente mediocre y vulgar, a la que Máximo desprecia, y hasta momentos de excelente humor. Pero también abundan las «grandes palabras», de las que abusa en exceso. Dicen que Raimundo Lida, catedrático de Harvard, antes de dictar sus clases sobre la Literatura Española del Siglo de Oro, recordaba siempre a sus alumnos que «los adjetivos están hechos para no usarlos». Lida, que era argentino, conocía la maldita afición a la retórica de nosotros, los latinoamericanos, y, acaso, también la de los españoles.

Pérez Galdós no daba a ello mucha importancia, pues amaba los adjetivos y, se diría, tenía el prurito de que los sustantivos no se podían utilizar sin decorarlos con ricos y suntuosos calificativos y matizaciones, sobre todo en libros como éste, de prosa recargada por su mobiliario verbal intenso y a veces exagerado. Se diría que el autor sentía la obligación de rodear a la historia escueta de una adjetivación sobrecargada y pretenciosa, en la que el lector se extravía, olvidándose de aquello que, en teoría, constituye lo esencial del relato: lo que en él ocurre. Por eso, el estilo de Pérez Galdós es tan variable; cuando se reprime, generalmente acierta, y nos conmueve con una prosa rica y perfecta; pero, por desgracia, se siente impulsado a matizar o enriquecer lo que cuenta con adjetivos que más bien empobrecen sus relatos, pues son innecesarios o, peor todavía, vulgares y fáciles, como ocurre con cierta frecuencia en esta historia. Dicho todo esto, cabe añadir que, pese a todo ello, se trata de una muy buena novela.

El doctor Centeno (1883)

Entre enero de 1883 y mayo de 1884, Benito Pérez Galdós escribió tres novelas: *El doctor Centeno*, *Tormento* y *La de Bringas*, con personajes comunes, la mejor de las cuales es *Tormento*. *El doctor Centeno* apareció en 1883 y sólo en una edición de 1905 hizo el autor cambios importantes en el libro, que se recogen en casi todas las ediciones posteriores.

Esta novela, bastante descoyuntada, consta de dos partes y es muy larga, demasiado para tratarse de un «cuadro de costumbres» más que de una historia, pues relata la vida de un grupo de estudiantes (muchos de ellos dicen serlo pero no lo son) que viven casi de milagro, aprovechándose del dinero que les envían los padres o el que se consiguen mediante préstamos de los prestamistas que abundan en Madrid, como Torquemada, protagonista de cuatro novelas posteriores de Pérez Galdós.

El personaje principal de esta novela es Felipe Centeno, sirviente primero de un director de escuela, don Pedro Polo y Cortés, religioso brutal y atrabiliario, cuyo método pedagógico —que lo ha hecho famoso en Madrid, al parecer— consiste en insultar y maltratar físicamente a sus pobres alumnos, así como hace con el paciente Felipe, quien, con suerte para él, pasa luego a ser sirviente de Alejandro Miquis. Éste y otros compañeros viven —malviven, más bien— en la pensión madrileña de doña Virginia, y constituyen

69

una banda simpática pero ociosa y más bien inútil de jóvenes que sólo piensan en divertirse, enamorar, beber y que suelen morirse de hambre pues, cuando tienen dinero, lo tiran a manos llenas, con generosidad desmedida.

Lo que aparece en estas páginas es un Madrid picaresco e irresponsable, de gentes de la clase media que aspiran sólo a pasarla bien, y entre los que hay nada menos que un alocado esquizofrénico, Jesús Delgado, que se escribe cartas a sí mismo, a las que, por lo demás, responde rigurosamente cada noche. Los otros suelen ser más cuerdos: Cienfuegos, Federico Ruiz, el catalán Poleró, Arias, todos, incluido el buen maestro don José Ido del Sagrario, de más calidad que el resto, y hasta la esquelética sirvientilla de la pensión, la escueta Cirila.

Centeno no es doctor sino un pobre muchacho de la Mancha, semianalfabeto, al que su patrón trata como si fuera un doctor en Medicina —lo llama también a veces Aristóteles—, y en buena parte de la novela vemos que su función principal es conseguir dinero, recurrir a los prestamistas alquilando la ropa de su amo, o lo que sea para dar de comer a toda la tropilla de vividores que rodea a Miquis. Éste es un manchego de familia acomodada, de la que vive haciéndoles creer que estudia, y de una tía excéntrica, doña Isabel Godoy, que ama la limpieza y odia la suciedad a extremos patológicos. Ésta le hace entrega de un alto de dinero, que él, por supuesto, se encarga de hacer desaparecer cuanto antes, como por arte de magia.

Miquis es víctima de la tuberculosis y los últimos capítulos de la novela están dedicados a narrar su agonía, una muerte lenta, tras las visitas del médico que la anuncia, el doctor Moreno Rubio, a quien ya hemos visto aparecer en otras novelas de Galdós. La muerte del desdichado Alejandro Miquis, en plena juventud, es como un símbolo de lo que espera a toda aquella generación sin futuro, que sólo aspira a gozar de la vida casándose con una viuda próspera o heredando a la familia una buena dote que, en manos de ellos, durará muy poco.

Miquis ha escrito una obra de teatro, *El Grande Osuna*, en la que ha cifrado muchas esperanzas, pero los productores van aplazando el estreno cada vez más, hasta que, en el lecho de muerte, Miquis la manda quemar, pues se le ha ocurrido otra creación para las tablas; la llamará *El condenado por confiado* y en ella aparecería nada menos que Quevedo, por el que tiene gran afición.

Esta novela no lo es propiamente, pues no hay una acción que la recorra y que el lector siga con la ansiedad con que se siguen las buenas historias; es, ya lo dije, una crónica amena, a ratos demasiado larga y quieta —esa mirada helada de la que Pérez Galdós es en la literatura española el representante eximio—, sobre el Madrid más frívolo, con un conocimiento absoluto y total de sus calles, plazas, pensiones, bodegas y cafés, donde transcurre la vida de aquella bohemia que, aunque improductiva intelectualmente, es pintoresca y —desde lejos y en tono menor, eso sí— representa también a la capital de España.

Pero, en ella, sobre todo al final, Pérez Galdós insiste siempre en introducir formas teatrales que, ya lo señalamos, nunca funcionan y sirven más bien para alejar los episodios, retraerlos a los lectores y hacerles perder interés en el relato. Más que una novela es una guía de Madrid y de sus barrios y calles, que Pérez Galdós conocía a la perfección, y del grupo de jóvenes bohemios que la componen.

Tormento (1884)

Esta novela, la mejor de las tres escritas entre enero de 1883 y mayo de 1884, cuenta los amores imposibles (al final se descubre que no lo son tanto) de la bella pero pobrísima Amparo y el cuarentón Agustín Caballero, que ha pasado buena parte de su vida en México y el territorio colindante de Estados Unidos, viviendo una vida primitiva y salvaje, y haciéndose riquísimo. A los cuarenta años y pico vuelve a España con la decisión de civilizarse, casándose y adoptando las buenas costumbres de la mejor sociedad. Él mismo toma como criado a Felipe Centeno, a quien, recordemos, apodaba Aristóteles su antiguo amo, el fallecido Miquis.

Agustín está emparentado con los Bringas y, en Madrid, recala en casa de estos primos, el gran Thiers y Rosalía, mujer inquieta y con sueños imperiales, que desde el primer momento ve con envidia y codicia a su pariente crecido en América —más propiamente, los tesoros que ha acumulado éste en el Nuevo Mundo—, a quien, como no puede endosarle a su hija, que es muy pequeñita, trata ella misma de seducirlo con sus arreglos y adornos. Pero, ay, de quien el «salvaje» se enamora es de Amparo, la bella pobretona, a la que, venciendo su timidez, se declara y es aceptado. Entonces, se prepara el matrimonio.

Pero éste no llega a consumarse. Porque en el pasado de Amparo hay un hecho escandaloso (y algo bastante típico de la época): ésta tuvo amoríos nada menos que con un cura, nuestro conocido don Pedro Polo —la novela oculta el hecho mismo, que sólo conocemos a través de habladurías y chismes—, que, haciendo pedazos sus hábitos y sus virtuosos juramentos de castidad, se revela como un amante feroz e inagotable, que persigue a su presa cuando ésta cree haberse librado de él y está ya en pleno noviazgo con Agustín Caballero.

Éste ha comprado una casa que va amueblando con todo lujo, donde espera vivir con su futura esposa. Estalla el escándalo y todo el mundo —empezando por ella misma— parece de acuerdo en que Amparo cometió un crimen imperdonable con sus amoríos con el religioso: vacila, destrozada, entre confesarse con Agustín y pedirle perdón, o callar, optando por lo segundo, de lo cual se arrepiente casi de inmediato y elige —es la peor de las soluciones, por supuesto— ir al propio don Pedro Polo a decirle que olvide lo ocurrido y la deje en paz.

El religioso es un amante compulsivo y un canalla; cuando ella lo visita no vacila en proponerle que pase una última noche de amor con él, para luego dejarla libre de acechanzas. Ella rechaza indignada esta innoble oferta. Lo extraordinario de estas páginas es el antifeminismo: todo el escándalo de aquellos amoríos recae sólo sobre la mujer (o, presumiblemente, adolescente) que era Amparo cuando aquello ocurrió, y no sobre el cura, sin duda el seductor y sobre quien deberían arreciar la vergüenza y la culpa. Pero en aquella época los valores morales afectaban con mucha más fuerza a las mujeres y los varones gozaban de una dispensa en lo que se refiere a los amoríos, algo propio de las sociedades machistas, que, sin excepción, eran todas las presentes en Europa, incluida España.

Todo esto lleva a Amparo, que ha visto derrumbarse su sueño de felicidad, a intentar matarse. La imitación con *Madame Bovary*, de Flaubert, o, más precisamente, con el suicidio de Emma Bovary es flagrante, incluso en el detalle del arsénico, el instrumento que ambas señoras, la modelo y la imitadora, eligen para salir de este mundo. Pero en *Tormento*, Pérez Galdós se vale de su personaje Felipe Centeno, el Aristóteles de *El doctor Centeno*, para dar una voltereta genial a la historia. Felipe descubre que la receta de Amparo habla de «cianuro» y entonces, asustado y previsor, hábilmente cambia el veneno por una asquerosidad vegetal que no mata, aunque sí descompone y maltrata a sus víctimas. De este modo, la imitadora de Emma Bovary, en vez de la muerte, sólo sufre una descomposición corporal de algunos días, luego de los cuales el comprensivo «salvaje», Agustín Caballero, la perdona y se la lleva a Francia. No como esposa sino como simple querida, ante el escándalo envidioso de la prima Rosalía, quien ahora, presa de una pataleta resentida, habla del honor pisoteado y la vergüenza de la familia. Hasta que su marido, el gran Thiers, le revela que Agustín le ha dejado dicho que ella puede disponer de todo el ajuar que adquirió para su casita, que no piensa ocupar. Rosalía se siente consolada, pues con los años había ido adquiriendo un gusto desmesurado por el lujo.

La novela está muy bien escrita; aquí la mirada quieta funciona a la perfección, sin los excesos retóricos y paralizantes en que a veces sucumbía Pérez Galdós; sobre todo, en las descripciones del mobiliario y de la ropa que adquiría el «salvaje» para su entrada en sociedad. Tenía mucha gracia Galdós al detenerse en la descripción de estos ambientes, pues solía hacerlo con originalidad, minucia y elegancia, como en esta novela, situando muy bien y perfilando a través de los objetos y la indumentaria la época y la clase social de personajes como los Bringas, que, a todas luces, pretendían vivir por encima de sus modestos ingresos. Y Felipe Centeno, Aristóteles, aunque sea una breve presencia, es de gran importancia, pues gracias a él Amparo se salva de la muerte y presumiblemente vivirá en el futuro feliz junto al «salvaje» enamorado.

El tema de la novela es común a la época y sobre todo a los románticos y realistas, pero en Galdós tiene un buen desarrollo, lo que le da originalidad, al añadir al romanticismo y al realismo el buen humor con que la historia termina.

Lástima nomás que, en el capítulo final de la novela, Galdós se valga de los diálogos teatrales que desmerecen y aquietan la narración en vez de darle relieve.

La de Bringas (1884)

La novela comienza con la bella descripción de un mausoleo que ha fabricado don Francisco Bringas, el «gran Thiers», que, pasados algunos años desde la novela anterior, sigue siendo funcionario y ha descubierto el placer de fabricar cenotafios, a los que añade una buena ración de pelos como contribución personal.

A estas alturas, doña Rosalía, la esposa de Francisco, ha ido perseverando en su amor al lujo y a los trapos, sobre todo desde que conoce e intima con Milagros, una experta en elegancia que, además, es marquesa, con lo que su frivolidad vanidosa se siente más que colmada.

Los reyes han premiado la lealtad de la familia Bringas llevándola a vivir al Palacio Real, junto con otros innumerables cortesanos. Hay una descripción muy viva y amena de esta fauna que puebla el Palacio Real y el propio Galdós, una vez más, se instala en la novela como el narrador de la historia, haciendo periódicas apariciones en ella, sin explicar nunca cómo sabe y puede narrar tantas intimidades de la familia Bringas.

Las que cuenta son, sobre todo, las pellejerías que pasa esta familia de clase media, que tiene siempre problemas de dinero, sobre todo desde que Rosalía, empujada por su amor a los vestidos de moda, gasta por encima de sus posibilidades, y vive angustiada ante el temor de que su marido descubra sus deudas.

Don Francisco Bringas, por lo demás, que fue siempre muy ordenado para los empeños familiares, con los años se ha vuelto avaro y goza verdaderamente sacando y contando el dinero que lleva ahorrado con la manera tan estricta con que administra los gastos de la casa.

Buena parte de la historia son los apuros que pasa Rosalía con los préstamos que pide, recurriendo a un prestamista, el señor Torquemada, que será más tarde personaje de cuatro novelas de Galdós. La de Bringas vive espantada de que su marido descubra los enredos económicos a que la ha llevado su amor a los atuendos elegantes que vienen de París y, sobre todo, en las últimas páginas de la novela, pasa por la humillación de pedir dinero a medio mundo, incluso a Refugio, la hermana de Amparo, que, pese a su descrédito personal y a su mala fama, le hace pasar muy mal rato, aunque al final le presta la cantidad de dinero que necesita para pagar su deuda sin que la descubra el severo don Francisco.

Dicho sea de paso, Pérez Galdós se documentó para narrar la pasión de Rosalía por los vestidos y las modas, pues son muchas las páginas en que la narración nos deleita con lujo de detalles sobre las modas francesas de que Rosalía y la marquesa hablan y que examinan con ojos expertos; son largos párrafos de sabiduría y humor de esta cultura frívola, narrada con un conocimiento y una gracia que hacen la felicidad de los lectores.

Don Francisco, por lo demás, sufre un percance gravísimo, se queda ciego por varias semanas y la descripción de su ceguera y las angustias que por ella pasa el gran Thiers están muy bien descritas. De rato en rato tenemos noticias de Agustín Caballero y su amante Amparo. Siguen en el sur de Francia, gozando al parecer, y al final de la novela él acaba de comprar una casa en Arcachon, a la que invita a pasar un mes a la familia Bringas. Pero ésta se niega a aceptar una invitación de una pareja que no está casada por la Iglesia.

Cuando esta historia parece a punto de terminar en una catástrofe doméstica si don Francisco Bringas descubre las deudas de su esposa, estalla por fin la revolución —el golpe militar— de la que se ha ido oyendo hablar a lo largo de toda la historia: Isabel II es depuesta, con las evidentes protestas y la indignación de don Francisco, un monárquico a carta cabal, que ve lo que ocurre en España como el desenfreno de las turbas y la inminente desaparición de su clase social. En verdad, lo que ocurre no es tan terrible, aunque, eso sí, la familia Bringas debe abandonar los aposentos del Palacio Real y alquilar una casita muy modesta en las cercanías de la plaza de Oriente, donde, imagina el lector, la familia seguirá envejeciendo y sujetándose a una vida llena de sacrificios, como ocurre con tantas familias de la clase media española.

Rosalía sufre una última humillación, pues Refugio le revela que su amiga la marquesa, a quien aquélla creía su buena compañera, ha dicho de ella que es «una cursi», algo que la hiere en lo más altivo de que se preciaba, pues se creía muy superior a quienes la rodeaban. Aquella ofensa, viniendo de quien viene, tardará en olvidarla.

Lo prohibido (1885)

Escrita inmediatamente antes que la gran novela de Pérez Galdós, *Fortunata y Jacinta*, *Lo prohibido* es la primera narración de su autor que tiene una arquitectura moderna y coherente. Está escrita por un narrador-personaje, José María, que es al mismo tiempo el héroe de la novela. El narrador de la historia es su principal protagonista. Esta perspectiva da al libro una coherencia estructural que las novelas anteriores, como hemos visto, por lo general desconocían. Y algo de eso mismo ocurrirá con algunas novelas posteriores. De este modo, mediante una obra menor, Pérez Galdós descubrió por fin la manera como un narrador sirve para dar autonomía propia a una historia, sin necesidad de diversificar ésta añadiéndole narradores inadecuados que obligaban al autor a bifurcar el argumento en vez de ceñir las historias en sí mismas.

José María, hijo de una inglesa y de un español, gaditano que ha vivido y prosperado en Cádiz hasta gozar de una cómoda fortuna, tuvo una novia inglesa, Kitty, que falleció. A sus treinta y siete años, en 1880, decide dejar sus negocios, vivir de sus rentas y trasladarse a Madrid. Allí conserva unos parientes —tíos y primas— que vienen de un antiguo y curioso linaje, los Bueno de Guzmán, en el que todos padecen, por breves períodos, de una extraña afección hecha de zumbido de oídos, desazón insoportable, desesperación e insomnios crónicos.

La novela, en verdad, son las memorias de José María en este período madrileño de su vida —su época final— entre el otoño de 1880 y el verano de 1884, escritas con la ayuda de un viejo conocido de los lectores de Pérez Galdós, el antiguo profesor José Ido del Sagrario, quien, al parecer, avecindado en Madrid y pobre de solemnidad como de costumbre, se gana la vida con este oficio discreto e invisible. Sus memorias, ha decidido José María, se publicarán sólo póstumamente.

Sus parientes le ofrecen vivir con ellos, pero José María preserva su intimidad y compra una casa, aunque vive en estrecha vecindad con todos ellos. Se enamora de su prima Eloísa, cuyo marido, Carrillo, es despreciado por el resto de la familia. Para suerte de José María, Carrillo muere y, se diría que a la vez, Eloísa, ya amante suya, desarrolla un gran apetito por el lujo, los vestidos y las cenas suntuosas de los jueves, en los que invierte altas sumas de dinero que proceden, claro está, de las reservas de José María. Éste advierte, con preocupación, que está gastando demasiado y que su fortuna decrece, a medida que la casa de Eloísa se va llenando de cuadros de lujo, alfombras, adornos y tapices generalmente comprados en tiendas de París. Un espejo biselado es, entre todas sus compras, su objeto preferido y alcanza el valor de un símbolo en la novela.

Ésta es la primera vez que una historia de Pérez Galdós está llena de cuentas y números, de juegos a la bolsa, préstamos, distintas inversiones, quiebras y preocupaciones financieras. Esto indica, mejor que nada, que la historia transcurre en un mundo de clase media alta, de gentes de buenos ingresos, que, sin embargo, pueden extinguirse rápidamente, como ocurre en la novela. El amor y el dinero se mezclan, indiferenciables en el caso de Eloísa y también, aunque de manera menos aparatosa, en el del propio José María.

Y su relato toma cada vez más el sesgo de una confesión muy privada, casi secreta, en la que el autor se revela tal como es, vale decir de moral un tanto cínica y egoísta, y que, pese a su cultura y a sus buenas maneras, transgrede a diario una y mil veces aquella conducta de su clase social, procurando ante todo saciar sus apetitos sexuales, que, ay, tienen siempre el incentivo de «lo prohibido».

El elegante José María es, ante todo, un gozador de la vida en lo que tiene ésta de más profundo y retorcido; él, que se conoce muy bien, se luce en estas memorias secretas tal cual es, sin el menor remilgo. Por lo demás, se diría que la realidad se va plegando a sus caprichos: ha conseguido ya a su prima Eloísa.

Eloísa, una vez fallecido su esposo, quisiera casarse con José María, pero éste es reticente porque, para entonces, se ha enamorado de otra prima suya, Camila, esposa de Constantino Miquis, la que no le hace caso. Los sufrimientos de José María aumentan, confiesa éste al lector, debido a su «vicio fisiológico», aquella «aberración del gusto», pues no le «agradan más que las cosas prohibidas». Un día se entera de que el marqués de Fúcar está al borde de la ruina y que la culpable es nada menos que Eloísa, flamante amante del marqués. Su prima ya ha dado cuenta de buena parte del patrimonio de José María, que, consciente de lo pedigüeña que ha resultado su familia, se alarma por sus mermadas reservas.

Decide entonces volver a los negocios, en particular a la bolsa, a ver si rehace su fortuna. Pero, a partir de ahora, todo le saldrá mal. Camila nunca le hará caso, perderá casi toda su fortuna a raíz de una fuga de dos de sus acreedores, y, para colmo, un escándalo debido a chismes e infundios de familia lo indispondrá con Camila y el marido de ésta, Constantino, con quien hasta entonces se había llevado muy bien. Sintiéndose solo y abandonado, José María, luego de provocar algunos escándalos, cae muy enfermo y, aunque se restablece a medias, dicta su testamento y decide escribir sus memorias con ayuda de José Ido del Sagrario.

Se trata de una obra menor, que, tanto al principio como luego, antes de su decadencia existencial y la merma de la fortuna de José María, se alarga demasiado. Ese vacío se llena con palabras. Pero en muchos momentos, sobre todo al principio, mantiene vivo el interés del lector gracias a un estilo desenvuelto y fluido en el que, por desgracia, se recurre demasiado a menudo a aquellas «grandes palabras», principalmente en las escenas en que José María hace escarnio de sí mismo y luce sus vicios secretos convocando la piedad o la solidaridad de los lectores, y en las que aparecen, de manera muy visible, los defectos de su estilo.

«Defectos» sea acaso una palabra excesiva para lo que yo quisiera señalar; tal vez convendría más decir aquella costumbre léxica de Pérez Galdós que lo aleja de la modernidad y lo convierte por culpa de su prosa en un escritor del pasado. En alguna parte de la novela, José María escribe esto de la lengua castellana: «Esta admirable lengua nuestra, órgano de una raza de poetas, oradores y pícaros, sólo por estos tres grupos o estamentos ha sido hablada con absoluta propiedad y elegancia». Es muy exacto, aunque las contribuciones de los escritores («poetas», dice él) sean diversas y hasta contradictorias. Veamos su caso, en un detalle particular.

Es evidente que las palabras «entrome», «mirela», «quitose», «encarose», «levantose», «díjome», «ocasionome», «ordenele», que acabo de tomar de distintas páginas de su novela, quieren decir exactamente lo mismo, no importa cómo se escriban, pues podrían también escribirse divididas en dos palabras: «me entró», «la miré», «se quitó», «se encaró», «se levantó», «me dijo», «me ocasionó», «le ordené», que, usadas dentro de una frase, expresan la misma idea. Nada las diferencia en lo que concierne al contenido. Ahora bien, ocurre algo muy distinto desde el punto de vista del estilo literario. Pérez Galdós tiene una debilidad por unir aquellas dos palabras en una sola —lo hace todo el tiempo—, valiéndose de la aptitud y fluidez de nuestra lengua para ello, y los ejemplos que he citado podrían multiplicarse hasta hacer una larguísima lista que mostraría cómo él prefiere siempre aquella fusión en vez de la partición.

Usadas en lengua literaria, no logran un efecto equivalente, aunque el contenido sea semejante. Aquella que funde en una sola acción lo que la división en dos representa tiene la virtud (o el defecto) de retroceder en el tiempo aquella frase, regresarla a una época en la que era usual semejante fusión, algo que, en los tiempos modernos —es decir, la época en que fue escrita la novela—, resultaba ya inusual y, por consiguiente, volvía la frase excesivamente llamativa. Ese empleo, en otras palabras, aleja la prosa de su propio tiempo y la acerca mucho al de los clásicos de nuestra lengua, aquel en el que la lengua literaria tendía más bien a alejarse de la expresión oral, a distinguirse de ella, en tanto que, contemporáneamente, tiende a semejarse y confundirse con ella.

De este modo sutil, el estilo de Galdós se aparta de la modernidad y se acerca a un tiempo clásico, en el que aquellas fusiones, en vez de llamar la atención y sorprender, eran aceptadas dentro de la lengua literaria, que, justamente, buscaba apartarse de la expresión oral, distinguirse como algo propio y diferente: eso era entonces lo «artístico», lo literario.

Eso, y otras afinidades expresivas de esta índole, en este caso su vocabulario, dan por momentos a Pérez Galdós el semblante de alguien que se aleja de la prosa viva y moderna y se acerca más bien a la prosa antigua, quieta y lejana, aquella de los clásicos. Eso es lo que da, por momentos, leyendo a Galdós, una impresión de anacronismo, de retroceso en el tiempo, aunque, en otros momentos, esa misma prosa revele una gran identificación con el lenguaje oral, es decir, el de su tiempo. No ocurre sólo en *Lo prohibido*, se trata de un rasgo común de su estilo, que se repite constantemente en sus novelas.

Fortunata y Jacinta (1887)

En 1887 se publicó, en cuatro volúmenes, el que los críticos y el público consideran el libro más importante de Benito Pérez Galdós: *Fortunata y Jacinta*. La obra apareció con un subtítulo del que luego han prescindido algunas ediciones: *Dos historias de casadas*. Pérez Galdós trabajó casi un par de años en esta ambiciosa historia —interrumpida por un viaje que lo llevó a Francia y Alemania—, que muchos críticos estiman la gran novela española del siglo XIX. Existe una disputa al respecto con la novela de Leopoldo Alas «Clarín» *La Regenta*, discusión un tanto absurda, porque siempre es difícil señalar cuál es la más lograda entre dos excelentes novelas, sobre todo siendo ambas las más representativas de una época, en este caso el siglo XIX español. Señalemos, entre paréntesis, que el XIX ha sido considerado por la crítica en general como el gran siglo de la novela europea, pues en él se escribieron obras maestras tan absolutas como *Los miserables*, *Guerra y paz*, *Los hermanos Karamazov* y, entre otras, las novelas de Dickens y de Balzac, de las que fuera un entusiasta admirador el propio Pérez Galdós. Entre aquellas obras maestras habría que señalar también la gran novela del norteamericano Herman Melville *Moby Dick*. En todo caso, *Fortunata y Jacinta* fue la novela más importante que escribió y, sin duda, la más ambiciosa.

Se trata de su mejor novela y una de las más importantes que se han escrito en España, sobre todo por la mirada que ella echa sobre Madrid, donde ocurren los episodios centrales de la historia. Es inútil compararla con el *Quijote* de Cervantes: son dos épocas y dos temas tan distintos que no hay relación entre ellas, salvo que la Mancha, dominio privilegiado del *Quijote*, es, en la novela de Pérez Galdós, Madrid. De esta ciudad *Fortunata y Jacinta* traza una visión total, describiendo sus calles, plazas y edificios, sobre todo sus cafés, magistralmente integrados a la acción, y todas sus clases sociales, desde la cúpula aristocrática, pasando por sus clases medias y los sectores más humildes, en una visión totalizadora que es otro, pero de ninguna manera el menor, de sus extraordinarios logros.

Para escribir este ensayo la he leído ya por tercera vez, y me ha atrapado una vez más la historia desde sus primeras frases hasta el final y me ha exigido la misma absorción y entrega que las mejores novelas que he leído.

La historia que cuenta es más bien sencilla, pero no tal como está contada, con una notable riqueza de matices y detalles y una excelencia de la prosa, tanto en las descripciones y en los diálogos, como en ninguna otra de las historias que Galdós escribiría antes o después. Aquí también el narrador de la historia es él mismo, un narrador que parece estar muy bien informado sobre lo que cuenta, hasta que este artilugio desaparece y se esfuma, y, de hecho, el narrador omnisciente reemplaza al narrador-personaje sin que el lector advierta la misteriosa y oportuna muda.

Casi todas las novelas del siglo XIX cuentan una pasión romántica, y en eso, *Fortunata y Jacinta* no difiere de muchas otras, pero sí en lo que esta pasión dura y se encarna en la personalidad de una humilde muchacha que vive, antes de que la literatura surrealista lo promoviera, el amor-pasión. Es decir, esa rendición total a un amor que pasa a ser la esencia y razón de una vida, una especie de religión, algo que Fortunata experimenta de manera integral y con una generosidad sin límites, convirtiendo esa inclinación en lo esencial de su existencia, la entrega absoluta en el espacio y en el tiempo al amado, ese Juanito Santa Cruz, joven rico y de buena familia, que ella trocará en la razón de ser de su vida y de su corazón. Pese a todos los obstáculos y abandonos de que es víctima, en ella no decae ese amor un solo día, convencida como está Fortunata de que aquel personaje lo es todo en su vida, una entrega sin esperanza de reciprocidad, con la constancia y terquedad de una verdadera obsesión, por la que está dispuesta a sufrir todas las humillaciones y desprecios, de parientes y amigos, y de la que, en cierta forma, resulta triunfadora al final, cuando deja este mundo y las cosas ocurren tal como ella esperaba.

Fortunata, una mujer de pueblo («Soy siempre pueblo» es una expresión que ella proclama y que se ha convertido en un *leitmotiv* para la crítica), analfabeta cuando conoce por primera vez a Juanito Santa Cruz, a quien la belleza de esta muchacha indócil lo atrae y le disgusta a la vez porque ella se halla comiendo un huevo crudo, con el que probablemente se ha apelmazado las manos, vive pobrísimamente en la Cava Baja (donde hace poco se ha colocado una placa en recuerdo de ella, en esta celebración del centenario de la muerte de Pérez Galdós).

El amor-pasión de Fortunata es tanto más inexplicable —¿pero acaso el amor tiene explicación posible?— porque, aparte de ser guapo y elegante, Juanito Santa Cruz es muy poca cosa, un parásito social que aprovecha la fortuna que han levantado sus padres, don Baldomero y Barbarita, trabajando y ahorrando sin tregua a lo largo de sus vidas en un negocio de paños, para tener una vida ociosa, dedicada a sus conquistas y entretenimientos frívolos. Es verdad que ella le gusta, sobre todo en los comienzos, cuando le pone un piso donde puede visitarla a solas, pero luego la abandona, e incluso tiene un hijo con ella, que se lleva la muerte. Pero no hay comparación entre el amor de Fortunata, total y que incluye sacrificios sin cuento, y el de Juanito, superficial y transitorio, sin exclusión de otros amoríos y de una adhesión, por lo menos aparente, a Jacinta, su propia mujer, cuyo viaje de novios por Burgos, Zaragoza, Barcelona, Valencia y Sevilla se describe en los primeros capítulos del libro.

Jacinta es una joven agraciada, de la clase media, cuya tragedia la sigue a lo largo de la vida, pues, adorando a los niños, no puede tener hijos. Es el drama que la acompañará hasta que, al final, hereda al recién nacido Juan Evaristo —hijo de Juanito y Fortunata—, que esta última, antes de morir, deja en sus manos para que lo críe como hijo suyo. De esta manera, Fortunata se llena de gracia, después de haber creído que ella, por poder tener hijos, era moralmente superior a Jacinta, pues estaba convencida de que una mujer que no podía tenerlos no tenía derecho a ser la esposa real de su marido.

Entre los amoríos con Juanito Santa Cruz, cada vez que Fortunata es abandonada por éste, ella hace su vida, y confiesa que tiene amantes —«unos ocho», calcula—, pero ella a estas ocurrencias no les da importancia alguna, pues sabe que, vez que Juanito aparezca, ella abandonará a esos amantes pasajeros por quien es, verdaderamente, el único amor real de su vida.

Ésta es una apretada síntesis de la historia central de una novela en que los personajes representativos de todas las clases sociales del Madrid del siglo XIX aparecen y se suceden por doquier; entre ellos, una mujer soberbia e inolvidable, Mauricia la Dura, llamada así por su carácter furibundo y extremista y su parecido físico a Napoleón. Se trata de una de las creaciones mejores y más llamativas de Pérez Galdós, que llena de violencia y excesos retóricos a la sociedad cada vez que aparece en la novela. Mauricia es una mujer de orígenes muy humildes, que vive en guerra perpetua en contra de los ricos y nobles, una anarquista natural que nadie puede domeñar ni poner en cintura, porque, además de ser una rebelde de nacimiento, tiene verdaderos accesos de locura, como el que lleva a las monjas de las Micaelas —un convento donde van las mujeres católicas arrepentidas a ser reeducadas— a expulsarla del claustro.

Otro personaje notable es Maximiliano, con quien Fortunata se casa, sin amarlo, y sabiendo que lo engañará cuantas veces Juanito Santa Cruz reaparezca y la llame. El caso de Maxi está muy bien tratado en la novela de Pérez Galdós. Es un muchacho feo y enfermizo, bastante inculto, que queda deslumbrado con Fortunata, se enamora de ella hasta los huesos, y por ella está dispuesto a todo, incluso a casarse y tratar de empujarla hacia el «bien» cristiano, sin conseguirlo nunca. Entonces se desespera y enloquece, hasta convertirse en un verdadero pobre diablo, en una cabeza enferma que delira y pasa de soñar con crímenes a inventarse una religión personal con la que podría librar a todos los seres humanos de los demonios que los atormentan.

Aparte de la colección de seres humanos más representativos que desfilan por las páginas de *Fortunata y Jacinta* hay las descripciones del Madrid de aquel tiempo, la segunda mitad del siglo XIX, de una fidelidad histórica estrictísima, con pelos y señales de cada barrio o calle o casas, y no se diga de las costumbres de la vida política y social de la época, como la función de los cafés, grandes centros sociales y literarios, descritos con lujo de detalles al comenzar la tercera parte de la novela, pues en ellos se pasa la vida uno de los hermanos de Maximiliano, Juan Pablo, otra de las marionetas de esta historia. El lector, a ratos, tiene la impresión de la omnisciencia del autor, como si nada de lo que ocurre en el Madrid de entonces escapara de su visión de los hechos menores y del conjunto de las experiencias sociales. Su sabiduría es infinita, todo lo sabe y lo describe, con gran precisión y concisión.

El libro está espléndidamente escrito, y los diálogos todavía más que las descripciones. Salvo cuando, al igual que en otras novelas suyas, imitando las deformadas expresiones de la gente menos culta, Pérez Galdós reproduce aquellas deformaciones, a menudo con gracia y buen humor, procurando no ridiculizar demasiado a quienes estropean y deforman el idioma, pero señalando sus faltas y equivocaciones, en una actitud que no quiere ser despectiva sino más bien risueña, aunque no siempre lo consiga.

Se ha elogiado esta tendencia de Pérez Galdós de hacer hablar en jerga a algunos de sus personajes, como a José Izquierdo, apodado Platón en la novela. Pero esta costumbre requiere un nuevo análisis y en cierto modo una corrección radical. A menos de que sea una recreación integral de esa lengua oral, hacer hablar en jerga a los personajes a la manera de Pérez Galdós es inevitablemente despectivo, revela las orejas disgustadas y a la vez entretenidas de un señorito de la clase media, que se divierte con las incorrecciones y barbaridades del lenguaje de un hombre o una mujer de pueblo, que estropean el vocabulario y usan palabras sin saber lo que significan y, encima, pronunciándolas tan mal. Pérez Galdós no recrea la jerga, no hay un trabajo de reconstrucción literaria de aquella bárbara manera de expresarse, simplemente la reproduce en sus novelas tal cual la oye. Es un muestrario que ridiculiza al personaje inculto, que no sabe hablar correctamente pues desconoce la gramática, y, se diría, habla tan mal a propósito, sólo para que se diviertan los señoritos que lo escuchan. Muy distinto es el caso de un William Faulkner, por ejemplo, que en sus novelas situadas en el corazón del Mississippi recrea el inglés de los pobres sureños blancos, o de los negros, y no se burla de ellos, porque hay una reestructuración literaria muy personal en sus cuentos y novelas de la manera de hablar de aquella gente. Éste no es el caso de Pérez Galdós, un mero recopilador de expresiones que deforman el idioma correcto y bien hablado.

En esta novela tampoco hay esas distracciones, las de las «grandes palabras», que vemos en otras novelas suyas, porque todo está muy subordinado a la historia y los personajes no suelen apartarse del marco estricto en el que actúan, haciendo avanzar —despacio se va lejos— la novela en la buena dirección. Entre esos personajes secundarios, que cumplen una función muy precisa, está don Plácido Estupiñá, el eterno acompañante de las damas que van al mercado o de compras, y que tiene la necesidad de conversar y ser escuchado —es una especie de enfermedad incurable en él—, muy bien estructurado y conformado por Pérez Galdós, como uno de esos personajes secundarios ultratípicos sin los cuales la novela no sería lo acabada que es.

Otro de los personajes inolvidables de la historia es doña Guillermina, llamada también la santa, de orígenes aristocráticos pero que ha consagrado su vida a hacer el bien, es decir, a reunir mediante sablazos a quienes tienen fondos lo que necesita para el edificio que está construyendo y que dedicará a reeducar a la juventud descarriada; además, en el tiempo que le sobra, consagra su vida a dar consejos y ayudar en lo que puede a quienes sufren y padecen la pobreza. Es un personaje generoso, desprendido, que dedica todas las horas de su vida a hacer el bien, entendido en el sentido cristiano de la palabra, a ayudar a los demás.

Aparte de todos estos detalles, hay un clima, una atmósfera, en la historia del libro en que se revela el carácter y la personalidad de su autor, comprensivo y tolerante, que se esfuerza siempre por tratar de comprender, no de juzgar, las conductas de las personas, la moral en que se mueven, sus creencias, manías y obsesiones, siempre de una manera que atenúa sus defectos y resalta sus virtudes, de manera que la novela, pese a las terribles cosas que cuenta, y sobre todo la rígida división social y económica entre ricos y pobres, no se nos muestra como más pesimista o negra que la vida misma, sino, por el contrario, pese a sus lados malos y hasta terribles, la existencia descrita en ella nos parece llevadera, más hecha de cosas felices que infelices. Y esta actitud, que es la del autor, se contagia a los personajes —a todos ellos, salvo a una Mauricia la Dura—, quienes, pese a las atroces situaciones que enfrentan, suelen tener una visión optimista y positiva de la vida. Es uno de los grandes méritos del libro, y, en general, de las novelas, obras de teatro y ensayos de Pérez Galdós.

Sin embargo, la descripción de la sociedad española que surge de la novela muestra la decadencia de España en comparación con otras naciones europeas, como Francia, Inglaterra y Alemania, que viven en aquellos años la revolución industrial. Ésta cambiaría el sentido del capitalismo, elevando los ingresos de aquellas naciones, y los salarios y los derechos de los trabajadores, en tanto que España se va en esos años quedando atrás, con su economía anticuada, hecha fundamentalmente del trabajo del campo y del comercio —quienes tienen éxito en los negocios es porque han heredado riquezas, o especulan gracias al Estado, o son prestamistas, como Torquemada, que aquí asoma y que tendrá el protagonismo en futuras novelas de Pérez Galdós—. Pero, claramente, España no vive la revolución industrial que impulsaría a otros países europeos y se aletarga, hundida en una gigantesca burocracia, llena de vagos con enchufes que sólo van a cobrar a los Ministerios el día de la paga. De modo que el viejo imperio español dejaría de estar a la cabeza de Europa, como estuvo en los siglos anteriores, y —ésa es quizás la enseñanza principal desde el punto de vista político y social de *Fortunata y Jacinta*— España pasaría a ser un país atrasado y pintoresco, que serviría para recordar a los artistas y viajeros europeos las «bellas y antiguas» costumbres, con sus corridas de toros, sus bailaores y cantantes de flamenco y sus bandidos andaluces: una vieja Europa buena

94

para la ficción literaria, como la *Carmen*, de Próspero Mérimée, que leyeron hasta las piedras en toda Europa.

La idea de la decadencia de España, que muchos atribuyen a los siglos XVII y XVIII, en verdad ocurre en el siglo XIX, como testimonia esta soberbia novela de Benito Pérez Galdós. En ella, entre otras muchas cosas, se advierte lo anticuado de su sistema político y el anacronismo social que padece, lo alejado que está en ella el poder político y económico de la gente común y corriente, como la que constituye el eje de la novela, y su anacronismo en relación con el resto de los principales países europeos.

Lo notable es que, al aparecer *Fortunata y Jacinta*, el silencio de la crítica impresionó a Pérez Galdós, quien, en carta citada por Yolanda Arencibia, se quejó a su amigo Leopoldo Alas de aquel vacío: «Había ya perdido la memoria de haber escrito tal obra, resultado del espantoso silencio que reina aquí en derredor de toda producción del ingenio que no es *La Gran Vía*». Pero el tiempo se encargaría de poner fin a ese silencio, al extremo de que, probablemente, *Fortunata y Jacinta* sea, sin duda, la novela que más artículos, tesinas y tesis ha producido en la historia de la literatura española, eso sí, sólo después del *Quijote*.

Miau (1888)

Esta novelita menor de Benito Pérez Galdós destaca más por sus defectos que por sus aciertos y, pese a ello, tiene momentos atractivos, de franca comicidad, como las periódicas visitas que hace al Ministerio de Hacienda el personaje central, don Ramón Villaamil, quien, después de haberse pasado una vida como funcionario público, fue cesado dos meses antes de su jubilación. A lo largo de toda la novela lo vemos haciendo esfuerzos desesperados para ser repuesto, algo que, de más está decirlo, nunca conseguirá y, más bien, lo volverá loco.

El relato cuenta que don Ramón comenzó a ser funcionario en un pueblo perdido de España, en el que un tal Víctor Cadalso servía también al Estado. Y cómo Luisita Villaamil se enamoró de éste, se casaron y tuvieron a Cadalsito, que vive ahora con sus abuelos. Luisa murió cuando aquél era todavía un niño de pocos años; ahora éste sueña con ser, de grande, un cura.

Las Miaus, así les dicen, nunca se sabe por qué, son tres mujeres que rodean a don Ramón: su esposa Pura; la hermana de ésta, Milagros, frustrada cantante de ópera, y Abelarda, hija de don Ramón y doña Pura. Luisito Cadalso, retoño de Luisa, se halla ahora en una escuela pública, donde sus compañeros, por imitar a sus mayores, suelen también apodarlo Miau. Y en la casa hay un perro, llamado Canelo.

Abundan muchos temas en la historia, tratados siempre de paso, de manera superficial, pero el principal es, sin duda, la desesperación de don Ramón —y de España entera, por lo demás— por conseguir un nombramiento que lo enchufe a algún ministerio y le permita lograr así la añorada jubilación. Se diría que en la pobrísima España de la Restauración, este problema es el de millares —acaso millones— de españoles, que, a falta de una profesión o de una herencia, no tienen otra alternativa que la de ser oficinistas, es decir, funcionarios; millares de ellos buscan desesperadamente influencias para obtener aquellos nombramientos que, por un tiempo al menos, los sacarán de la pobreza y el paro. Nadie inventa o crea empleos, todos se atienen a los que ya existen. En ese sentido, España es todavía un país subdesarrollado, mientras que Alemania, Francia e Inglaterra han dejado ya de serlo.

El señor de Villaamil suele ir en las tardes al Ministerio de Hacienda, donde trabajó muchos años. Sirven estas visitas a Pérez Galdós para describir las oficinas del Estado en tiempos de la Restauración. Los funcionarios toman café, escriben dramas o burlas de sus compañeros, conversan, cuentan chistes y pierden el tiempo con sus chismorreos y gansadas. Es seguro que muy pocos trabajan de verdad, la mayoría están ahí para pasar el rato alegremente o para burlarse del pobre don Ramón, que los agobia con sus solicitudes de ser repuesto, y con sus teorías sobre la necesidad de aplicar en España, en el campo de las contribuciones, el *income tax*. Se echan a reír cuando descubren que todas las reformas que el anciano propone tienen las mismas siglas de la palabra *miau*.

El señor Pantoja, jefe de la sección, está seguro en su puesto pues parece ser el único que sabe de qué va la cosa. Aun así, tiene poca fe en sus colaboradores ya que está convencido de que todos roban a su alrededor. Y no se hable de aquellos privilegiados que, gracias a sus influencias, pese a ser funcionarios, pasan por el Ministerio una sola vez al mes, a cobrar la paga.

Otro de los temas en esta novela —sorprendente, dicho sea de paso, pero muy mal concebido— es que el nieto de don Ramón, Luisito Cadalso, el niño que quiere ser cura, ve y habla de tanto en tanto nada menos que con Dios. Primeramente vive unas crisis de ansiedad, en las que parece irse quedando dormido y el paisaje en torno se vuelve misterioso; pero, cuando el niño toma conciencia de sí mismo, ahí está junto a él el Padre Eterno, un viejecito simpático y amable con el que celebra conversaciones bastante convencionales y previsibles, nada divinas. Dios Padre no habla mucho, pero se lo nota encantado con el niño, a quien aconseja que haga las tareas que le dan sus profesores en la escuela y que estudie Geografía, ciencia por la que el Padre Eterno parece tener preferencia, aunque nunca sabremos la razón.

Cuando un escritor es tan empeñosamente realista como Pérez Galdós, ese brusco cambio a lo sobrenatural sólo es posible mediante algo de veras sorprendente o un gran golpe de estilo; aquí, en cambio, el relato no contrasta mucho con lo anterior, sobre todo la prosa, que es la misma, y, por eso, aquello resulta algo forzado y artificial.

El diablo no aparece para nada, pero la descripción del señor Mendizábal, a quien don Ramón llama «el memorialista», es tan buena que aquél se parece mucho a Mefistófeles:

La nariz le salía de la frente, y después bajaba chafada y recta, esparrancando sus dos ventanillas en el nacimiento del labio superior, dilatado, tirante y tan extenso en todas direcciones que ocupaba casi la mitad del rostro. La boca era larga, terminada en dos arrugas que dividían la barba en tres compartimientos flácidos, de pelambre ralo y gris; la frente estrecha, las manos enormes y velludas, el cogote recio, el cuerpo corto, inclinado hacia delante, como resabio de una raza que hasta hace poco ha andado a cuatro pies.

Por lo demás, Mendizábal es un buen hombre, pese a su horrible físico y a sus ideas ultrarreaccionarias. En la casa de los Villaamil vive también Víctor Cadalso, el apuesto viudo de Luisa y padre de Luisito. Otro de los temas de la novela es la secreta pasión que despierta este antipático personaje en Abelarda, hija de doña Pura y don Ramón, oficialmente novia de Ponce, quien se gana la vida (muy mal, dicho sea de paso) como crítico. Pero hay una herencia en perspectiva que anima a los padres de Abelarda, aunque, a la larga, los curas se las arreglarán para quedarse con la casa que hereda el desvalido Ponce.

El día en que Víctor Cadalso recibe su ascenso como funcionario se excede con Abelarda, a la que pregunta si estaría dispuesta a abandonarlo todo y marcharse con él; Abelarda, enamorada de Víctor secretamente, le responde que sí y de inmediato. Pero, luego, Víctor reflexiona, se da cuenta de que aquello sólo le traería problemas y, en una de sus típicas cínicas escenas, pide perdón a Abelarda y le presenta mil disculpas «por ultrajar su candor». Total, que, llena de resentimiento, Abelarda se encarniza esa noche con

Luisito, el hijo de Víctor, a quien está a punto de matar con la soberbia paliza que le da. Y estuvo decidida hasta a cortarle el pescuezo, con un hacha que esconde bajo su cama. Así advertimos que casi todos los personajes están descontentos con la vida y con su suerte, y que hay en ellos un fondo de violencia que podría estallar en cualquier momento.

Todas estas historias están mal organizadas y peor contadas —hay demasiadas—, salvo aquélla, constante, la de don Ramón, obsesionado con recuperar su puesto en el Ministerio. En su libro sobre Galdós (*Galdós, novelista moderno*), Ricardo Gullón destaca que en este autor aparece ya el «monólogo interior» —yo no lo he visto—, y el que pronuncia Abelarda, en el capítulo XVIII de esta novela, es una relativa prueba de ello. Pero en *Miau*, aquellos episodios están llenos de «grandes palabras» y de intromisiones de autor, que han vuelto, sí, en esta novela, de manera repetitiva y constante. ¿Qué son las «grandes palabras»? Aquellas que no dicen nada, las frases excesivas, llenas de adjetivos gratuitos y discursivos, que no sirven para calificar o precisar la función de un sustantivo, sólo para hacer ruido y dotar de un prestigio «intelectual» o «poético» a la frase. Generalmente, resulta lo contrario: la frase queda en ruinas, fulminada, vaciada de sentido, por las «grandes palabras». Hay una desproporción tan grande entre lo narrado y la realidad objetiva que aquellas palabras quedan desnaturalizadas, dejan de tener razón de ser y están allá, dentro de la frase, sólo de relumbrón y adorno, sin que signifiquen ya lo que expresan: su sentido original se ha perdido y ellas han adquirido una función distinta, la de adornar la frase dándole una falsa profundidad.

Un ejemplo, tomado de aquellos discursos que pronuncia Víctor Cadalso ante Abelarda para hacerse perdonar sus disfuerzos: «Me lo impiden las rutinas de mi pensamiento, las falsas ideas adquiridas en el trato social, que forman una broza difícil de extirpar. Me convendría un maestro angélico, un ser que me amase y que se interesara por mi salvación. ¿Pero dónde está ese ángel?». Abelarda no comprende nada, salvo que la engañan otra vez. Y los lectores tampoco.

Las «grandes palabras» asoman con mucha frecuencia en esta novela, en la que Pérez Galdós se empeñó en tocar demasiados temas, ninguno de los cuales está desarrollado en profundidad, salvo el del pobre don Ramón, que, al final de la novela, como era de esperar, termina pegándose un balazo, asqueado de todos y de todo, principalmente de su propia vida.

La incógnita (1889) y Realidad (1890)

En el año 1888 Benito Pérez Galdós tuvo la idea de contar una misma historia de dos maneras diferentes, lo que llevó a la práctica en dos novelas experimentales —llamémoslas así—, *La incógnita* y *Realidad*, que aparecieron la primera en 1889 y la segunda en 1890, y que, pese a contar una misma historia —con algunas diferencias y matices propios en cada cual—, nunca se han publicado en un solo volumen, que yo sepa. Se trata de una sola historia, por los personajes que comparten y porque anecdóticamente la una sería incomprensible sin la otra; y, sin embargo, el hecho de que su construcción y organización interna sean tan diferentes les da el semblante, y en cierto modo la realidad, de dos historias distintas.

La incógnita está escrita en forma de cuarenta y una cartas que escribe Manolo Infante a un misterioso personaje, don Equis X., de su mismo pueblo, Orbajosa, que había aparecido ya como sede de *Doña Perfecta*, contando a su innombrado amigo sus experiencias de Madrid, adonde acaba de llegar en su flamante condición de diputado por su tierra natal. Además de estas cartas, la novela contiene una última carta del corresponsal de Infante, que sigue sin revelar su identidad, pues la firma con el seudónimo de Equis, en el que se ha dirigido siempre a él Manolo Infante.

Realidad, en cambio, tiene la forma de un relato teatral, en el que los personajes, mencionados al inicio de cada episodio, sólo aparecen con sus voces; además, claro está, de las indicaciones escuetas sobre el lugar donde se encuentran y quiénes forman parte de cada escena, atribuibles a un narrador omnisciente. Es interesante observar cómo las distintas formas elegidas por el autor para desarrollar estas historias, que, lo recuerdo, son en última instancia una sola, aparecen como algo tan diferente que, se diría, constituyen dos historias autónomas debido a las distancias que establecen entre ellas su factura y concepción tan independiente la una de la otra. Dicho sea de paso, sólo en *Realidad* se llega a conocer la verdad del relato —un supuesto crimen que en verdad es un suicidio—, pues, en *La incógnita*, la autoría de este suceso criminal está aún sin resolver; el lector sólo conoce su verdad profunda en las páginas finales de *Realidad*, cuando se entera de que Federico Viera se ha pegado los dos tiros que acaban con su vida en razón de su ruina económica, y, sobre todo, debido a los remordimientos y angustias que le produce el ser amante de Augusta, la mujer de su amigo Tomás Orozco, quien, para colmo de males, se ha ingeniado a fin de dotarlo de un patrimonio que resolverá todos sus problemas económicos. (*Realidad* será, además, la primera adaptación de una de sus novelas al teatro que hizo el propio Pérez Galdós y que se estrenó en el Teatro de la Comedia el 15 de marzo de 1892).

Existe la idea, equivocada, de que Pérez Galdós era un escritor tradicional, que no se preocupaba por las novedades más audaces en la estructura literaria de las novelas de su tiempo —lo que llamaríamos la vanguardia de entonces—, debido, sobre todo, a su manera de concebir a los narradores de sus historias, en las que solía intervenir él mismo como el personaje que contaba la novela y debía, por lo tanto, figurar como protagonista de sus relatos; aunque, como ocurría con muchos de los autores de su tiempo, simplemente se olvidara pronto de la autoría y los desplantes de este narrador, procediera a desentenderse de él y el relato transcurriera luego narrado por un narrador omnisciente.

Estas dos novelas muestran a un Pérez Galdós muy distinto, interesado en la exploración de nuevas formas narrativas y ejecutor de obras de vanguardia y de experimentos tan audaces como el de escribir, con una misma historia, dos novelas que en su hechura son tan diversas al extremo de parecer distintas.

La novela epistolar había nacido en el siglo XVIII —como lo recuerda Ricardo Senabre Sempere en el importante ensayo que ha escrito sobre estas dos historias—, alcanzando en toda Europa una popularidad muy grande, de modo que *La incógnita* no representaba una novedad sustancial en el panorama novelesco español.

La «novela teatral», en cambio, ya lo dijimos, nunca prendió en parte alguna y fue siempre una excepción a la regla. La razón de ello, probablemente, ya la he mencionado: que en el teatro una voz no está nunca sola, viene acompañada de una entonación, de cierta música y, sobre todo, de gestos, ademanes y movimientos de los actores que dan un sentido y humanizan y distinguen a esas voces frías del escueto guión. Como esto no ocurre en una novela, la «novela teatral», es decir, la novela concebida como un guión, nunca prendió en parte alguna y el género fue pronto abandonado por los autores. Sin embargo, en este específico caso, la idea de Pérez Galdós de dar esta estructura a la historia esbozada ya en *La incógnita* le confiere a la novela una importancia especial —en cierto modo, la respalda— y, pienso, es una de las escasas excepciones en las que este género adquiere sentido y justificación. Sólo cuando lee ambas novelas tiene el lector la sensación de haber entendido la historia que éstas le relatan y que, repito, es una sola.

¿Cuál es esta historia? La de un hecho de sangre, ocurrido en la calle del Baño de Madrid, y que ha impresionado a los madrileños de todos los sectores sociales, pues tanto la prensa como la chismografía generalizada hacen cábalas sobre lo sucedido y, principalmente, sobre quién fue el autor del crimen y las razones que tuvo para cometerlo. Como ocurre en estos casos, las versiones que corren al respecto sirven para revelar las simpatías y antipatías que la gente del común, y también de la clase media y por supuesto de los ricos y la nobleza, tiene sobre sus víctimas y supuestos autores.

En el crimen de la calle del Baño la víctima es un hombre muy conocido en los ambientes madrileños, Federico Viera, del que se dice que está arruinado porque ha abusado del juego y perdido mucho dinero en los casinos. Su cuerpo ha aparecido lleno de balazos y cuchilladas. Entre las muchas versiones que circulan al respecto hay una según la cual Federico y Augusta —hija del poderoso potentado Carlos de Cisneros y casada con un hombre muy rico y circunspecto, Tomás Orozco— eran amantes; Tomás habría sorprendido a su mujer y al amante saliendo de la casa de aquella barriada donde mantenían sus relaciones culpables, y Orozco, entonces, lo mató o le entregó el revólver para que Federico se suicidara. Pero Manolo Infante, el autor de las cartas de *La incógnita*, comprueba que Tomás Orozco la noche del crimen estaba lejos de Madrid, en las Charcas, adonde había ido a cazar, de manera que esta versión de lo ocurrido quedaba descartada.

El famoso crimen de la calle del Baño sólo aparece por extenso en la carta número XXI de Manolo Infante; antes hay una descripción de una serie de personajes. Nos enteramos de que, entre las habladurías de los madrileños, circula la especie de que el fino y discreto Tomás Orozco, de quien se dice que es «un místico», ampararía a los jesuitas y, además, se azotaría. Federico Viera es un personaje que vive en un caserón en ruinas, suele dormir hasta la hora del almuerzo pues se pasa la noche en los casinos, apostando, y tiene una hermana, Clotilde, que, por pobre, parece una criada; aunque semiarruinado, Federico se da aires de gran señor y está enojado con su hermana pues ésta ha elegido un novio, Santanita, que es socialmente inferior a ellos, humillación que no perdona, aunque muchos de sus amigos, como Tomás Orozco, no comparten sus prejuicios sociales y lo incitan a que acepte a ese cuñado.

Aparece también Cornelio Malibrán, antipático pero eximio conocedor del arte europeo, sobre todo de la pintura italiana de los siglos XV y XVI, que participa en las discusiones que genera la compra, por el poderoso Cisneros, de unas «tablas» que él cree son de Masaccio, algo que Malibrán discute y pone en duda.

Mientras tanto, el autor de las cartas, Manolo Infante, que por fin se decide a pronunciar su primer discurso en las Cortes, se ha enamorado de su prima Augusta y se declara a ella, quien, por supuesto, lo rechaza. No se equivoca, pues, en una de sus cartas, Manolo Infante defiende una cultura sin libros —es decir, de analfabetos—, detesta las universidades por los asuntos morales que se discuten en ellas, se precia de ser agnóstico y prefiere los cacharros y las novedades que produce la industria moderna a la cultura tradicional.

Hay algo en Augusta que atrae especialmente a los galanes, pese a estar casada con Tomás Orozco, un hombre de fortuna y de costumbres austeras y, según se dice, muy religioso. En todo caso, es una persona atractiva y algo misteriosa, que cuida mucho de su intimidad. Corren sobre él abundantes fantasías, desde que es muy practicante religioso hasta que lleva sus creencias a lo más extremo, como infligirse castigos corporales. En verdad, nadie sabe exactamente cómo es. Su esposa, Augusta, en cambio, es atractiva y, a diferencia de su padre, el poderoso Cisneros, detesta Castilla y sus polvorientos pueblos, que su padre admira.

Augusta piensa todo lo contrario de las aldeas castellanas: «Allí hay centenares de hombres que, agobiados por la usura, los impuestos, la miseria, y luchando heroicamente con un suelo empobrecido y un clima de los demonios, trabajan como esclavos para que ella viva cómodamente en Madrid...». Son buenos sentimientos, sin duda, pero que no tienen consecuencias prácticas, pues Augusta lleva su vida de alto nivel con toda normalidad e, incluso, se da el lujo de tener un amante, en este caso el casquivano Federico Viera.

En las cartas de Manolo Infante hay una descripción indirecta, pero inequívoca, de las costumbres de ese pueblo grande que es todavía Madrid y que se resiste a la modernidad. Por ejemplo, las personas se visitan constantemente y no se anuncian de antemano, caen nomás, incluso a la hora del almuerzo o de la cena, pues saben que siempre habrá un sitio y una comida para ellos. Se toma chocolate caliente varias veces al día, en el desayuno, en el almuerzo, a la hora de la merienda e incluso en las noches, antes de dormir. Las personas suelen tener un abono en el teatro, sobre todo en las óperas, y cada cual lo hace de acuerdo con su rango y fortuna, es decir, los nobles y afortunados se abonan a un palco y los de menos ingresos, en las butacas menos caras, incluso en el llamado gallinero, y es costumbre que, luego de la cena, los caballeros salgan a los cafés a participar en las múltiples tertulias o a cenar en los restaurantes, entre ellos Lhardy, que todavía existe y estaba muy de moda en aquella época.

Entre los personajes madrileños menos presentables, pero muy popular entre los caballeros, está Leonor, más conocida como la Peri, la tentación de los esposos y odiada universalmente por sus esposas, pues representa la noche y el pecado, con sus fiestas y jaranas, y su corte masculina; es donde ella que los buenos maridos van a desquitarse y a pecar a sus anchas, una dama que, aunque fuera de los salones elegantes y de la gente biempensante, ha llegado a constituir un mundo paralelo, de malversación y excesos múltiples, y de cierta influencia sin duda en la vida nocturna de Madrid. Entre sus muchos amantes, la Peri siente una especial debilidad por Federico.

Una última pregunta antes de abandonar *La incógnita* y pasar a *Realidad*: ¿quién es el misterioso don Equis a quien dirige sus cartas Manolo Infante? Los críticos de Pérez Galdós han especulado mucho sobre la identidad de este sujeto. Sin embargo, es probable que no sea nadie, es decir, que sea una abstracción que representa por sí sola al pueblo fantasma de Orbajosa, un espíritu tan inmaterial como aquella ciudad descrita por el autor de la novela, a la que se dirige el flamante diputado para enterarla de lo que es Madrid, de lo que a él le ha parecido la capital de España, una realidad que, pese a la voracidad y trajines de sus habitantes, está siempre allí con el correr de los años, tradicional e idéntica a sí misma, insospechable de cambiar y adaptarse a la modernidad.

Pero es en *Realidad* donde se resuelven todas las preguntas que se habían formulado en *La incógnita* dejándolas en suspenso, todas las especulaciones, fantasías e invenciones que el crimen de la calle del Baño había hecho correr por los ambientes madrileños. A principios de la novela, hay una reunión de negocios entre Tomás Orozco y el padre de Federico y Clotilde Viera, un sujeto lisonjero y adulón llamado Joaquín Viera, que, valiéndose de toda clase de cicaterías, trata de arrancarle a Orozco una buena cantidad de dinero que guardará para sí mismo, y que procede de una obligación que él acaba de comprar pensando hacer un buen negocio. Sólo consigue irritar a Tomás, que lo larga de mala manera. Pero, luego, éste confiesa a Augusta, su esposa, que, aunque evitará ceder a los chantajes sentimentales de Joaquín Viera, tiene concebida una fórmula para pagar la deuda contraída en el pasado, y favorecer a su amigo Federico, de modo que no vuelva a tener en el futuro la desgracia económica que vive en el presente.

Aunque los episodios de *Realidad* son a veces excesivamente largos, ellos suelen ser de un nivel dramático elevado —de ahí que la adaptara al teatro— sobre todo por sus revelaciones, que obligan al lector a tener una visión distinta de los hechos y personalidades de la novela. Por ejemplo, el encuentro, en la Jornada V, de Augusta y Federico, los amantes. Han decidido reunirse a cenar en casa de este último, una escena que se transforma en un drama trágico ante los ojos mismos del lector. Todo iba a ser distendido y amable, una noche de amor y de placer, como cree Augusta, que llega al lugar llena de bríos y contenta, convencida de que pasará un buen rato con el hombre al que quiere. Más bien, encuentra a Federico devorado por la angustia y los remordimientos, convencido de que Tomás Orozco ya está enterado de sus amoríos con su esposa.

Poco a poco el clima de la reunión va cambiando; lo que iba a ser una noche de amor y de placer se convierte en un encuentro dramático y trágico en razón de las angustias y remordimientos de Federico, hasta que éste, que ha perdido el control de sus nervios, sale a la calle, luego de dispararse un tiro, a dispararse otro, que lo aniquilará, ante la desesperación de Augusta y una sirvienta de la casa. Esta escena no es menos intensa que la que celebrarán Tomás y Augusta poco después, un diálogo de espléndida tensión, en que Orozco, que ya sabe de los amores que tuvieron su esposa y el difunto Viera, intenta que ella reconozca los hechos; pero Augusta se resiste a hacerlo. El lector sabe que la vida de la pareja será, a partir de entonces, un largo y doloroso martirio, sobre todo para la bella esposa.

Igual de tensos son los esporádicos encuentros que celebran en esta novela Federico Viera y Santanita, el futuro esposo de Clotilde, al que el orgulloso hermano de ésta trata fríamente y se niega a estrecharle la mano.

Realidad absuelve muchas preguntas que habían surgido en el curso de la historia. ¿Pero algo ha cambiado profundamente en la sociedad española, pese a los dramas y tensiones vividos en esta ficción? No, nada. Ése es sin duda el colofón más triste que queda rondando en el espíritu de los lectores. Nada de lo sucedido va a tener la menor influencia en el transcurrir de una vida cotidiana que, adivina el lector, seguirá con la monotonía habitual, a pesar de los dramas, muertes, suicidios, amoríos secretos, amistades rotas o recién entabladas de los que estas dos novelas han dado cuenta.

Todo aquello que ha ocurrido —y han ocurrido muchas cosas— no ha sido más que los movimientos sincrónicos y equivalentes de las aguas del mar o de los ríos, que no habrán alterado en profundidad la vida de la ciudad y de sus habitantes, salvo episodios de superficie que no llegan a afectar nada en verdad.

Éste es, sin duda, el mensaje que, de manera consciente o intuitiva, quiso dejar a los lectores Benito Pérez Galdós, con estas dos novelas que en el fondo no son sino una sola, y en la que engranó admirablemente la audacia formal y el riguroso mensaje desprendido de las situaciones narradas. Uno de los mejores éxitos, sin duda, de su tarea creativa.

Dicho sea de paso, la adaptación de *Realidad* al teatro, el año 1892, tuvo mucho éxito y animó a Pérez Galdós a seguir escribiendo para la escena; ser dramaturgo, no lo olvidemos, había sido su primera vocación literaria.

Torquemada en la hoguera (1889)

En febrero de 1889, Benito Pérez Galdós escribió una pequeña obra maestra: *Torquemada en la hoguera.* Digo «pequeña» porque se trata de un relato breve, de apenas nueve capítulos, un texto que es sólo un cuento largo o lo que los franceses llaman una *nouvelle*, pero que tiene la perfección de las obras más logradas de la literatura, equivalente a los mejores relatos de Jorge Luis Borges o a la inolvidable historia que contó Henry James en *The Turn of the Screw*, o Guy de Maupassant en *La Maison Tellier* o *Boule de Suif*.

Su personaje principal es el prestamista don Francisco Torquemada, ya aparecido de paso en anteriores narraciones de Pérez Galdós y quien será el protagonista de tres novelas más, aunque en ninguna de ellas alcance la plenitud y maestría con que está retratado el personaje en esta notable ficción. El nombre de Torquemada está inspirado, por cierto, en el célebre inquisidor y sádico contumaz Tomás de Torquemada, que dirigió aquella terrible institución entre 1478 y 1498.

Ella se inicia con insultos del autor —el narrador de la historia— a su personaje: «Voy a contar cómo fue al quemadero el inhumano que tantas vidas infelices consumió en llamas...», en un lenguaje risueño y casi cómico, en que, a la vez que lo insulta, algunos méritos le reconoce. Cuenta el fallecimiento de la mujer del prestamista, doña Silvia, y el destino de los dos hijos que tuvo en ésta, Rufinita, que más tarde se casará con Quevedito, «un chico de medicina», y el hijo menor, Valentinito.

Éste es un niño prodigioso y genial que, desde sus primeros años de colegio, deslumbra a sus profesores, quienes le vaticinan un futuro magnífico, sobre todo en el campo de las matemáticas, donde, todos están seguros de ello, dejará una huella imborrable, acaso semejante a la de un Newton. Ni qué decir que el prestamista —a quien el autor llama a veces por este nombre pero también «tacaño», «avaro», o el racista «judío», muy común en la España de entonces— está embebido por este niño excepcional del que, como todo el mundo, espera grandes cosas en el futuro.

Sin embargo, Valentinito súbitamente es víctima de una enfermedad que, dicen los dos médicos que lo examinan, es muy grave, tanto que ambos temen que esa dolencia lo conduzca a la muerte.

El prestamista entonces, ante la perspectiva de perder a este hijo que es la niña de sus ojos, sufre una curiosa transformación. Era un malvado y se vuelve bueno de la noche a la mañana. Era agarrado, avaro, calculador y se convierte en un ciudadano ejemplar, un pródigo que echa el dinero a manos llenas, con una generosidad desconocida, a esos mismos pobres que, invulnerable a sus llantos y ruegos, explotaba antaño para labrar su propia fortuna. ¿Cómo se explica este cambio de piel? Se explica porque el prestamista está tratando de comprarse a la divinidad, demostrándole que es «bueno» y no lo que dicen en Madrid de él, que es un egoísta y un malvado que guarda su dinero y exprime a sus víctimas, insensible a los dramas horribles de la pobreza que padecen muchos de ellos. En esa situación trágica que vive, Torquemada trata de corromper a Dios Padre, a la Virgen del Carmen y a todas las Vírgenes y santos del nutrido santoral español, convencido de que, demostrando que no es el avaro que está en boca de todos sino un hombre sensible y comprensivo para con los pobres, los santos del cielo y acaso el mismo Dios y la Virgen María se compadecerán de él y permitirán al inteligente Valentinito sobrevivir y tener la célebre carrera en la vida que todos le predicen.

Son las mejores páginas de esta historia; los patéticos esfuerzos que hace el prestamista para convencer a esos mismos pobres que antes explotaba y despreciaba de que no es lo que creen de él, un ávido acumulador de dinero, sino un ser bueno, noble y generoso.

Hay algo patético y desesperado en los excesos que hace el prestamista para demostrar a sus clientes y a los santos del cielo que se habían equivocado con él, que no era lo que creían, que es un ser sensible, dolido por el sufrimiento ajeno, consciente de la atroz pobreza que llena de dolor las calles de Madrid, repletas de tugurios en que los seres humanos viven como animales, incluso peor que los propios animales, sin tener con qué cubrirse en las noches heladas, tapándose apenas con trapos y durmiendo en el suelo, sin colchones ni catres, abrigándose sólo con papeles o mantas. La desesperación de Torquemada es genuina, está acompañada de llantos y repartos de dinero a esos pobres que espera den testimonio de su verdadera naturaleza.

Una de las personas que lo frecuentan aparece, poniendo una nota más de excentricidad y de color en estas páginas inolvidables: José Bailón, un excura que, asegura, fue sacerdote en el Egipto de los faraones y condenado a muerte allá, por haberse excedido con una chiquilla, veinte siglos atrás. Torquemada vive momentos angustiosos y desesperados; sale a las calles a repartir ese dinero que, antes, amasaba con avidez y ahora lo regala, como si la pobreza que lo rodea le concerniera íntimamente. Y, así, en un magnífico capítulo, el VII, va al estudio del pintor tísico Martín y su mujer Isidora, a los que presta tres mil reales, sin cobrarles interés alguno, condoliéndose más bien por el estado crítico en que se halla esta pareja desde que el artista contrajo aquella enfermedad de los pulmones que lo tiene tosiendo y escupiendo sangre y seguramente acabará pronto con su vida.

La pareja no puede creerlo, queda maravillada con el gesto insólito del usurero, profundamente agradecida por ese donativo, y, por supuesto, acepta que Torquemada se lleve algunos cuadros del pintor a manera de regalo.

El final de la historia es tan sorpresivo como todo lo anterior. Valentinito fallece. Después de hacerle a su hijo un entierro de lujo, el prestamista se levanta al día siguiente y, ya sin necesidad alguna de fingir, retoma sus viejas costumbres: vuelve a ser el frío cerebro que sólo vive para amasar más y más dinero. Se despierta al alba y retoma sus trajines: allí lo dejamos, examinando sus papeles, preparándose a recobrar su antigua personalidad, a revestirse con esa máscara de indiferencia al sufrimiento ajeno, entregado día y noche a ahorrar y explotar su entorno, como si todo aquello que hubiera vivido mientras agonizaba Valentinito hubiera quedado atrás y estuviera ya olvidado. La vida ha retomado su existencia: nada ha cambiado, Madrid y el prestamista siguen siendo lo que fueron.

Este relato es sobre todo exitoso por el lenguaje con el que está escrito, la riqueza de sus diálogos, la manera sutil y maliciosa como está contado. Su prosa nos recuerda constantemente la palabra viva, la vocinglería callejera madrileña, su color y su música, en los que no sabíamos hasta ahora que Pérez Galdós fuera tan entendido y solvente, así como por la precisión matemática con que describe sus calles, instalando al lector en sus infiernos, esas afueras donde viven los miserables, o mejor dicho donde mueren, sin rendirse a la desesperación, arreglándoselas para disfrutar de los mínimos goces que la escueta vida que llevan les permite.

Si no hubiera escrito *Fortunata y Jacinta*, yo no vacilaría un segundo en decir que el mayor triunfo de don Benito Pérez Galdós como escritor fue concebir esta joya literaria que es *Torquemada en la hoguera*.

Torquemada en la cruz (1893)

La segunda novela dedicada a don Francisco Torquemada se publica al año siguiente, 1893. Aunque
es mucho más larga que la primera y está generalmente bien escrita —los diálogos son excelentes—, nos
muestra a un prestamista que, años después de las
ocurrencias referidas en la primera novela, ya es rico
—Rufinita se ha casado con Quevedito— y está de-
seando asentarse en la sociedad madrileña y ser aceptado por ella, pese a su profesión y sus costumbres.
Contra ellos hay una visible hostilidad y hacia quienes practican su oficio, un desprecio generalizado,
que viene desde la Biblia y ha cundido sobre todo en
España, país católico como el que más.

La novela, que transcurre de manera sosegada y
puntual, con la quieta mirada del narrador controlán-
dolo todo y poniendo cada cosa en su sitio, comienza
con el entierro de doña Lupe, la de los Pavos, íntima
amiga de Torquemada, quien está allí presente.

Nos enteramos de que, antes de morir, doña Lupe
recomendó a don Francisco que se casara con alguna
de las hermanas Águila. Así sabemos de la historia de
esta familia, de origen noble, muy considerada en el
pasado, cuando gozaba de fortuna y era muy visible
en la sociedad madrileña, pero que ha ido perdiéndo-
lo todo hasta vivir al borde mismo de la ruina.

Los Águila de la Torre-Auñón son dos hermanas,
Cruz y Fidela, y el joven Rafael, ciego, pues ha perdido

la vista hace ya algunos años y vive enclaustrado, gracias al cariño de sus dos parientes. Torquemada las visita y conoce a don José Ruiz Donoso, que ayuda a las Águila de la Torre-Auñón en el pleito que tienen con el Estado sobre unas fincas —el Salto y la Alberquilla— en las serranías de Córdoba. Este hombre seduce a Torquemada por su cultura, su buen hablar y su elegancia. La influencia que Donoso tendrá sobre Torquemada será enorme, al extremo de que el prestamista le hará caso en todo aquello que le aconseje, entre otras cosas, que contraiga matrimonio, pues le dice, confirmando aquello que le había dicho antaño doña Lupe, que se case con una de las hermanas Águila, pues tiene cincuenta y seis años bien llevados; es tiempo de instalarse en una familia que cuide de él y organice su vida con más propiedad que la muy desordenada que hasta entonces ha llevado. Torquemada junto a Donoso se incorpora a la modesta tertulia que llevan las hermanas Águila, y encarga a aquél que gestione la boda dentro de aquella familia, algo que le dará prestigio y en cierta forma lo instalará en la sociedad madrileña.

Esta operación no es nada fácil, aunque Cruz y Fidela ven en esa boda la salvación económica de la familia —están a punto de dejar de comer porque ya no tienen nada más que vender o empeñar—, Rafael, el ciego, se opone ferozmente a ese matrimonio, que, piensa, desprestigiaría a su familia de abolengo con una persona de tan bajo rango social y que, además, es vulgar e inculto y, para colmo, huele a cebolla. Descubrimos que el joven Rafael está lleno de prejuicios y que el odio que vuelca sobre Torquemada es fundamentalmente racista, aunque en segunda instancia también social.

En su desesperación ante la boda que se prepara, Rafael se lanza a la calle pese a su ceguera, pasa una noche en la banca de un parque, y a la mañana siguiente se refugia en el arrabal de Cuatro Caminos, donde vive Bernardina, una antigua criada de la familia, que comparte en esa barriada un solar lleno de basuras con su esposo Cándido Valiente, un pirotécnico que sueña con iluminar la noche de Madrid con una historia patria que haría estallar en el cielo todas las fechas importantes de España. Hasta allí van sus hermanas, sin poder convencer al ciego de que vuelva al hogar.

Pero Cruz, que lleva las riendas de la familia —y debe ocuparse de alimentarla, haciendo milagros cada día—, se inventa una verdad que termina por echar abajo, por lo menos en apariencia, los prejuicios del ciego: cuenta a éste que Torquemada ha rescatado las tierras aquellas de Córdoba —el Salto y la Alberquilla—, objeto de un pleito interminable, y que las ha puesto en manos de la familia, sin pedir nada a cambio. El ciego debe abandonar sus prejuicios y rendirse: terminará, entre dientes, aceptando el matrimonio.

Hay una situación cómica cuando Torquemada se pregunta con cuál de las dos hermanas Águila se casará. No lo sabe todavía y tampoco lo decidirá él, sino Cruz, que, en vez de «sacrificarse» ella, sacrificará en esa boda a su hermana menor, Fidela.

El matrimonio se celebra poco después y en él el prestamista luce, ayudado por el *champagne* que bebe, toda la vulgaridad de que es capaz, además de su permanente olor a cebolla. Cruz se dice, en silencio, que deberá hacer muchos cambios todavía en esa casa para que ésta alcance la decencia; y asimismo con el propio Torquemada, y que pasará por muchos apuros con su flamante cuñado antes de conseguirlo. Así termina la historia, con una boda que salva a la familia Águila de la Torre-Auñón de extinguirse en la mediocridad de la clase media pobre, y, acaso, hasta de desaparecer. No es un secreto que muchas familias nobles, renunciando a sus escrúpulos, optaron en la España de entonces, para sobrevivir, por matrimonios semejantes.

Aunque la redacción de esta historia es, como dije antes, muy correcta, hay en ella, sin embargo, algunas larguras indebidas y, sobre todo, unas citas en cursiva con las que el narrador se burla de los esfuerzos que hace Torquemada por hablar mejor, citándolo. Por ejemplo con fórmulas estereotipadas semejantes a «abrigo la convicción», «desabrigar el bolsillo», «parto del principio», «llenar el vacío» y muchas otras semejantes.

¿Es justo que Pérez Galdós lo haga? Yo no lo creo. Revela, ante todo, una superioridad artificial y petulante del narrador sobre el personaje, que no puede defenderse, alguien que, con mucha razón, trata de mejorar su lenguaje para alcanzar una consideración social mayor, aunque a veces se equivoque y desate la risa a su alrededor. En estos casos, el narrador actúa poco menos que como otro narrador de las historias de Pérez Galdós, el joven Rafael, revelando unos prejuicios tan tontos como los de éste y, desde el punto de vista moral, equivalentes. ¿Quién lo autoriza a demostrar esta superioridad sobre su pobre y hasta ridículo personaje? Es una manera demasiado fácil de ganar aplausos y, en todo caso, una fórmula semejante a la de hacer hablar en jerga a los personajes incultos de sus novelas; es decir, de mostrar una ventaja sobre aquellos que se hallan en una postura de absoluta indefensión frente al autor o narrador. Es, para mí, la gran falla de esta novela, que, aunque por debajo de la primera, se sostiene bastante bien.

Torquemada en el purgatorio (1894)

La historia de Torquemada experimenta en la tercera novela dedicada a él algunas enmiendas, ya que esta historia repite ciertos hechos, como la muerte de doña Lupe la de los Pavos, y corrige otros, como el matrimonio del prestamista con Fidela, para luego continuar la biografía del hombre rico y respetable en que se irá convirtiendo Torquemada: llegará a ser marqués, senador vitalicio y un hombre de negocios riquísimo, que despierta envidias así como el respeto de sus conciudadanos. El banquete que le ofrecen los leoneses y buena cantidad de madrileños por haber invertido mucho de su dinero en el ferrocarril que comunicará León con el resto de la Península y el palacio ducal de Gravelinas que doña Cruz se ha empeñado en comprar en las páginas finales parecen sellar el destino de una apoteósica carrera social.

Sin embargo, esta tercera novela es bastante inferior a la previa y no se diga a la primera, *Torquemada en la hoguera*, que, ya lo dijimos, es una obra maestra. Hay en estas novelas sobre Torquemada una calidad sistemáticamente decreciente, como si la historia y el personaje se le hubieran agotado a Pérez Galdós antes de tiempo.

Se inicia la historia con la agonía y muerte de doña Lupe la de los Pavos, que fue íntima amiga de Torquemada, quien asiste al velatorio. Allí descubrimos que es todavía un hombre modesto, que vive en la calle de

San Blas, esquina a la de la Leche, y a quien la difunta sugirió que se casara con una de las Águila, Cruz o Fidela. Estas hermanas, aunque de origen noble, viven en la miseria y ya no saben qué vender o empeñar para seguir subsistiendo. Tienen, además, un hermano ciego, Rafael, que perdió la vista hace algunos años y a quien cuidan.

Torquemada asiste a la modesta tertulia de las Águila de la Torre-Auñón y allí conoce a don José Ruiz Donoso, que lo seduce por su buen hablar y su elegancia. Su flamante amigo le aconseja que se cambie de casa por otra más presentable y Torquemada le da gusto. También accede a casarse con una de las Águila, como Donoso le sugiere, y le encarga a éste que negocie el asunto. Pero surge el obstáculo de Rafael. El ciego se opone a esa boda que, dice, empañaría la tradición familiar, rebajándola a extremos indignos. Rafael es supersticioso y racista y sólo se resigna a la boda cuando Torquemada hace ganar a las hermanas el pleito que tenían con el Gobierno por las fincas de Córdoba —el Salto y la Alberquilla—, y se las entrega, sin cobrarles nada.

Se repite la cómica confusión de la novela anterior: ¿con quién se casará Torquemada? ¿Con Cruz o Fidela? La decisión final no la toma Torquemada, sino Cruz, quien decide que sea Fidela la víctima o la afortunada. Pero es ella quien irá tomando las decisiones importantes en la casa familiar, adquiriendo los muebles, tapices, cuadros y vajilla que permitirán al destacado prestamista —ya no lo es, sino un hombre de negocios que sólo tiene éxitos que robustecen y multiplican su fortuna— ofrecer cenas y agasajos que vayan borrando su pasado y fortaleciendo su solvencia y prestigio como empresario e inversionista.

Pese a su resistencia a gastar, Torquemada tiene pavor de Cruz y termina siempre por hacer lo que ella dice. Sin embargo, el problema de la familia sigue siendo Rafael, que, cuando percibe que la boda es ya inminente, escapa de su casa, pasa la noche a la intemperie y a la mañana siguiente se refugia donde una antigua criada de la familia, Bernardina, que le prepara un café.

Mucho se empobrece el relato con la aparición de Zárate, un pedante y un adulón, que ocupa un espacio inmerecido en la novela.

La segunda parte comienza con las burlas que hace el narrador de Torquemada, pese a que éste, que ya no presta dinero sino que hace negocios con pulcritud y sin robar, muestra inequívocamente el desprecio que tuvo siempre la alta sociedad española por los comerciantes y los empresarios —una de las razones por las que la revolución industrial llegaría a España tarde, mal y nunca—, y que muestran el poder que va adquiriendo Cruz en el seno de esta familia, pues Torquemada, pese a que los gastos suntuarios en que incurre la hermana mayor de las Águila le duelen en el alma, termina siempre consintiendo a ellos, acaso porque sabe que apuntan en la buena dirección y van cambiando su imagen pública, volviéndola cada vez más respetable.

En el verano, y por consejo de Cruz, la familia Torquemada veranea en Hernani. Allí nos enteramos de que Cruz ha decidido añadir un billar a la casa familiar, a lo que Torquemada se resigna, pese a que no aprecia en nada aquellos gastos excesivos que, según Cruz y Fidela, van borrando su pasado y enriqueciendo su nueva imagen. Así le llega el marquesado y, finalmente, el título de senador. Pero también, las habladurías envidiosas: corre la voz, en Madrid, que Fidela tiene un amante y que éste es nada menos que Morentín, un amigo que frecuenta la casa familiar.

Es el momento mismo en que se anuncia que la pareja de esposos va a celebrar el nacimiento de su primer hijo. Ni qué decir que Torquemada entra en un estado de euforia y felicidad: el recién nacido será niño y un genio de las matemáticas, como el recordado Valentinito, cuyo nombre el recién nacido, por supuesto, llevará.

La noche del nacimiento, Cruz organiza una cena con *champagne* francés, que Torquemada bebe en abundancia y, por supuesto, hace el ridículo ante los invitados.

En la tercera parte, Morentín trata de seducir a Fidela, pero ésta, que sólo tiene ojos para el niño recién nacido, le da calabazas, desmintiendo aquellas habladurías envidiosas. Toda la vida de la familia Torquemada gira ahora alrededor de la cuna de ese niño. La historia se vuelve algo más que aburrida con los éxitos económicos de Torquemada, convertido en marqués y senador, que, además de enriquecer a diario su cuenta de banco, gana cada día más respetabilidad social.

Entonces se celebra el gran almuerzo con discursos que le ofrecen los leoneses de Madrid, por haber sido decisiva su inversión en el ferrocarril que abrirá las minas de León al resto de Europa. El banquete y los discursos son excesivamente largos y, lo peor de ellos, la transcripción puntual de las palabras de Torquemada agradeciendo el ágape, un discurso ridículamente vulgar, confuso y primario, pero, eso sí, celebrado con aplausos y abrazos por toda la concurrencia. Termina el libro con esas palmas palaciegas. En las últimas líneas de la novela, mientras todavía resuenan los ecos del almuerzo, Cruz se dispone a comprar el fastuoso palacio de los duques de Gravelinas.

Luego de una noche de discriminación y pesadumbre, el ciego Rafael, que nunca se ha conformado con el matrimonio de Fidela, se suicida, arrojándose a la calle por una ventana. Se diría que esa muerte sella la desaparición del pasado, ante un futuro cada vez más promisorio para la familia de Torquemada.

Resumida así, *Torquemada en el purgatorio* peca sobre todo por los excesos retóricos que hay en ella, principalmente en el almuerzo y los discursos, transcritos con una precisión perversa, se diría que sólo para ridiculizar la retórica de esos personajes que no se salen nunca de los lugares comunes y mostrar la incultura, para no decir la estupidez, de los distintos oradores. Y, sobre todo, la confusión aberrante del propio Torquemada.

El lector tiene a ratos la impresión de que el autor no sabe ya nada más que decir, porque se le ha cegado el poso de las fantasías y la historia da vueltas y vueltas sobre ella misma, repitiéndose hasta el cansancio y la fatiga infinitos del lector.

Ésta es una de las más desmadejadas historias que escribió Pérez Galdós. Y acaso la empeora la abundancia de lugares comunes —frases hechas— a las que, de acuerdo con una costumbre ya insinuada en las novelas anteriores, cita con frecuencia entre cursivas para burlarse de quienes (sobre todo Torquemada) los emplean, sin advertir que es el propio narrador de la novela quien resulta también su víctima.

Aunque Pérez Galdós citó muchas veces a Flaubert con admiración en sus artículos y ensayos, la verdad es que yo nunca encontré demasiadas similitudes entre ambos escritores, ni en los temas de sus novelas ni en su manera de encararlos. Salvo en un aspecto en el que los dos eran muy parecidos: la fascinación que ejercía sobre ellos la estupidez humana. Ya se sabe la extraordinaria atracción que la *bêtise* tenía sobre Flaubert, que la encarnó en uno de los personajes más llamativos de *Madame Bovary*: el señor Homais, boticario e intelectual del pueblo.

No hay que confundir la estupidez con la incultura; Homais es una de las personas más «cultas» de la localidad, si se atiende a la cantidad de libros y revistas que lee, porque lo lee todo. Su problema es que es incapaz de establecer las jerarquías necesarias entre un texto original y una imitación de tercera clase de aquél, todo se le mezcla en la cabeza y de ahí arrancan sus constantes metidas de pata. Se diría que los discursos de *Torquemada en el purgatorio* figuran en la novela para ilustrar las razones de ese horror a la *bêtise* que tenía Flaubert y que coincidía con el del propio Pérez Galdós.

Torquemada y san Pedro (1895)

Escribir esta novela le tomó apenas un par de meses a Benito Pérez Galdós (enero y febrero de 1893), si son verdad las fechas que escribió al terminar el manuscrito. Pero apareció en libro sólo dos años más tarde, en 1895.

Con esta novela completó el ciclo dedicado al prestamista, al que llama con este nombre, además de «tacaño», «avaro» y «judío» muchas veces en las cuatro novelas. De más está decir que el nombre del personaje se inspira en el de fray Tomás de Torquemada, inquisidor general de 1478 a 1498, y a quien todos los críticos de esta inexcusable institución responsabilizan de haberle añadido torturas y crímenes a su prontuario hasta extremos inconcebibles.

La historia se inicia con el despertar en el bello palacio del duque de Gravelinas, que pertenece ahora a la familia Torquemada. Vemos desfilar a incontables sirvientes y mayordomos, gentes con libreas que preparan el día. Paseamos por los bellos jardines y estancias, que han sido acondicionados con todo lujo por Cruz del Águila, y asistimos al desayuno del dueño de la extraordinaria casa, el senador y marqués de San Eloy don Francisco Torquemada. Éste añora con todo su corazón a aquel hijito que murió, el primer Valentín, el genio matemático, algo que el segundo, el hijo de Fidela, está lejos de ser.

Torquemada recuerda con nostalgia los años en que comenzó a prestar dinero, cuando todavía era pobre, y los compara con la riqueza que ahora lo rodea.

Él también, como su esposa y su cuñada y las amigas de éstas, se halla deslumbrado con un curita, que ahora oficia como capellán del castillo, el padre Luis de Gamborena. Éste ha sido por muchos años misionero en el África y en Oceanía. Allí evangelizaba a tribus bárbaras y, a la vez, estudiaba Geografía, en la que, según se dice, ha llegado a ser un experto, así como en las fieras y en los pájaros de aquellas tierras primitivas.

Los capítulos, que parecen crónicas periodísticas por lo ligeros y amenos, cuentan la historia del palacio de Gravelinas, ahora de San Eloy, la abundancia de criados que a Torquemada le recuerdan «un ministerio» tanto por la abundancia como por la inutilidad de esa gente. El diálogo recuerda al Valentinito actual, que, a diferencia del antiguo, el que murió, es muy feo, con una enorme cabeza y orejas colgantes, y, sobre todo, por sus ataques de fiereza, en los que agrede, muerde y rasguña a todos los que se ponen a su alcance, como el padre Gamborena, al que casi le arranca un dedo. Ese niño tiene mucho de monstruo y no sólo por su físico, sino sobre todo por su carácter agresivo y destructor. Su madre, Fidela, no lo advierte así y llena de mimos y caricias a ese bendito, al que quiere como a la niña de sus ojos.

Lo que no acaba de demostrarse son los elogios desmedidos del narrador a la cultura y piedad religiosa del padre Gamborena, pues, en los discursos que éste pronuncia ante las hermanas Águila y sus amigas, luego del desayuno con Torquemada, es difícil advertir su enorme talento y su gran cultura, pues las cosas que les dice —ellas lo escuchan embobadas— son bastante elementales y meramente retóricas, sin mayor originalidad ni devoción. En esta reunión nos enteramos de que la esposa de Torquemada, Fidela, la marquesa de San Eloy, está muy mal de salud y podría morir esa misma noche, como ha anticipado el doctor Miquis, médico de moda en Madrid que, desde que comenzaron a ser ricos, atiende también a la familia Torquemada.

La primera parte de la novela termina con la agonía y el fallecimiento de Fidela, en una noche lóbrega en la que Torquemada espera trémulo la siniestra noticia. Cuando el padre Gamborena le revela que Fidela ha fallecido, el pobre Torquemada, deshecho, cae al suelo desmayado.

La segunda parte se inicia con el entierro deslumbrante de Fidela —todo un acontecimiento social en Madrid—, que Torquemada ha consentido, sin ahorrar gastos. Advertimos que Gamborena menosprecia la «habilidad para ganar dinero», a la que llama «arte secundario y de menudencias», y, después de haber dejado de hablarse varios meses, Torquemada y su cuñada Cruz se reconcilian, a raíz de las sugerencias del sacerdote.

Cruz del Águila, a estas alturas, luego de la muerte de su hermana Fidela, se desentiende bastante de la dirección del palacio de San Eloy y de la administración de la casa, como hacía antes. Se dedica a leer a los místicos del Siglo de Oro, una buena colección de los cuales se conserva en la biblioteca del palacio que ocupan ahora los Torquemada.

Desde la muerte de su esposa, el dueño de la casa no levanta cabeza, al extremo que descuida sus citas de negocios, incluso el que más le importa, que es cambiar la deuda de España convirtiéndola de exterior en interior, algo que no está explicado y que, acaso, no tenga explicación. Las páginas más amenas de ese libro son, sin duda, las que describen la comida que tiene Torquemada, cuando escapa de su lecho de enfermo y acude al encuentro de un viejo amigo, el modesto Matías Vallejo, que lo recibe en su taberna, donde aquél se harta de comer judías y de tomar vasos de un vinito de Valdepeñas. Por unos momentos inolvidables el prestamista es un hombre feliz, rodeado de esas gentes humildes y en ese modesto lugar. Pero la comilona es catastrófica para su salud, pues la termina medio desmayado, con pérdida de la memoria y atroces dolores de estómago. Su enfermedad asusta a la concurrencia y debe ser llevado a su casa de urgencia.

Los capítulos que narran la larga agonía de Torquemada y los esfuerzos que hace el curita Gamborena para exigirle que se arrepienta de sus excesos y deje su fortuna a Dios —es decir, a la Iglesia— y a los pobres son excesivamente largos; se necesita mucha paciencia del lector para poder leerlos con cuidado y sin saltarse las páginas. Al fin, Gamborena consigue lo que se ha propuesto: que Torquemada deje el tercio disponible de sus bienes —se calculan nada menos que en treinta millones de pesetas— a los pobres, y los otros dos tercios a sus hijos. La muerte del prestamista demora tanto que, sin exageración, el lector respira al fin, ya sin agobio, con la lentísima y muy interrumpida agonía del pobre Torquemada.

Estas cuatro novelas están escritas de manera apresurada y no valen gran cosa —con excepción de la primera, una obra maestra—. Ahora bien, acaso sin que en ello haya intervenido la conciencia del autor, son muy representativas de las razones por las que España, luego de haber sido un gran imperio, fue retrocediendo hasta convertirse en uno de los países menos prósperos del Viejo Continente. Las novelas no sólo muestran a un personaje bastante repulsivo, que recuerda a su antiquísimo ancestro, porque se trata de un tacaño, un avaro que goza acumulando el dinero que gana de mala manera, sino porque practica un oficio que, desde las páginas de la Biblia, se condena como incompatible con la genuina piedad y caridad cristianas: prestar dinero, quehacer innoble y asqueroso, según se advierte en los feroces insultos que el narrador suele proferir siempre que se refiere a Torquemada. La razón de ese rechazo es muy sencilla. La cultura reinante en España en aquellos años —no sólo en los que ocurre la novela, sino en los años en que escribía Pérez Galdós— tenía un profundo desprecio por el comercio y todo lo que lo rodeaba —por ejemplo, los préstamos—, y la idea encubierta era que los «señores» no se dedicaban a ese oficio vil e innoble, al que sólo estaban condenados quienes no eran ricos ni aristócratas, es decir, los miserables. Esta idea es una aberración histórica que, sin embargo, llegó a estar bien asentada en España, principalmente por culpa de las enseñanzas de la Iglesia. Ella impidió a este país desarrollar su economía, como hacían otras naciones europeas, menos prejuiciosas respecto al comercio y a la modernidad, más abiertas al progreso que el pueblo español.

En verdad, Torquemada tenía un feo vicio, la avaricia, pero no la practicaba tanto como dice el autor, pues lo cierto es que Cruz del Águila hacía con él lo que quería, y gastaba todo lo que ella creía conveniente para decorar las casas en que obligaba a vivir a su cuñado, pensando siempre en su prestigio social, por supuesto, pero, también, por una predisposición personal. Los prestamistas no eran tan despreciables como creía el autor. Lo que los bancos no hacían, que era llegar a los pobres, lo hacían los prestamistas. Abusaban, por supuesto, porque no había una legislación que se lo impidiera, sin duda. Pero, gracias a prestamistas como Torquemada, el comercio y la industria pudieron mal que mal aparecer en España en aquellos años en que el país, sometido a ideas y prejuicios anacrónicos, se iba quedando atrás y, por ejemplo, vivía sólo a medias, y eso es demasiado, la revolución industrial que en cambio transformaría las sociedades de Inglaterra, Francia y Alemania. El horror a ese oficio, la industria, inseparable del desarrollo de la banca, impidió a España llenarse de los comercios y de las fábricas que al resto de Europa le impulsaron a progresar y convertir el capitalismo, que fue al principio bárbaro, en un sistema más sensato y menos injusto, permitiendo sindicatos, con salarios algo decentes a los obreros y obras de asistencia social en los campos de la educación y la salud. Y, sobre todo, sentando las bases de aquella igualdad de oportunidades, elemento clave de la democracia que igualó más o menos a cada generación, como ocurrió en los países nórdicos y, de manera transitoria, en Francia y Alemania. De modo que, sin saberlo ni quererlo, en el personaje de Torquemada, Pérez Galdós no sólo mostró las limitaciones de un supuesto avaro: también las razones sociales y morales que causaron el empobrecimiento y la perennidad del subdesarrollo económico de España.

Ángel Guerra (1891)

Ángel Guerra (1891) es una de las novelas más largas que escribió Benito Pérez Galdós —tiene apenas menos páginas que *Fortunata y Jacinta*— y es una de las peores, si se prescinde de las excelentes descripciones de las calles, iglesias y conventos de Toledo, muy cuidadas y a menudo de gran erudición y finura, pues el autor llegó a conocer la vieja ciudad manchega casi tan bien como conocía Madrid. Pero la composición de la novela falla y muchos episodios son desmedidamente largos.

Todo en esta novela resulta desconcertante; lo frecuente, en Pérez Galdós, es que sus historias se inicien con personajes educados en la religión y de ideas generalmente reaccionarias, que luego se van convirtiendo poco a poco en progresistas y hasta revolucionarios. Aquí todo ocurre al revés. Cuando comienza la novela, vemos que Ángel Guerra ha intervenido en una acción bélica contra el Gobierno, un pronunciamiento de civiles y militares republicanos (casi sin participación popular, eso sí) asociados en una organización llamada Círculo Propagandista Revindicador, acción en la que ha recibido una herida de bala en el antebrazo. La conspiración ha fracasado, le cuenta a Dulce, su amante, pues los coroneles se impusieron a los soldados y oficiales inferiores que estaban comprometidos con la subversión.

A partir de ese momento, Ángel Guerra, que para entonces convivía con Dulce desde hacía un año sin haberse casado con ella y llevaba una vida muy libre, un tanto anarquista, retorna a su casa familiar, donde está su madre muy enferma: doña Sales odia a Dulce pues atribuye todas las locuras y excesos de su hijo a la influencia de esa «mala mujer». En esa casa Ángel tiene también a su hijita menor, Ción, y a la maestra que ha contratado doña Sales para que eduque a la niña, Leré, quien desempeñará un importante papel en la novela y, sobre todo, en la evolución intelectual y religiosa de Ángel Guerra.

Éste y su madre, doña Sales, han tenido muchos choques, por el carácter dominante de esta última, que, ni qué decirlo, a diferencia de su hijo, es muy católica y monárquica de pies a cabeza. Sin embargo, cuando Ángel regresa a la casa familiar, doña Sales está ya agonizando y su hijo evita discutir con ella; más bien se muestra muy comprensivo y cariñoso con su madre en su agonía y fallecimiento.

La muerte de doña Sales permite que Ángel Guerra herede una fortuna que hace de él un millonario. Pero apenas tiene tiempo de digerir esta nueva situación cuando su hija Ción cae muy enferma y los médicos, entre ellos el doctor Augusto Miquis, que, como hemos visto, aparece ya en otras novelas de Pérez Galdós, la dan por perdida. En efecto, la niña muere poco después.

Retroactivamente, mientras Ángel va enamorándose de la maestra de Ción, Leré, quien ha anunciado su partida y a quien aquél retiene con pretextos diversos, nos enteramos de las relaciones amorosas de Ángel Guerra con Dulce. Ella aceptó irse a vivir con él, manifestación de rebeldía poco frecuente en la España de entonces que lo acercó a la familia de ésta, constituida por una verdadera jauría de inútiles y muertos de hambre —los peores parecen ser Arístides y Fausto, y el más simpático, don Pito, que ha sido patrón de barco y vive en Madrid echando de menos el mar de su juventud—.

En la memoria de Ángel está muy vivo el recuerdo de los sargentos del cuartel San Gil, a quien de niño vio pasar por la calle rumbo a su fusilamiento.

La acción de la novela se traslada entonces a Toledo, donde Leré se ha incorporado a una organización conventual llamada Hermanitas del Socorro, cuyas religiosas prestan ayuda a los enfermos y a los moribundos. En esta ciudad transcurrirá el resto de la historia. Leré, siendo monja, pasa entonces a tener una influencia decisiva sobre Ángel Guerra. Tanto que contribuye de manera central a transformar a éste en un católico practicante, que visita las iglesias de Toledo y poco a poco va descubriendo la religión y convirtiéndose en un místico, que quiere revolucionar la sociedad de su tiempo implantando en ella las virtudes cristianas.

Asesorado por Leré, Ángel Guerra pasa a ser un hombre muy distinto de aquel que, al principio de la novela, quería mediante la acción armada revolucionar España; ahora sólo desea cambiarla mediante la prédica religiosa, la oración y el sacrificio.

La transformación de Ángel es poco menos que milagrosa. Se aísla y en vez de frecuentar a sus viejas amistades se dedica a visitar conventos, a leer literatura sagrada, a ir a misa y a todas las festividades religiosas —en Toledo son incontables—, e, incluso, piensa dedicar su fortuna a crear una institución, que podría llamarse «la casa de Dios», en la que frailes, sacerdotes y religiosas que vivirían consagrados a la oración y a las prácticas cristianas recogerían a todos los pobres y miserables, pero, eso sí, dentro de la más estricta libertad. Leré, no hay que decirlo, estimula estos proyectos y Ángel Guerra, un hombre de acción, comienza a dar los primeros pasos de este plan que, él lo dice a quien quiera oírlo, podría ser el principio de una reforma profunda de la sociedad española en función de la expansión de las virtudes cristianas.

Leré pone como condición para seguir apoyando a Ángel Guerra que éste pase al estado eclesiástico y se haga sacerdote. Ni qué decir que Ángel Guerra consiente, aunque ello signifique frecuentar el seminario, al que tiene animadversión. Da los primeros pasos en este sentido, asesorado por un religioso particularmente moderno y comprensivo, el padre don Juan Casado, a quien ha conocido en Toledo y que se convertirá en su apoyo más firme y, en materia de religión, en su maestro e instructor.

Pero la realidad tosca y brutal pone fin con un hecho de sangre a estos generosos proyectos antes de que se plasmen. Tres bandidos, entre los que están comprometidos por lo menos dos de los Babeles parientes de Dulce, atacan el local en el que Ángel Guerra ha comenzado ya a construir «la casa de Dios», para robarle. No sólo consiguen su objetivo y se llevan algún dinero; además le clavan una navaja que acabará con su vida. En su lecho de muerte, Ángel Guerra repartirá su inmensa fortuna dejando buena parte de ella a las Hermanitas del Socorro, de la que forma parte Leré, y a sus antiguos protegidos.

Pese a las muy bellas páginas dedicadas en esta novela a describir las maravillas arquitectónicas y religiosas de Toledo, es muy difícil creer lo que nos cuentan sus páginas, sobre todo la transformación que se opera en Ángel Guerra desde que éste se enamora de

Leré y sigue todos sus consejos. Éstos hacen de él, hasta entonces un librepensador y un hombre de acción, una especie de santo laico, un místico convencido de que las virtudes cristianas pueden transformar profundamente a la sociedad de su tiempo y reunir a tirios y troyanos en un proyecto de reforma social y espiritual que eliminaría el egoísmo, la envidia, la explotación y las grandes desigualdades sociales en función de la fraternidad evangélica y las enseñanzas de la Biblia. Y, sobre todo, que gracias a la caridad se superarían las grandes distancias entre quienes lo tienen todo y los que nada tienen.

El terrible final de la novela, el asesinato de Ángel Guerra por los tres malhechores y ladrones a quienes él mismo había amparado, es algo que los lectores del libro, más realistas que Pérez Galdós y el héroe de la historia, esperan que ocurra, a fin de que la realidad reemplace por fin a la fantasía delirante del personaje. Ésa parece la salida inevitable de esa maravillosa irrealidad en que vive Ángel desde que conoció a Leré y se enamoró de ella. Las lágrimas que derraman sus amigos y protegidos en el hospital en que Ángel Guerra fallece luego de testar son un final perfectamente previsible de aquella utopía sin base realista que su entusiasmo concibió.

La novela tiene partes muy largas, en las que se multiplican las descripciones de las visitas que hace Ángel a las iglesias y procesiones, y las observaciones muy realistas que glosa el padre Casado a las a menudo desatinadas e irreales perspectivas con que Guerra imagina «la casa de Dios». Los diálogos no siempre suelen ser lo ágiles a que Pérez Galdós nos tiene acostumbrados; a veces se alargan demasiado e incurren en la pura retórica, fatigando a los lectores.

El padre Casado, que tiene una vocación de agricultor por debajo de sus hábitos, lleva a menudo a Ángel Guerra a pasear por el campo y las descripciones de esos paseos, aunque suelen ser amenas, distraen al lector por lo extendidas que resultan y le hacen olvidar a veces la peripecia novelística.

Hay, también, algunas libertades de estilo que, desde la perspectiva contemporánea, suenan algo chocantes, como referirse a las «carnes» de la mujer en las descripciones con cierta constancia. Describir las «carnes» de una mujer en la actualidad sería vulgar y ofensivo —tratar a las mujeres como se trata a los caballos—, aunque probablemente no en el tiempo de Pérez Galdós, y en las declaraciones que hace éste del físico de sus personajes, minuciosas y a veces apasionadas, las referencias a esas «carnes» femeninas nos resultan algo írritas.

Con una buena corrección, que redujera la historia a lo esencial, sin permitirle apartarse del tema primero y poniendo más cuidado en el lenguaje, la obra hubiera ganado mucho. En tanto que estos circunloquios y apartes determinan que los lectores pierdan la atención en el meollo mismo de la intriga novelesca. Pero, recordemos, Benito Pérez Galdós no solía corregir sus novelas ni acortarlas; nunca hacía una segunda versión de las historias que contaba. En ésta se advierte lo erróneo del sistema que siguió. Cuando una novela le salía redonda, funcionaba; pero a veces no, como en este caso. Y, sin embargo, no hay duda de que en *Ángel Guerra* trabajó mucho más que en otras novelas salidas de su pluma.

Tristana (1892)

Tristana es una de las mejores novelas de Benito Pérez Galdós, una historia breve y ceñida, muy bien balanceada entre sus protagonistas principales, con una visión social muy pesimista, crítica del *statu quo*, y un final que hubiera elogiado el fundador del naturalismo literario y, se suele decir, maestro de Pérez Galdós, es decir, Émile Zola.

Cuenta la historia de un señorón madrileño venido a menos, don Lope Garrido, que a los cuarenta y nueve años dejó de confesarse su edad aunque para entonces ya había cumplido ocho años más. Ha llegado a esta augusta edad casi sin medios, pero no ha perdido su afición a las mujeres, su gran credencial en la vida; no tiene dinero y debe restringirse mucho en los gastos diarios, aunque se sigue vistiendo bastante bien y se considera a sí mismo un caballero elegante. Desde el punto de vista moral, es, ni qué decirlo, una basura. Las mujeres, señoronas o humildes, han sido para él una mera fuente de placer y nunca han merecido su respeto.

¿Qué hace esa chiquilla de diecinueve años que es Tristana en casa de don Lope? El padre de la niña era amigo de él y le fue bien en los negocios, hasta que le fue mal y por ello lo llevaron a la cárcel, de la que salió para morir. La madre de la niña, Josefina, que tenía la manía de la limpieza, resistió a las embestidas amorosas de don Lope y le dejó a éste a su hija para que la cuidara. Él, por supuesto, abusó de la niña y convirtió a Tristana en su querida, una historia bastante común en la España del siglo XIX y en el resto del mundo.

La novela cuenta la decadencia física de don Lope, que, con los años, se ha vuelto avaro y celoso. Está viejo, con canas, lleno de males. Duerme en una habitación que parece una enfermería por la cantidad de remedios y a diario amenaza a Tristana con matarla si lo engaña.

Pese a ello, la chiquilla pasea por las tardes con la sirvienta de la casa, Saturna, de la que se ha hecho amiga; ambas suelen ir a la hora en que los niños del Hospicio —un mundo buñuelesco de mudos, ciegos y sordomudos— salen a jugar. Ocurre entonces lo esperado: Tristana se enamora del joven Horacio Díaz, un pintor que pasea por allí a aquellas horas, y quien, aunque a la distancia, se ha prendado también de ella. Estalla el amor entre ambos, de lo que da cuenta una encendida correspondencia y del que la buena de Saturna será el hada madrina.

Horacio ha viajado mucho; lo crió su abuelo, un viejo cascarrabias que trataba de sacarlo del mundo de la pintura y convencerlo de que se dedicara al comercio, como él. Pero a los noventa años el vejete murió, dejando una pequeña fortuna a su nieto, que éste aprovechó para pasar algunos años en Italia, dedicado al arte. Don Lope, que sospecha algo de los amores de Tristana, la amenaza de nuevo con matarla y le hace continuas escenas de celos. La muchacha dice primero a Horacio que don Lope es su marido, pero, luego, le cuenta la verdad. Entretanto, gracias a un amigo común, el viejo se entera de la existencia de Horacio.

Mientras, los amantes hacen planes, Tristana quiere dedicarse al arte, ser libre, y Horacio sueña con tener un hijo. Don Lope, que se vuelve cada día más sentimental y advierte el talento innato de Tristana, le pone una profesora de Inglés, lengua en que la muchacha hace rápidos progresos.

Entretanto, Horacio ha partido a Villajoyosa, acompañando a una tía que está enferma. Los amantes perseveran en sus amores gracias a una intensa correspondencia.

Entonces, Tristana comienza a cojear. La ha visto el doctor Augusto Miquis, nuestro viejo conocido, y dice que su recuperación tardará algún tiempo. Sin embargo, la enferma, en lugar de mejorar, empeora. El doctor Miquis llega a la conclusión de que no hay más remedio que amputarle una pierna. La operación, que se lleva a cabo en la casa de don Lope, está magníficamente bien narrada: con la distancia necesaria y una absoluta objetividad. Desde entonces, los amores de Tristana con Horacio se van desvaneciendo, al mismo tiempo que don Lope Garrido, víctima de una crisis sentimental, admite que el joven pintor visite la casa e, incluso, haga de escribano de Tristana cuando ésta decide escribir a «su novio». Porque el noviazgo se va apagando poco a poco desde que Tristana perdió la pierna. Y don Lope, que ha decidido ser el «papá» de Tristana luego de haber sido su amante, recibe la presión de su familia, tíos y tías, que le ofrecen hacerlo su heredero siempre y cuando se case con Tristana, a quien por lo demás aquellos parientes convertirán en la beneficiaria de los bienes que él dejaría a su muerte. Así ocurre, sin que la heroína, que se ha vuelto muy católica y pasa los días asistiendo a misas y ceremonias religiosas, lo perciba.

Tiene tal desánimo, que se abandona a todo lo que ocurre, sin prestarle la menor importancia. Y lo mismo le sucede a don Lope Garrido. De este modo, se diría, la inmemorial Iglesia católica recupera en esos dos arrepentidos su poderío y autoridad, el gran peso que tuvo desde siempre para sujetar a la sociedad española dentro de límites morales (mejor sería decir apariencias) muy estrictos.

La novela está muy bien escrita, y, me atrevería a decir, es más lograda y sostenida que la versión cinematográfica que le dedicó Luis Buñuel, porque en ella está más integrada en la historia la presencia de los niños inválidos, en tanto que en la versión cinematográfica hay una desproporción exagerada de este episodio pasajero, en el que, sin embargo, Tristana percibe su propio futuro y la amargura de su vejez.

Es cierto que hay una abundancia, tal vez excesiva, de la correspondencia entre los dos amantes, Tristana y Horacio; pero las cartas tienen un encanto que las justifica, son los sueños de ambos jóvenes, que, en gran contraste con lo que ocurrirá en el campo de los hechos, conciben un futuro glorioso sin imaginar que la realidad brutal destruiría aquellas fantasías.

Se ha dicho que Pérez Galdós representaba en sus novelas el naturalismo de Émile Zola. En verdad, *Tristana* es una de las pocas novelas que escribió en las que sigue muy de cerca los postulados de esta escuela: el pesimismo que solía enmarcar las novelas de Zola y al mismo tiempo la denuncia de una condición abusiva, de la que eran víctimas las mujeres en España, ante la bestialidad con que los varones las convertían en sus amantes, aunque con ello les arruinaran la vida y las condenaran a la frustración. Es el caso de Tristana y de su violador, esa inmundicia humana que es don Lope Garrido, quien, por lo demás, tiene una buena conciencia de sí mismo que lo hace todavía más enojoso para los lectores.

Dije que *Tristana* estaba muy bien escrita y me gustaría subrayarlo. ¿Qué es una novela bien escrita? Es aquella que sirve a sus propósitos, como en este caso. El narrador se identifica totalmente con aquello que va contando, sin tomar distancia alguna con las ideas que sus protagonistas delatan, las prepotentes y abusivas de don Lope, las ingenuas y soñadoras de Tristana en las cartas que escribe a Horacio, y, más tarde, en las serias y muy prácticas reflexiones que toma el señor Garrido accediendo a casarse por la Iglesia, como le piden sus parientes antes de nombrarle heredero. El narrador guarda una neutralidad ante aquello que cuenta, como quería Flaubert, y termina por volverse poco menos que invisible: la historia parece existir por sí misma, sin lazos con el mundo real.

Una bella y triste historia que nos ilustra mejor que ninguna otra sobre la triste condición femenina en la España de aquellos años. A las nuevas generaciones, todo aquello les debe de saber al tiempo de las cavernas (y sólo fue ayer).

Nazarín (1895)

El año de 1895 fue fecundo para Pérez Galdós, pues en ese año escribió dos novelas íntimamente relacionadas: *Nazarín* y *Halma*. Aunque es probable que una novela anterior, *Ángel Guerra*, esté más ligada a *Nazarín* que esta última, pues es muy posible que el personaje de aquélla, si hubiera sobrevivido a los malhechores que lo acuchillaron para robarle, hubiera terminado tal vez como el padre Nazario, lanzándose a los caminos a vivir de la caridad, para imitar a Cristo.

En la miserable calle de las Amazonas, de Madrid, el propio don Benito Pérez Galdós descubre un martes de carnaval el «establecimiento hospitalario y benéfico de la tía Chanfaina», donde divisa una subhumanidad de gitanos, vagos y miserables, y gran abundancia de niños enfermos que se disfrazan como pueden para gozar de la fiesta. La tía Chanfaina es un mujerón de muchas carnes, según el lenguaje habitual en estas novelas. En ese mismo lugar aparece el padre Nazarín, un supuesto árabe por su color cetrino (en realidad es manchego) a quien acaban de robarle todo lo que tiene, al extremo de que lo han dejado sin comer.

Curioso con este sacerdote católico que vive entre los pobres y es pobre él mismo, el autor del libro y un *reporter* interrogan al padre Nazarín, a quien la tía Chanfaina protege, pues le regala algunos alimentos. El sacerdote tiene un ideal de absoluta pobreza, pero no desdeña propinas y limosnas y, cuando no las recibe, simplemente no come. Tampoco lee libros ni periódicos. No quiere cambiar la sociedad sino irse al cielo, después de haber vivido en la tierra con la decencia y audacia que lo hizo Cristo en Galilea.

Pérez Galdós le deja unas monedas y con su acompañante, el periodista, discuten sobre el personaje que acaban de conocer. El *reporter* dice que Nazarín le parece un vago que ha encontrado la manera de vivir sin trabajar, pero al escritor el sujeto lo inquieta, tanto que se dispone a averiguar su vida y a contarla por escrito.

A partir de este momento las aventuras de Nazarín ocurren sin la presencia del autor, pues éste, de ser un narrador-personaje pasa a convertirse en autor omnisciente, según sucede en muchas novelas de Pérez Galdós.

El padre Nazarín recibe una visita inesperada: Ándara. Ha huido de la justicia y llega con latigazos y cuchilladas en el cuerpo, pues viene de una pelea donde ha herido a otra mujer, la Tiñosa, y quiere que el curita la ayude. El padre va a comprar vino y cura a Ándara, pero él no bebe, pues es abstemio. Alrededor hay gitanos, ladrones, mujeres de mala vida y niños por doquier. El curita y la víctima pasan tres días juntos y al cuarto les cae Chanfaina, la dueña del local. Ándara, ayudándola a limpiar la casa, provoca un incendio gigantesco para que no quede nada que pueda dar pistas a la policía de dónde está. Se habla mucho en jerga para indicar que los personajes son del último nivel social. Nazarín va a la policía a confesar la verdad de lo ocurrido y supone que lo consigue, pero nadie cree en su testimonio.

El curita se ha dispuesto a aprender a caminar sin zapatos, y cuando lo logra inicia su gran peregrinación, en la que, a la manera de Cristo, sólo vivirá de las limosnas que reciba de quienes se compadezcan de él. Asimismo, reúne una colección de ropas viejas para ponerse en sus viajes. No sabemos nada de su vida pasada, pero esta entrega al misticismo parece ser reciente, y, en todo caso, muy firme, pues resiste a todas las desventuras y tragedias que le ocurren en el curso de su recorrido, en el que apenas llega a Móstoles y Polvoranca, de donde son sus dos acompañantes y discípulas: Beatriz y Ándara.

Llegan a Móstoles y pasan la noche en un corral. Hay una niñita enferma y todos esperan que Nazarín la cure, pese a sus afirmaciones de que no es curandero. Sin embargo, con sus cuidados la niña mejora. Nazarín parte, pidiendo limosna por los caminos. Se dirigen a Sevilla la Nueva, y en la ruta les hablan de don Pedro de Belmonte, un personaje rico y poderoso del lugar, cazador y muy malhumorado. Nazarín quiere verlo. Don Pedro lo invita y le ofrece una comida suntuosa. Resulta que don Pedro ha confundido al santón con el obispo armenio que recorre Europa disfrazado, tratando de que la Iglesia le permita retornar al catolicismo.

Revelan a Nazarín que en un pueblo vecino a Sevilla hay una epidemia de viruela. Y Nazarín se empeña en ir allí a repartir las viandas que les ha regalado don Pedro de Belmonte y ayudar a los apestados. Cuando llegan, se enfrentan a un espectáculo de horror. El alcalde, muy flaco, les dice que allí no se dan limosnas y Nazarín le explica que sólo han ido a ayudar. Muy pronto los viajeros entran en acción. En éste y dos pueblos más —Aldea del Fresno y Villamanta—, los «nuevos cristianos» (como se llaman a sí mismos) entierran a los fallecidos, ayudan a los sobrevivientes y se muestran incansables apoyando a la gente.

Entretanto, un enano, Ujo, se declara a Beatriz. Nazarín y las dos acompañantes escapan ante las amenazas de Pinto, un matón con quien estuvo aquélla liada y que la ha amenazado de muerte si no vuelve con él. Los peregrinos tratan de huir, pero el pueblo y la Guardia Civil les dan alcance y los llevan presos. El diálogo del alcalde y Nazarín es un diálogo de sordos. Sobre todo a partir de esta frase del alcalde: «No me pida que yo crea cosas que están bien para las mujeres, pero que no debemos creerlas los hombres». El burgomaestre tiene las cosas muy claras, por lo visto.

Los presos salen de la prisión escoltados por la Guardia Civil y parten hacia Madrid. Pero, antes de llegar a esta ciudad, en la cárcel, dos malhechores aprovechan para golpear a Nazarín, al que dejan en el suelo malherido. Éste, casi sin voz, lanza un sermón en el que perdona a quienes acaban de maltratarlo. Pero aparece otro malhechor que lo defiende, el Sacrílego.

En su pabellón, Ándara y Beatriz conversan; esta última confiesa «Yo he sido mala» y afirma que hay que defender al santo, aunque sea con los puños y las patadas. Pero cree que ya es demasiado tarde para salvarlo.

Aquí la novela da un salto a la irrealidad. Nazarín ve visiones, en las que la noche se transfigura, saltan los techos, aparece una atmósfera tornasolada y cosas fantásticas ocurren de las que él es protagonista, así como sus dos discípulas. Y misteriosamente arrepentido, uno de los bandidos que lo defendió, apodado el

147

Sacrílego, cuya especialidad es robar en las iglesias. La historia termina volviendo con ellos a la realidad objetiva. Pero no por mucho tiempo, pues, después de muerto —así lo cree él—, Nazarín celebra en el más allá una conversación con Cristo, quien se muestra más bien escéptico de lo que el curita ha logrado con sus empeños místicos.

Las conclusiones que el lector puede sacar de *Nazarín* son, como en el caso de *Ángel Guerra*, bastante pesimistas: simplemente no es posible, para los creyentes, seguir el ejemplo de Cristo en Galilea porque el mundo y los seres humanos, tal como son, destruyen aquellas buenas intenciones y el ejemplo no cunde. También podría ser que el ejemplo se prolongara en el tiempo y sólo comenzaría a ser seguido mucho más tarde. En todo caso, esas manifestaciones de devoción ejemplar no parecen tener un efecto contagioso en la sociedad presente, pues ésta se halla demasiado corrompida y envilecida para tenerlas en cuenta. (Así se advertirá más tarde, en *Halma*).

¿Es ésta la conclusión que quería transmitir Pérez Galdós con el argumento de estas novelas? Es claro que, en los últimos libros que escribió, hubo en él como una tentación mística de heroica entrega al despojamiento, a la pobreza y a la religión, por más que fuera evidente que no era ésta la manera de cambiar las cosas, para mejor, en el mundo en que vivía.

Halma (1895)

Halma la terminó en la casa que se había construido en Santander y a la que apodó San Quintín; está fechada en octubre de 1895.

Comienza esta novela con una enumeración de títulos, para indicar que Catalina de Artal, heredera de reyes y de nobles, se casó por amor con un diplomático alemán, el conde de Halma-Lautenberg, pobre de misericordia, que, tras ser separado de la diplomacia, contrae la tuberculosis y muere.

Su viuda, Catalina, muy afectada por el fallecimiento de su esposo, padece lo indecible en un viaje por el Mediterráneo, de modo que llega a Marsella en un estado tal que su hermano, el marqués de Feramor, apenas la reconoce. Éste, que ha servido en las Cortes y obtenido cierto prestigio, discute con Catalina, que, muy afectada por su viudez, está dispuesta a entrar en un convento.

Sólo entonces se habla en Madrid del juicio a Nazarín, un viejo conocido a quien se juzga porque, en tanto que algunos creyentes lo respetan como figura mística, otros lo tienen por loco.

Aparece un cura muy simpático, don Manuel Flórez, que convence al marqués de Feramor para que dé a su hermana Catalina la «legítima», es decir, la parte de la herencia que le corresponde, sin descontarle préstamos ni adelantos. Entre tanto asoma José Antonio de Urrea, primo de Catalina, sablista divertido y ameno, que vive sin trabajar y suele hacer víctima de sus atropellos económicos al marqués de Feramor. José Antonio es un entusiasta defensor de Nazarín y parece estar convencido de su buena salud mental. El curita manchego es muy popular y se diría que no se habla en Madrid sino de él.

Catalina interroga al padre Flórez y éste le habla bien de Nazarín, negando que esté loco. Tres damas nobles y frívolas quieren acompañar a Catalina cuando va a visitar al padre Nazarín, pero ella las rechaza. Al mismo tiempo, pone en práctica un plan para que José Antonio de Urrea se reeduque, olvidando su bohemia y sus malas costumbres.

Hay en la novela una descripción muy exacta de la manera como el periodismo escandaloso y amarillo levanta la noticia del juicio a Nazarín, aprovechándose de la curiosidad y la frivolidad de la gente. La sentencia no se hace esperar: Nazarín queda libre y Ándara debe pasar algunos años en la cárcel a causa del incendio que provocó. Entre tanto, Urrea, feliz de poder comer todos los días gracias a su prima Catalina, agradece a ésta mucho el plan de mejora moral que ella ha concebido para él. Descubrimos que Catalina tiene una relación muy estrecha con Beatriz, la otra discípula de Nazarín.

Éste se ha convertido en la gran atracción de los madrileños. Lo visitan gentes prestigiosas, como el padre Flórez y nada menos que Cánovas del Castillo.

El padre Flórez comienza a sentirse mal y su salud se deteriora. En su agonía, lo cuida mucha gente. La novela se concentra en José Antonio de Urrea, que, gracias a Catalina, parece haber cambiado de vida y abandonado sus malas prácticas. Ella da siempre consejos a su primo para redimirlo del todo.

Catalina abandona Madrid. Va a refugiarse en el caserón de Pedralba, que ha heredado, y al que convierte poco a poco en un centro de recogimiento y prácticas cristianas; entre las personas que lo ocupan figuran el propio Nazarín, Ándara y Beatriz, de quien Catalina se ha hecho muy amiga. Pedralba se parece mucho, en pequeño, a la «casa de Dios» que quería formar Ángel Guerra, pues todos quienes viven allí se tutean, viven de manera frugal, trabajan la tierra, cuidan a los animales, cocinan, rezan y cumplen con la doctrina cristiana puntualmente. José Antonio de Urrea, que, siguiendo las instrucciones de Catalina, se ha quedado en Madrid, se desespera, y desobedeciéndola parte a unirse con ella y el grupo de Pedralba. Ella lo perdona y lo incorpora a ese círculo: José Antonio de Urrea aprende a trabajar la tierra, asiste a las lecciones que imparte Catalina, ordeña y cuida a los animales y vive —se diría que feliz— con la misma estrictez y modestia que sus compañeros.

Pero todo esto es demasiado bueno como para que no surjan conflictos, debido a las consabidas envidias, tan frecuentes entre los seres humanos. El sistema establecido en Pedralba despierta pasiones y sórdidos apetitos. Tres individuos, el cura local don Remigio, el médico Láinez y el administrador de Feramor, Amador, conspiran contra Urrea, supuestamente con la intención de proteger a Catalina, pero, en verdad, para materializar sus propias ambiciones. Deciden que hay que expulsar de Pedralba al antiguo pillo. A la vez, discuten si esta pequeña «casa de Dios» debe tener una autoridad eclesiástica, científica o administrativa que la regule, pues no puede estar a merced de la pobre e inexperta Catalina. Cuando ésta recibe al trío y le comunican lo acordado por ellos, la dueña de Pedralba se espanta.

Creía que era muy sencillo establecer esta «casa de Dios» y ahora se encuentra con que también este viejo palacio ha despertado la codicia de esas gentes hipócritas. Consulta a Nazarín y éste, en una escena magnífica e inesperada, le dice que se ha equivocado garrafalmente creando este establecimiento, pues si se trata de servir a Dios no es la mejor manera hacerlo a través de una institución. Y, entonces, Nazarín, de una manera realmente sorprendente, dice a Catalina que debe deshacer lo hecho, casarse con José Antonio de Urrea, y reformar Pedralba en algo que parece —sin que lo diga de modo específico— una fórmula anarquista de organizar esa pequeña sociedad.

Así ocurre, y el más feliz es José Antonio de Urrea, que, para asegurar su beneplácito, le consigue a don Remigio un puesto eclesiástico en Alcalá de Henares. De este modo se lo compra y ni qué decir que éste se convierte a partir de entonces en un aliado de la pareja.

El final es feliz y se supone que José Antonio y Catalina viven largos años, cumpliendo con Dios y con la sociedad, y sentando un ejemplo para el resto del mundo.

Todo esto es irreal, como sólo pueden serlo las novelas, y Benito Pérez Galdós fue consciente de ello, pues tanto en *Ángel Guerra* como en *Nazarín* y *Halma*, esas pequeñas sociedades moral y religiosamente perfectas fracasan, sea por la fiereza de ciertos delincuentes o por intrigas y cálculos de envidiosos que quieren aprovecharse de la buena fe de gentes generosas e ingenuas como Ángel Guerra y Catalina. Pero, pese a ser imposible, en estas novelas aparece ese empeño de ir contra la corriente, de osar las aventuras más audaces e inconcebibles, típicas del ser humano y al que éste debe su progreso y haber llegado a la Luna desde que salió de las cuevas en las que vivió en tiempos prehistóricos, como los animales. En estas novelas hay una descripción de esa locura y fantasía que desafía todos los impedimentos y osa lo inconcebible, algo que forma parte de la condición humana. Sin embargo, las novelas que documentan aquellas audacias no están muy logradas, se dispersan por su naturaleza descuadrada y por tocar demasiados temas; en tanto que más ceñidas y centradas en el propósito esencial hubieran figurado entre las mejores que escribió Pérez Galdós. Pero la impresión de los lectores, creo, es que todas ellas se resienten de la prisa con que fueron escritas y de su naturaleza múltiple, en que lo fundamental queda desperdigado con la variedad de asuntos que coexisten en dichas novelas.

Misericordia (1897)

Misericordia es una novela sobre la pobreza y el hambre: éstos son los personajes principales de la historia, más importantes incluso que la conmovedora Benina, el personaje más entrañable de Pérez Galdós, junto a Fortunata, como señaló María Zambrano (*La España de Galdós*, Madrid, Alianza Editorial, 2011).

Benina, o Nina, es naturalmente buena y generosa y ella ni siquiera sospecha que lo es, pues desde que nació practica el bien de manera natural a su alrededor con toda clase de gentes. Ayuda sobre todo a doña Francisca, para quien trabaja, poco menos que gratis, a lo largo de los años, trayéndole de comer y dándole dinero, y lo hace de modo discreto, inventándose a don Romualdo, para quien supuestamente trabajaría, a fin de excusar el tiempo que le toma pedir limosna en las iglesias, sin imaginar que este curita aparecería más tarde en carne y hueso.

Tal vez el gesto más generoso y heroico de Benina sea quedarse con el pobre moro ciego Almudena (o Mordejai), que se ha enamorado de ella y sueña con ir a Jerusalén cuando contrae esa horrible erupción que le llena la cara de costras pestilentes.

Ésta es una novela sobre la miseria de una buena parte de la sociedad española en la que la pobreza está atenuada por la manera de ser española, que pone al mal tiempo buena cara y encuentra siempre el modo de divertirse y hasta bailar y cantar en medio del horror.

Este aspecto del «carácter español» está maravillosamente mostrado en esta excelente novela, por lo demás muy bien concebida y escrita.

Aunque Pérez Galdós ya había mostrado antes lo bien que conocía Madrid, en este libro ese conocimiento se multiplica y alcanza casi la omnisciencia, pues se refiere sobre todo al sector más pobre y marginal de la ciudad, que incluye, sin duda, una población muy numerosa.

Benina es víctima de la ingratitud de doña Francisca y de Obdulia, a quienes ha cuidado y servido muchos años de la manera desprendida y heroica que es la suya. Pero a ella no le importa, cuando sale de la cárcel y se hace cargo del pobre ciego marroquí, contra el que se desatan el racismo y los prejuicios de buena parte de la sociedad madrileña.

Éste es un libro duro y trágico, que merece figurar entre los mejores escritos por Pérez Galdós. Pero, además, ésta es una historia que toca no un tema de actualidad —es decir, del siglo XIX, como la inmensa mayoría de sus novelas— sino una realidad mucho más antigua de España, como veremos más adelante.

Se inicia el libro con la descripción de un barrio miserable, cuyo centro es la iglesia de San Sebastián, en la que hay gran número de mendigos, entre ellos un ciego, Pulido, que parece representar la eternidad. Llega un rico, don Carlos Moreno Trujillo, que acostumbra oír varias misas diarias; reparte calderilla entre los mendigos que lo acosan. Hay muchos viejos sin dientes y, entre ellos, una mujer, Casiana, que parece imponerse a los demás. Entonces, en medio de esa masa de miserables aparece Benina, personaje central de la novela. Está muy necesitada de dinero y recurre al ciego Almudena, que, en su casa, prepara un sahumerio para espantar la borrachera. Descubrimos para qué quería dinero Benina: para comprar medicinas a su señora, doña Francisca Juárez, doña Paca, que está enferma. Benina ama la vida y no se queja; la señora, en cambio, sí, constantemente, recordando su pasado.

Descubrimos cómo llegó Benina a la casa donde trabaja. Estuvo de sirvienta, la echaron, volvió al cabo de un tiempo. Mientras doña Francisca se arruinaba en manos de los prestamistas, Benina asumió con sus ahorros el sustento de la familia. Los hijos de doña Paca —Antonio y Obdulia— son dos buenas piezas. Antonio es un borrachín y algo ladronzuelo, y Obdulia, una loquita que se enreda con el hijo de un enterrador, con el que se acuesta después de desistir de suicidarse. Doña Paca ha perdido el ambiente de alta clase social con que alternó en su juventud, al extremo de que sus viejas amistades le han retirado el saludo.

Antonio se corrige y se vuelve un empeñoso trabajador como anunciante, pero su mujer tiene mellizos, con lo que la pareja se sigue complicando una vida llena de estrecheces. Obdulia, rodeada de cajas fúnebres, se vuelve más histérica de lo que estaba. El empobrecimiento de doña Francisca adquiere contornos dramáticos y Benina se ha puesto a mendigar en las calles e iglesias de Madrid para ayudarla. Lo hace sin que aquélla lo sepa. La invención de don Romualdo enriquece la historia, de una gran sordidez hasta ese momento, algo que contrasta con el buen humor y la naturalidad con que actúa siempre Benina, incluso en los momentos más difíciles.

Entre tanto, aparece el cuñado de doña Francisca, Carlos Moreno Trujillo, al que doña Paca odia por mezquino. Don Carlos, maniático del orden, anota todas las entradas y salidas de dinero. Y da a la casa de doña Paca doce duros, repartidos en seis meses, para que sobrevivan.

Benina se encuentra con el moro Almudena y van a tomar un café y conversan. Hay un problema con el habla figurada del marroquí, que, a menudo, parece más una burla que un lenguaje imitado, algo que caricaturiza y ridiculiza al marroquí, y suele dejar bastante despistado al lector, que no entiende casi nada de lo que dice el moro. Ya dije por qué este lenguaje figurado a mí me parecía poco literario y algo impertinente, pues expresaba una supuesta superioridad del narrador sobre el personaje que no tenía razón de ser ni justificación alguna. Benina visita a Obdulia y está también presente el señor de Ponte; el hambre que tienen se refleja en los dos gatos flacos y hambrientos que protegen.

En el capítulo XVII aparece un personaje trágico, Frasquito Ponte Delgado; ha perdido todo el dinero que tenía y ahora hace milagros para sobrevivir; trata de andar bien vestido, aunque no siempre lo consigue.

Cuando Benina asoma a casa de doña Paca, ésta la riñe por llegar tan tarde. Luego, comen juntas, como buenas amigas. Entre ellas parece haber desaparecido la distancia convencional entre un ama y su criada. La falta de recursos en la casa es tal que Benina decide hacer los conjuros mágicos que le ha enseñado Almudena para salir de pobre. Pero no funcionan. Hay una escena pintoresca y divertida entre rufianes que juegan a las cartas, cuya manera de hablar en este caso traslada con éxito y de modo neutral al lector el buen oído de Pérez Galdós. Benina, siempre necesitada de dinero —no tanto para ella como por las caridades que hace—, recurre a Pitusa, que le presta joyas para que las empeñe.

En el siguiente capítulo, Benina hace cálculos, en caso de que se saque la lotería. Se encuentra con Almudena, que está furioso de celos y le da una paliza. Ella escapa corriendo. Sin embargo, el ciego Almudena le hace una propuesta formal de que se case con él y Benina, desconcertada, le recuerda al marroquí que ha cumplido ya sesenta años. Éste dice que no le importa; pero Benina considera que en el mundo marroquí las mujeres carecen de voz y voto y no cuentan para nada, así que el supuesto matrimonio se aplaza al infinito.

Benina encuentra a Almudena, a quien ha estado buscando, en el puente de Toledo. Ella le da de comer y él insiste en casarse con ella. También Frasquito dice que está enamorado de Benina. No tienen un medio, pasan hambres, y, sin embargo, se divierten en las tertulias que mantienen y también se entretienen los lectores con las escenas amables y risueñas que se celebran en la novela, pese a la falta de recursos y lo mal que lo pasan y lo poco que comen la mayoría de personajes.

Don Romualdo ha saltado de la fantasía a la existencia real, pues aparece en la realidad, desempeñando un papel muy positivo. Va a casa de doña Paca y le anuncia que su pariente don Rafael García de los Antrines ha fallecido y le ha dejado en su testamento bastante dinero. Doña Paca llora de felicidad. Llegan los notarios y doña Francisca y Frasquito reciben un alto de billetes. Doña Paca y Frasquito disfrutan de su nueva situación. Obdulia se viene a vivir con ellos y hacen compras, renovando buena parte de la casa. Pero la recién llegada trata de convencer a sus parientes de que gasten sin exceso, porque los dineros, si no se cuidan y administran con precaución, se terminan pronto.

Benina y Almudena han sido sorprendidos pidiendo limosna —algo que está prohibido por la ley— y terminan en la cárcel. Cuesta mucho trabajo dar con ellos y sacarlos, pero, cuando salen, ya han ocurrido los grandes cambios en casa de doña Paca. A la pareja le cuesta creer que doña Francisca sea ahora rica y Benina se queda horrorizada por la manera como doña Paca la recibe, maltratándola y tomándole cuentas por haberla dejado sin noticias de ella tanto tiempo. No hay en doña Paca la menor señal de gratitud hacia la sirvienta que la ha mantenido y hecho sobrevivir durante años.

Al final, Benina y el pobre moro, que ha contraído ese sarpullido repelente en la cara, optan por irse; se refugian en los extramuros de Madrid, entre gente tan menesterosa y miserable como ellos. Todo el final de la novela está consagrado al racismo de que es víctima el pobre marroquí ciego. Desde que creen que tiene lepra, los vecinos le hacen la vida imposible. Salvo Benina, que ahora se dedica a cuidar y alimentar al moro que quería casarse con ella.

Con *Misericordia*, la obra narrativa de Pérez Galdós dio un salto cualitativo y si ésta no fue la mejor novela que escribió —ahí estaba *Fortunata y Jacinta* para disputarle el primer lugar—, sí fue la más comprometida socialmente. Porque en ella Pérez Galdós se refirió a un tema que precedía a los problemas políticos y sociales de la España del siglo XIX, que eran su obsesión. Tenía que ver con algo mucho más antiguo, la naturaleza misma de la sociedad española, un asunto que duraba desde hacía siglos y se asociaba

con una composición social en la que sólo una pequeña minoría disfrutaba de enormes privilegios y, en
cambio, el grueso de la sociedad enfrentaba una condición marginal y precaria, de sobrevivientes más que
de ciudadanos, que se sostenía mucho más que todas
las crisis políticas que había vivido el país, pues nadie
parecía tenerlo en cuenta.

Misericordia es la primera novela que lo encara
específicamente, en una historia que toca todo lo que
concierne a este asunto, y que, concebida en su conjunto, es un gran éxito, aunque en los detalles haya en
ella, para un examen muy minucioso, aspectos discu-
tibles o reprobables. Se trata, sin duda alguna, de uno
de los libros más audaces y logrados del siglo XIX español. Y, por supuesto, de una de las novelas más ambiciosas de Pérez Galdós.

El abuelo (1897)
(Novela en cinco jornadas)

El abuelo es una novela muy poco lograda, sobre todo por su estructura teatral, que no funciona. La versión que hizo el propio Pérez Galdós en 1904 para el teatro es mucho mejor, aunque sin llegar a ser la obra maestra que tal vez esperaba. Ya en algunas novelas anteriores, Pérez Galdós había intentado esta fusión de géneros: teatro y novela. Nunca llegaron a ser realmente funcionales, pues los géneros nunca se confundieron en uno solo. Seguramente, el autor había tenido mucho éxito en esta época con sus obras de teatro y se le vino a la cabeza la idea de una novela que aprovechara lo mucho que había aprendido sobre la escena con sus textos teatrales.

Las jornadas son, en verdad, actos en los que, entre los diálogos, en las instrucciones de autor, hay muchas descripciones de paisajes, referencias al físico y vestidos de los personajes, e incluso a su estado de ánimo; pero todo el peso de la acción novelesca está lógicamente centrado en los diálogos, que, dicho sea de paso, suelen ser poco realistas; sobre todo en el caso del conde anciano, que tiende a expresarse de manera retórica y pomposa, que disiente de la forma sencilla y directa en que lo hace el resto de personajes.

De todos modos, un diálogo «teatral» es diferente en esencia a los diálogos que ocurren en una novela, pues en ésta el narrador puede siempre matizar en función de las necesidades de la historia y dar en sus párrafos orales muchas indicaciones sobre el sentir de los personajes o el paisaje que los rodea. En tanto que en el teatro esto está dividido entre las acotaciones, orientadas a ilustrar al director de la obra, y los diálogos, y aquéllas resultan a veces hasta superfluas, ya que en la actuación de los actores, en sus gestos y maneras de expresarse, moverse y actuar, se manifiesta buena parte de la historia. En una «novela teatral», todo ese aspecto del relato queda suprimido o disociado en las acotaciones, un vacío que nunca se acaba de llenar.

Como luego veremos, todo esto vale para *Casandra* (1905), una obra en la que Pérez Galdós quiso fundir teatro y novela, pero sin conseguirlo por las razones aquí aducidas.

Pero, además de la deficiencia teatral, tampoco funciona la historia misma de *El abuelo* que la novela nos cuenta. El viejo conde de Albrit, su personaje principal, luce una grotesca devoción pasadista, es un monstruo de egoísmo y trata a toda la gente de la ciudad inventada de Jerusa, en que transcurre la historia, con una autoridad y a veces desprecio que no se condice con la absoluta falta de poder en la que ha ido declinando y la extrema pobreza en que ahora malvive, gracias en gran parte a la caridad de los vecinos.

El anciano conde tiene un objetivo vital: está empeñado en descubrir a su nieta «legítima», es decir, de su misma sangre, pues se ha enterado por una carta de su hijo ya fallecido que la esposa de éste, la condesa de Laín —o Lucrecia Richmond, como él la llama, despectivamente—, lo engañaba y que una de las dos hijas que tuvieron es bastarda, hija de otro padre. La manera como el anciano conde se excita y obsesiona por las dos chiquillas —sus nietas—, tratando desesperadamente de averiguar cuál es la «buena» y cuál la «mala» —así las llama—, es bastante ridícula, un anacronismo difícilmente tolerable para un lector de nuestro tiempo. En realidad, frente a sus prejuicios ancestrales, quienes tienen razón son todo el resto de personajes, empezando por la madre de las propias chiquillas e hija política del viejo conde —Lucrecia, la condesa viuda de Laín—, el alcalde, el médico y el maestro del pueblo que las ha educado, y hasta los curas menos anticuados, más modernos y acordes con la evolución moral de España.

Pero el narrador de la historia se empeña en mostrar al viejo conde como un ser puro, representante de una tradición que lucha contra la corrupción y confusión de los contemporáneos, a quienes desdeña, y, lo peor, se lo dice en sus exabruptos, pese a lo mucho que éstos lo halagan y cuidan.

La novela se inicia cuando el pueblo de Jerusa está alterado por la inminente llegada de la condesa de Laín a la ciudad, donde ha dejado a sus dos hijas, Dolly y Nell, al cuidado de dos lugareños, exservidores de la familia, Venancio y Gregoria. Al mismo tiempo que la condesa, llega a Jerusa su suegro, pero éste a pie. El viejo conde, antes señor todopoderoso, dueño de vidas y haciendas, y ahora arruinado, sin poder y sin un medio, a quien, sin embargo, la gente del lugar, desde las autoridades hasta los más modestos campesinos, rinden pleitesía, por lo menos de la boca para afuera (la verdad es que, a sus espaldas, lo ridiculizan). Hay que decir que, por sus actitudes intemperantes y hasta groseras, el conde no trata para nada de ganarse el afecto de sus vasallos.

El viejo conde viene a entrevistarse con su antigua nuera y es evidente que tiene un proyecto en ciernes, aunque éste todavía no se desvela a los lectores. Por las conversaciones de Venancio y Gregoria nos enteramos de que el hijo del conde ya ha fallecido y que su matrimonio no marchaba nada bien y que, probablemente, ella, su esposa, la condesa de Laín, engañaba a su marido.

Aparecen Senén, un joven oportunista que, gracias a la condesa, ha conseguido progresar en la vida, y las hijas de aquélla, Dolly y Nell, a quienes, se dice, su madre la condesa viene a llevárselas. Ambas nietas llenan de caricias a su abuelo, el viejo conde, que, al parecer, las quiere mucho y se siente feliz con el recibimiento que le hacen ambas chiquillas. A estas alturas, se descubre que los abuelos del viejo conde fueron los creadores de Jerusa.

Cuando se queda solo con Venancio, el viejo conde llora, recordando que se crió en esta casa y que aquí, en uno de sus cuartos, falleció su madre. En eso llega el cura, don Carmelo, amigo del viejo conde; ambos se abrazan. El conde recuerda las comilonas del pasado y lo mucho que disfrutaba con ellas don Carmelo, ahora muy gordo. El conde interroga a don Carmelo sobre sus nietas: su pureza, las diferencias entre ambas, y se advierte de inmediato que su presencia en Jerusa tiene que ver de algún modo con las dos chiquillas. Llega el médico, Salvador Angulo, que pudo estudiar Medicina gracias a la generosidad del viejo conde.

Cuando suenan las primeras saetas que celebran la llegada a Jerusa de la condesa de Laín, el conde dice de ella que fue siempre «un monstruo de liviandad» y una «infame falsaria». Ella sin embargo es muy popular en Jerusa, pues hasta el orfeón local quiere tocar en el almuerzo que ha preparado el alcalde para homenajear a la viajera. Las dos niñas le preguntan a la condesa si esta vez se las llevará con ella y la respuesta es incierta, como si la decisión dependiera de algo que sucederá en estos días.

El conde ha pedido una entrevista a la condesa y ésta la acepta, aunque a regañadientes. El encuentro tiene algo de intolerable. El viejo conde insulta a su nuera, acusándola de malvada, de haber abandonado y ultrajado a su hijo antes de morir. Y le revela que leyó una carta, escrita en última instancia por su hijo, en la que decía que la condesa le había confesado que una de sus dos hijas no era suya. El viejo conde quiere que la condesa le revele cuál es la bastarda, para desconocerla. La condesa se niega a hacerle esa revelación y abre las puertas de su cámara, para que ingrese el alcalde. A éste, la condesa le recomienda que cuide mucho del abuelo.

Don Pío, el viejo preceptor de las niñas, carece de autoridad con las dos chiquillas y éstas se burlan de él en vez de responder a los temas de Historia y de Gramática que les ha enseñado. Las dos chiquillas parten a la playa. Llegan el médico, Gregoria y Venancio, algo cansados ya de los desplantes y caprichos del viejo conde. Cuando éste aparece, hablando siempre de cuestiones de honor, se trasluce su amargura por haber perdido todas las prerrogativas que tenía antaño, cuando era amo y señor de Jerusa.

En el bosque que rodea al pueblo, el conde viejo se pasea solo. Está desesperado por poder identificar a la nieta bastarda, que no tiene su sangre. Aparece don Pío, y confiesa al conde que las niñas que le han confiado no aprenden nada y él está desesperado, aunque el viejo conde celebra que sus nietas rechacen la «cultura» moderna. El empeño con que el conde trata de

165

descubrir cuál de sus nietas es la espuria resulta mezquino y a veces hasta estúpido. Menos mal que una tormenta interrumpe este diálogo; poco después, una campesina a la que llaman la Marqueza les revela que, entre las dos chiquillas, Dolly tiene mucha afición a la pintura, lo que entusiasma al conde, pues su hijo tenía también vocación de pintor. El viejo conde se siente feliz, cree que ha identificado en Dolly a la «buena» nieta.

Cuando regresan a Jerusa, a casa de Venancio y Gregoria, el cura pone al día al conde en la historia del convento de Zaratán y su magnífico prior, que ha resucitado ese centro religioso hace ya algunos años. El conde ignora que se ha tramado una conspiración, de la que aquel prior forma parte, para encerrarlo en Zaratán, de modo que pase allí sus últimos días, hasta su muerte. Para conseguir que vaya a visitar el monasterio, el cura habla maravillas de éste y dice al conde que es uno de los edificios históricos más importantes de Jerusa. El conde acepta ir al monasterio a un almuerzo que han preparado los monjes para el día siguiente.

El prior del monasterio de Zaratán ha invitado a varias personas, entre ellas el viejo conde, a tomar «un bocadillo». En realidad se trata de un copioso almuerzo. Durante el cual, varias personas, por ejemplo el alcalde de Jerusa y el prior, tratan de convencer al conde de que se venga a vivir, los años que le quedan, en el monasterio, donde gozará de beneficios especiales. Pero él es muy reticente y se resiste a la invitación. Luego de visitar la iglesia y la huerta del monasterio, el conde descubre que todos los laicos han partido y advierte que ha sido víctima de una emboscada. Reacciona con violencia y se escapa.

Retorna a Jerusa, a casa de Venancio y Gregoria, cuando estalla el escándalo. Dolly, sublevada, recuerda a todos los presentes que su abuelo se quedará aquí el tiempo que quiera. Y él llora de emoción, convencido de que esta chiquilla es la nieta «buena», de su sangre.

En la última jornada —la quinta— el conde se ha enterado de que la condesa de Laín viene a llevarse a sus hijas. Manda al cura a negociar una entrevista con su nuera. Ésta acepta. Cuando oye la propuesta del conde de quedarse cada uno con una de las chiquillas —él tendría la prioridad de escoger cuál de ellas lo acompañaría—, la condesa de Laín rechaza el acuerdo. El conde, antes de partir, se reúne con Dolly, que lo llena de cariños, y pronuncia un discurso sentimental, exagerado, lleno de comparaciones y metáforas.

En el bosque, de nuevo, el conde y don Pío, que estaba allí buscándolo, se enfrentan a una terrible tempestad. Don Pío, el maestro de las niñas, está lleno de quejas con la vida: ha muerto su mujer y él nunca ha conseguido salir adelante, debido a su timidez y cobardía. Se separan, abrumados, y se advierte en ellos la intención de suicidarse.

Nuevamente se reúnen en Jerusa. Ha llegado Consuelito, una mujer chismosa, que viene de Verola, localidad vecina de Jerusa, donde ha estado con Lucrecia, la que le cuenta que está decidida a casar a Nell con el marquesito de Breda. El conde decide ir a verla, descubre a Nell en la iglesia y la reconoce, a su pesar, como la nieta «buena».

En las últimas líneas de la novela, el conde, abrumado, recorre las calles solitarias de Jerusa. Sale al bosque, donde encuentra de nuevo a don Pío. Parece que ambos, frustrados de la vida, se van a matar, arrojándose al mar desde un alto promontorio, cuando, en ese mismo instante, aparece Dolly, que viene a acompañar a su abuelo. Y para siempre. Le dice que se quedará a vivir con él, pues lo quiere y siempre lo acariñará; el anciano se muestra abrumado y feliz. Una esquela de la condesa le hace saber que ella ha cedido, y que ahora acepta que Dolly se quede con su abuelo. Así pues, Dolly no es la «buena» hija, sino la «mala», pero a estas alturas ya no le importa: algo ha aprendido el pobre anciano. El viejo conde y don Pío exultan de alegría. Don Pío regresa al pueblo y la nieta y el abuelo se refugian donde dos agricultores sencillos, que los reciben muy felices y con los que, sin duda, tendrán una vida larga, sana y tranquila.

Es posible que esta síntesis dé una idea muy diferente de la novela, que se lee con dificultad —la obra de teatro, de 1904, en cambio, es más ágil— por las largas escenas que la componen y las innecesarias acotaciones, que, a veces, incluyen largos párrafos, muy poco funcionales, la verdad, pues cuando se llega a los diálogos que aquéllas esclarecen, los lectores por lo general las han olvidado. Además, el personaje central de la historia, el viejo conde, es muy poco atractivo. Es verdad que ha sido golpeado por la vida, perdiendo todo su poder y dinero, pero la manera como defiende el pasado en lo peor que éste tiene, es decir, en los prejuicios raciales y jerárquicos enemigos del verdadero progreso, hace de él un ser poco amable, y, como piensan de él los vecinos de Jerusa y hasta el propio prior de Zaratán, tal vez sea un «demente» disociado del mundo moderno, que sólo vive para fastidiar a gente que lo respeta y quiere, con sus convicciones extemporáneas y prejuiciosas.

Pero acaso el defecto principal de esta historia sean sus larguras excesivas, y la prosa en que está escrita, un lenguaje que, a la manera del viejo conde, suena anacrónico y hasta irreal, con los excesos retóricos del anciano, cuya suficiencia aplaca y a menudo hace olvidar al resto de personajes: su egolatría es tan desmedida que borra a todos los que lo rodean.

Ésta es una novela que nunca despegó y que debe considerarse entre las menos exitosas que escribió Pérez Galdós. Sin embargo, el tema lo apasionaba, y la versión teatral que hizo en 1904 funcionó mucho mejor que la novela y tuvo bastante éxito con el público.

Casandra (1905)

Casandra, novela que tiene la hechura de una obra de teatro —otra más y de las menos exitosas—, la escribió Benito Pérez Galdós en Santander, en la casa de San Quintín, que se había construido en ese balneario. Le tomó redactarla unos tres meses, entre julio y septiembre de 1905, según está fechada en la última página del manuscrito. Es una obra larga, escrita de prisa, con muchas caídas en el lenguaje supuestamente romántico, algo ridículo en verdad, que trata de explicar el control que tenía la Iglesia católica sobre la riqueza de alta alcurnia en España en el siglo XIX y el estrecho contubernio que guardaba aquella institución con la nobleza de fortunas más sólidas.

Comienza en el palacio de Tobalina, donde doña Juana, personaje central de la historia (en su vida, en su muerte y hasta en su improbable resurrección) a quien ha venido a ver un conjunto de parientes, conversa con dos criadas, Pepa y Martina, mientras éstas la visten. Ella las trata bastante mal, sin darse cuenta; dice ser muy religiosa, al extremo de leer sólo libros sagrados para espantar las tentaciones. El esposo de doña Juana, don Hilario —marqués de Tobalina—, falleció no hace mucho y su viuda ha tomado desde entonces el control de los asuntos económicos de la familia.

Llega Insúa, que se ocupa de manejar los bienes cuantiosos de doña Juana desde hace cerca de treinta años. La marquesa de Tobalina le indica las cantidades que se deben dar a todos los pedigüeños y entre ellos aparece de pronto el nombre de Casandra. Es madre de dos niños y vive (sin casarse) con Rogelio, a quien doña Juana considera un libertino criado sin ley y sin Dios. Siguen llegando parientes, como Alfonso de la Cerda, marqués del Castañar, su mujer e hijos. Él trabaja la tierra seca de Castilla y doña Juana se burla de sus esfuerzos, pues le dice que Castilla ha dado siempre santos y guerreros pero nunca labradores.

Los sobrinos acosan a doña Juana, a quien su marido ha dejado una fortuna colosal, y por eso la rodean y persiguen. Ismael es el sobrino más ávido. En cambio, Alfonso desprecia toda aquella corte de la futura herencia que vive adulando a la anciana doña Juana con la esperanza de que les legue a los sobrinos y parientes lejanos algo de los restos de aquella gran fortuna.

Sigue el interminable besamanos a doña Juana, a quienes sus innumerables parientes pretenden heredar. Todas las mujeres presentes se sienten muy católicas ante ella. Aparece Zenón de Guillarte, bufón que aspira a ser usurero a condición de que su tía, doña Juana, lo dote de un «capitalito». Se trata de un boca larga, payaso y vividor. Entre la turbamulta asoma Rogelio, que ha estado oyendo el sermón de un cura. Se tiene la impresión de que toda esta masa de gente va a misa y oye los sermones pero, cuando están solos y no los oye doña Juana, pierden la fe y se burlan de la Iglesia y de los curas.

Entre esa multitud de parientes se halla Rosaura, una mujer muy distinta; confiesa ser amiga de Casandra y habla con cariño de los dos hijitos de ésta. En cambio, Clementina adula a doña Juana y habla muy mal de aquella descarriada. Doña Juana, beata insufrible, vive en estado religioso y todo lo que dice y piensa de alguna manera se refiere siempre a la Iglesia y a la fe.

Aparece la bellísima Casandra, amante de Rogelio, padre de sus dos hijos; éste es un hombre elegante, que lleva sombrero y guantes. Doña Juana ha hecho llamar a Casandra y la recibe como a una reina bárbara. Y de inmediato la ofende, hablando pestes de Rogelio, su pareja. Pero además y en el acto se ufana de pagarles las deudas que contraen. Luego de salir de esa audiencia, en un parque, Casandra, enferma de cólera, echa a llorar.

Los marqueses del Castañar, don Alfonso y Clementina, que son agricultores, disienten de las últimas decisiones de doña Juana, a la que, cuando nadie los oye, llaman «loca» e «insensata», pues se enteran de que la vieja señora ha despedido a Insúa pese a llevar con ella más de tres décadas. Doña Juana exige a Rogelio que deje a Casandra para cumplir con el testamento que legó don Hilario, quien le entregó dos millones de pesetas. Comentan con horror que doña Juana pretende quitar los dos hijos a Casandra, para darles una educación sólidamente cristiana. Cuando regresan a su casa, Rogelio y Casandra tienen dolores de cabeza y hablan de diablos, en los que ambos creen. La pareja detesta a doña Juana, pero no puede librarse de ella en razón de sus deudas. La escena en la que un personaje más bien repugnante, aliado y vividor de los curas, llamado Cebrián pregunta a la pareja «si quiere salvarse» es literalmente abominable: el personaje no tiene salvación, es un oportunista y un cínico.

Aparece también Nebrija, primo de doña Juana. La descripción que hace la novela de este personaje es muy divertida y, la verdad, luego de tantas páginas de misticismo y cinismo, el lector siente que respira un poco de aire fresco.

Insúa informa a los marqueses del Castañar —Alfonso y Clementina— que doña Juana, en vez de legar la herencia a sus parientes, la ha consagrado a Dios Padre, y que ella va a retirarse a un convento de hermanas franciscanas a esperar la muerte. Clementina, al oír esta noticia, se desmaya, y luego, cuando recobra la conciencia, se pone histérica. La rodean Alfonso, su marido, y sus hijas María Juana y Beatriz. Aparece la Navalcarazo, quien no cree que la reacción de Clementina sea muy grave. Aparece también Zenón de Guillarte en casa de Alfonso, que ha comenzado a aprender a ser pobre. Clementina duerme. Alfonso dice que se hará pastor de ovejas. La Navalcarazo pide un té. Alguien pronostica que doña Juana se morirá pronto.

La Jornada III comienza en casa de Ismael y Rosaura, y su nube de hijos e hijas. Lo más interesante es la reacción de los jóvenes cuando su padre les dice que ha soñado que se veía forzado a hacerlos religiosos. «Queremos ser hombres», le confirman, «no curas». Todo parece un caos simpático en esta familia. Ismael habla con su hija Corrita y como siempre el tema es el dinero. Corrita ha oído que si se muere la tía Juana la familia recibirá de nuevo seis millones.

Siguen los problemas de esta pareja, intercalados con los cariños que recibe la niña Corrita de su padre Ismael. Toda la angustia depende (como casi siempre en la España del pasado) de una herencia, en este caso de la tía Juana. Da la deprimente impresión de que los jóvenes sólo esperan heredar para salir de pobres y ser ricos; la idea de un trabajo creativo y próspero no se les pasa siquiera por la cabeza.

Ismael, alborotado, habla de dos dioses: el de los ricos y el de los pobres. Está desesperado, fuera de sí. Sale de la casa dando gritos (él y Rosaura tienen ocho hijos). Llega Alfonso, también escandalizado por la noticia. Anuncia que doña Juana ha comenzado ya su mudanza al convento de Medina de Pomar. Llega Casandra. Todos están sacudidos hasta los huesos por la decisión de doña Juana de dedicar su herencia «a Dios Padre». Son, se diría, un caso de parasitismo colectivo.

Rosaura informa a Casandra de las intrigas de doña Juana. Va a darle a Rogelio dos millones de pesetas para que se case con Casilda Nebrija, según pidió don Hilario antes de morir. La condición es que los abandone a ella y a sus hijos. Y a Casandra le legarán diez mil pesetas, siempre que acepte abandonar a sus hijos para que reciban una estricta formación cristiana. Casandra sabe que Rogelio se someterá a esta decisión de doña Juana, y ella misma acepta quedarse con las diez mil pesetas. Toda la vida de Madrid parece en la novela manchada por la corrupción religiosa.

El entierro de doña Juana, en la iglesia patriarcal de Santa Eironeia, es un acto de destreza de Pérez Galdós; está muy bien logrado, aunque, por desgracia, no alcanza a darle al resto de la novela un argumento general más elevado. Pero lo cierto es que esas voces múltiples que describen las vanidades de los ricos y las angustias de los pobres funcionan muy bien y convencen al lector. Nadie parece tomar muy en serio la religión, pero todos la practican, como ahora en España y en América Latina. Cabe preguntarse si también fue así en el pasado. En todo caso, es el mejor capítulo del libro y si todas sus páginas tuvieran la fuerza y el desgarro que tiene, *Casandra* sería una gran novela. Por desgracia, no lo es.

La adaptación al teatro de esta novela, que se estrenó en 1910, ocurre en un plano realista y sin los engendros metafísicos del final, y debería haber funcionado mejor. El resto de capítulos de la novela está lejos de alcanzar la dinámica que tiene éste y a veces resultan largos y hasta aburridos por su insistencia en la crítica a la sociedad madrileña, que es acusada una y otra vez de ociosa y que, sin embargo, encuentra en los tesoros de la Iglesia la manera de mantenerse y enriquecerse. Aunque fuera realmente así, la insistencia de la novela en este punto la vuelve algo demagógica y chabacana. Las críticas son más eficaces en la literatura cuando emanan de los mismos sucesos, como un veneno que supura de las cosas que ocurren.

La escena entre Casandra y su abogado defensor, el doctor Ríos, muestra a éste como una persona bienintencionada, generosa e idealista, sobre todo cuando recomienda a Casandra que sea muy prudente en el juicio. En cambio, el siniestro Cebrián, en la siguiente escena, aparece como un cristiano fanático y aprovechador, convencido de que en el juicio Casandra perderá a sus hijos y que éstos, a partir de entonces, serán educados por la Iglesia como buenos cristianos.

La escena del abogado y Casandra es bastante sobria; pero después vienen cursilerías indigeribles entre las hermanas Rosaura y Casandra, pese a las buenas noticias que trae aquélla para ésta. Todo el buen efecto del entierro de doña Juana se viene abajo con estas páginas en las que una pequeña luz en la oscuridad de las vidas de los personajes es celebrada con tanto estrépito y exceso que pierde su fuerza y se convierte más bien en un lastre, que empobrece y vulgariza lo que había antes de vivo y original en el relato.

La Jornada V comienza en el Retiro, donde hay una *kermesse*. Damas elegantes y algo llamativas se pasean preguntándose si los jueces absolverían a Casandra o la condenarán. Nadie lo sabe todavía; y es claro que la sociedad está partida en dos al respecto. El repelente Cebrián, que aquí tiene un apodo diabólico, Baalbérith, entre tanto, va a pedir a los marqueses del Castañar un millón de pesetas que, según él, iba a donar doña Juana para la fundación de una universidad. Alfonso y Clementina se niegan a darle ese dinero, pero el lector tiene la impresión de que, tal como andan las cosas en esta sociedad, su negativa no durará mucho tiempo y que al fin cederán.

Zenón de Guillarte asombra a sus amigos Ríos e Ismael contándoles los trucos de que se valen los ricos católicos para apoderarse de la herencia de doña Juana, con pretextos de Iglesia.

Rogelio visita a Casandra en la cárcel; deciden casarse, aunque Rogelio dice que esto no significa que abandone su creencia en las ciencias ocultas. En lo que parece un verdadero salto cualitativo a un mundo onírico, unos personajes misteriosos, nocturnos y silentes como murciélagos, entre los que hay un Moloch y un Thamuz, que se desplazan por el aire como los zancudos, hacen cálculos para saber cuánto habrán cobrado de la herencia de doña Juana con pretextos religiosos y concluyen que varios millones de pesetas. Ésta es una de las peores escenas de la novela; aunque pretende ser sobrenatural, un asomo hacia el más allá, el efecto es más bien un espectáculo circense, de pura pantomima, en el que hay números de magia que simulan, este adjetivo es importante, lo «sobrenatural».

En la sacristía de Santa Eironeia, Clementina cree ver (o acaso ve), entre los mendigos, a una aparición: doña Juana. Muy viejecita y muy humilde, parece muy a gusto rodeada de esos miserables a quienes los vecinos echan las sobras y los desperdicios con que ellos se alimentan. Entonces, ante esta visión, Clementina se desmaya. División entre los ultras católicos: ¿se trata de una imagen celestial?, o ¿más bien se debe a una confusión o acaso a un accidente? O tal vez sea un verdadero milagro. No se ponen de acuerdo. Este tema, si la aparición de doña Juana es cierta o un efecto de lo imaginario, ocupa los últimos capítulos de la historia.

Parece que Casandra recibirá sólo una sentencia generosa, que la tendrá solamente un año entre rejas. Ella agradece a Rosaura su ayuda y la declara «santa»; Casandra ya se ha casado con Rogelio, de modo que se sentirá más respetada cuando salga otra vez a la calle.

Pero en los dos últimos episodios la novela parece saltar a un plano entre maravilloso y celestial, pues aparecen, segregados por la noche, ciertos personajes demoníacos, diablos mismos con nombres tomados del Viejo Testamento, que flotan sobre las cabezas de los personajes sin que nadie se explique qué función cumplen allí; aunque, obviamente, no muy importante; más bien, constituyen un espectáculo de magia negra, que provoca más la risa que el espanto. Así termina la novela, sin pena ni gloria.

El caballero encantado (1909)

La última novela que Benito Pérez Galdós escribió, o probablemente dictó, pues ya había experimentado una operación en los ojos que, en cierto modo, de nada le sirvió, pues sus problemas con la vista aumentaron en vez de ceder, está fechada en «Santander-Madrid, julio a diciembre de 1909» y se titula *El caballero encantado*.

Es, digámoslo de prisa, un disparate simpático con el que Pérez Galdós se despide del género novelesco. Ya estaba, en esa época, muy metido en el teatro, en el que había alcanzado un éxito indiscutible y había comenzado a ganar unos derechos de autor que las novelas y los incesantes artículos nunca le depararon. Debió de dictarla porque ya no estaba en condiciones de escribir, con sus problemas de la vista que lo llevarían en los últimos años a la ceguera; se advierte en el texto por el carácter algo caótico y desordenado de algunos capítulos. La estructura es muy tradicional, pero, la verdad, la historia no tiene gracia alguna, salvo la de páginas escogidas, y casi todo es en esta novela de segundo orden, empezando por la idea del «encantamiento» de que es víctima el protagonista hasta algunos de los episodios que vive el «encantado». Nada es realista ni llegan a constituir una gran aventura las experiencias que viven el personaje y algunos otros junto con él: se quedan en aventuras más o menos sórdidas y por lo general difícilmente creíbles.

Don Carlos de Tarsis y Suárez de Almondar, marqués de Mudarra, conde de Zorita de los Canes, un «señorito muy galán y de hacienda copiosa», es el personaje principal. Se quedó huérfano a los veinte años de ambos padres. Se deshizo del clérigo que lo tutelaba y se dedicó a las damas. Viajó por Europa y se enroló en una orden de caballerías. Pese a la presión de sus parientes, resistió casarse con la fea niña de Mestanza, que era bastante rica.

Se trata de un don juan, con hijos naturales «por decenas», y sus aventuras suelen ser celebradas por sus amigos Becerro y Torralba como gracias. Le gusta el juego y se dice que por culpa de esta afición ha contraído muchas deudas.

Este personaje casquivano y frívolo se ve de pronto sometido a un caos de prestidigitación y magia negra, presidido por el mago Merlín y su «manceba» Bibiana, donde nada es lo que parece, pues vuelan ventanas y puertas, retrocede el tiempo y suceden milagros espectaculares, como la aparición de un manuscrito escrito por Merlín para la encantadora Bibiana.

Aquí la historia experimenta un salto cualitativo, pues hasta entonces transcurría dentro de un realismo algo monótono y, a partir de ahora, en cambio, salta a una realidad convulsiva y disparatada que obedece a leyes mágicas, capaces de cambiar el estatuto de los seres humanos. Es lo que le ocurre a don Carlos de Tarsis, que, en el siguiente capítulo, ha experimentado una extraordinaria transformación: ahora se llama Gil y vive, siglos atrás, como un simple campesino. Está en Aldehuela de Pedralba, situada cerca de la sierra de Guadarrama, y el patrón al que Gil pertenece, don José Caminero, honradísimo y esclavo del trabajo, tiene una esposa, Eusebia, veinte años menor que él. Ambos crían a un hijo llamado Pepe.

Tarsis ha perdido la memoria y sólo recuerda las cosas que vive en el presente, nada de su pasado. En su nueva y mísera vida, tiene un perro, llamado Moro, que no se aparta de su lado. Los amos aprecian, sobre todo, el silencio de Gil: «No descansaban, no vivían; cada hora, preñada de inquietudes, paría en sus últimos minutos las inquietudes de las horas sucesivas».

Los amos y el sirviente van al mercado de Pedralba. La señora Eusebia engríe a Gil, y se sorprende de que éste no haga caso a las mozas, que sueñan con casarse con ese joven tan guapo. Se ha adaptado bien a la vida del campesino tradicional, inmerso en rutinas inmemoriales. Cuando la señora Eusebia le pregunta por qué no se casa, él le responde misteriosamente que «antes era el ganar que el enamorar».

Poco a poco Gil va recordando su antigua personalidad. Un día descubre que sabe leer. Ese mismo día le viene a la boca su nombre: «Soy don Carlos de Tarsis». Pero, a pesar de ello, se ha identificado con su nueva personalidad, así como con las actividades de la vida campesina tradicional. Y está contento con su suerte.

En eso llega don Gaytán de Sepúlveda, terrateniente y prestamista, que hace firmar a don José y Eusebia unos papeles gracias a los cuales a la larga se quedará con su pequeña finca. Y también se lleva a Gil. Éste goza con los trabajos que tiene como pastor. Conoce a Sancho, que lo pone al día en el oficio. Y, luego, Gil-Tarsis descubre a una señora inmortal, que lo alecciona como una madre y le dice que se pone a sus órdenes si necesita un consejo.

La Madre es un personaje complejo, pues tiene algo de la Virgen María y de alguna santa aunque no lo sea ella misma, pese a tener alguno de sus poderes, sino más bien una sucedánea. Reaparece poco después.

En los tiempos de Poncio Pilatos, según dice en un diálogo revelador con Gil, le cuenta que su transformación se debe a Becerro, su amigo erudito. Gil le agradece que le haya hecho conocer ciertos detalles de aquella historia antiquísima. Continúa el coloquio entre Gil y la Madre, convirtiéndose en un diálogo teatral. Es algo interminable y en él ocurren multitud de experiencias, hasta los cantos del final, donde todos los pastores reconocen y cantan a la señora aparecida.

Se produce un cambio de dueños y, en su nuevo trabajo, Gil descubre a Cintia, que, en verdad, se llama Pascuala. Ella se sorprende pero, poco a poco, va cediendo y por fin acepta que Gil la acompañe hasta su casa. Gil vive el amor verdadero con esta bella muchacha.

Cintia y Gil se ven de tarde en tarde. Un día, ella llega muy asustada: sus tíos han descubierto sus amores y están horrorizados de que ella ande enamorada de un gañán primitivo y que además se dedica a cortar piedras (pues ejerce también el oficio de picapedrero). Los tíos de Pascuala se empeñan en separarlos. Gil dice que partirá con ellos adonde vayan, ya que está decidido a casarse con la muchacha. Ella ha estudiado para ser maestra y está a punto de recibir una escuelita.

Gil, persiguiéndola, va a Matalebreras y de allí a Suellacabras. Conoce en el camino a un hombre que lleva una ardilla a cuestas y que es farandulero o comerciante al por menor —lleva y trae cosas que le encargan y conoce toda la región gracias a sus andanzas—. Se llama Cibico y es uno de los personajes más atractivos de esta historia. Comparten un trozo de camino y llegan juntos a Matalebreras y Suellacabras, donde Cibico ayuda a Gil a encontrar a Pascuala. Ella está muy angustiada porque su tío ha dado parte a la Guardia Civil para que arresten a Gil. El tío Saturio tiene la obsesión de que las sierras del lugar esconden piedras preciosas y joyas valiosísimas.

Gil y su amigo Cibico emprenden el camino hacia Numancia. Gil aspira siempre a ver a la Madre en cada monte que atraviesan. Su amigo lo pone en contacto con un comerciante de antiguallas. Cuando se separan, cae una gran tormenta y las descripciones del paisaje en estas páginas son muy bellas: se diría que el papel mismo transmite las sacudidas y los perfumes de las flores.

En las ruinas de Numancia, Gil encuentra a Becerro, a quien llama don Augusto; se ha convertido en un sabio arqueólogo, erudito y gran conocedor de aquellas ruinas y de su historia. Digamos que también se ha vuelto medio loco él mismo. Hay unas páginas muy divertidas en que Gil y Becerro conversan sobre los muertos de Pompeya. Los párrafos que describen cómo un león sale a rugir entre las piedras de Numancia —un lugar luciferino y fantástico— están muy bien escritos y son, acaso, los mejores del libro, que, como muchas otras obras de Pérez Galdós, peca de falta de coherencia y continuidad, con acusados contrastes entre la excelencia y la vulgaridad de algunas páginas.

Aquí aparece Regino, un guardia civil que quisiera casarse con Pascuala, la que lo ha deslumbrado; pero, al conocer que ya está comprometida con Gil, muy caballeroso renuncia a ella.

Cintia o Pascuala ha recibido por fin la escuelita donde va a enseñar en el pueblo de Calatañazor. Hasta allí llegan Gil y Cibico y comienzan a preparar la fuga de los novios. Pero ocurren dos milagros que lo impiden: una luz todopoderosa que brota en medio de la noche y la convierte en día y una nube de chiquillos que rodean a Cintia y le impiden fugarse con su novio.

Luego de esa noche de desvaríos, en que los niños impiden la fuga de Pascuala, la ardilla huye de Cibico y éste, enloquecido con la pérdida, busca al animalito en la intensa luz que ha surgido de pronto, iluminando la noche. Gil está maravillado con esas apariciones y desapariciones de la luz. Entonces, por fin aparece la Madre, que los acompaña en su recorrido del horrible pueblo de Boñices, reino del hambre y de la enfermedad. No hay humor alguno sino ruinas humanas y derrotismo general, enfermedades, hambre y muerte por doquier. En sus calles se oye gran cantidad de dichos y refranes que se burlan de esa miseria y fallecimiento en que viven todos los pobladores; Gil está maravillado con lo que ocurre a su alrededor.

Entre tanto, Gil ha encontrado un hombre-animal que lo desafía a batirse y a quien aquél lanza al abismo, destrozándolo. El hombre-animal se llamaba el Zurdo Gaitín y era, por desgracia, un ser importante en la región. Aquí aparece un personaje tan divertido como difícil de nombrar, nada menos que don Alquiborontifosio, a quien el narrador llama más simplemente don Quiboro. Entonces el relato se interrumpe, pues, según el narrador, hay una desaparición de varias páginas del libro antiguo del que tomaba esta historia, y los detalles de lo ocurrido se han extraviado. Hace su reaparición, luego, Cibico, que ha estado rastreando la comarca en busca de su ardilla, la que, después de pasar por varios dueños, está ahora en manos de las monjas carmelitas de Almazán.

Recaen las sospechas sobre Gil por la muerte del hombre-animal de Numancia. Huyen, pero la Guardia Civil les da el alcance debido a aquella muerte y por la desaparición de Cintia o Pascuala. La Guardia Civil detiene a los prófugos. Regino se lleva a la muchacha a su casa y Gil, que ve esto como impotente —ni más está decir que insulta a Regino como a un traidor—, se declara asesino de Zurdo Gaitín.

En el calabozo Gil encuentra un hombre generoso y caritativo con el que comparte pan y queso, y una manta para combatir el frío de la noche. Gracias a un gran incendio que estalla en las sombras nocturnas, los presos pueden escapar de sus celdas.

En el corral de un pueblo horrible, Pitarque, ocurren tragedias tremendas. Gil reconoce a los volatineros de Matalebreras y vuelve donde don Quiboro, que le señala unos asientos de paja y lo invita a sentarse y conversar. Aparece también don Tiburcio, otra «víctima de la justicia».

Gil se entera en estas páginas de cómo los fallos judiciales se encarnizan con los pobres y las mil y una formas de que los jueces se valen para condenarlos; aquí el testimonio de Becerro es indispensable, pues ha caído en las manos del poder judicial, que se ha encarnizado con él atribuyéndole toda clase de delitos. Gil cree reconocer a la Madre en una viejecita en ruinas que, le dice ella, «más soy tu abuela que tu madre».

Los prófugos caen otra vez en manos de la Guardia Civil. Al reconocer a Regino, Gil lo insulta y le

dice: «Me quitaste a mi mujer y ahora a mi Madre».
Don Quiboro fallece en el trayecto. Gil y la Madre
tratan de escapar de los guardias y éstos les disparan
con sus fusiles y previsiblemente los matan.

En su recorrido de esa noche interminable llegan
otra vez a Calatañazor, donde Cintia sigue siendo la
maestra. La Madre aconseja a Gil que la rapte si es que
la quiere para sí.

La reaparición de la Madre llena de paz el espíritu
de Gil. Ambos hacen un conmovido recuerdo del
maestro don Quiboro y otro de Becerro, preso por
robar dos cebollas con que alimentarse. En la plenitud de la noche la Madre y Gil (o Tarsis) se echan a
nadar en las aguas del río Tajo.

De esas aguas los rescatan unos marineros, que
llevan a Gil a un palacio circular donde todos los mozos van uniformados y le sirven una cena exquisita.
Allí aparece Cintia, que sale maravillosamente de un
espejo, y Tarsis o Gil le escucha decir que ha estado
con la madre de Regino y que, contrariamente a lo
que él creía, éste se ha portado con ella como un caballero.

Tarsis vuelve al palacio encantado del Tajo con
el espíritu más animado luego de hablar con Cintia.
Y una de las criaturas con las que comparte el palacio
de las aguas le pronostica que pronto conocerá la libertad. Tensa espera. Por fin, un día pueden salir del
palacio del Tajo. Lo hacen y Gil-Tarsis y Cintia pasan juntos un día maravilloso. Pero Gil se aburre
mucho en el palacio de las aguas. Un pececillo le dice
que es posible escapar de allí. A él lo entusiasma sobre todo la posibilidad de volver a ver a Cintia y recordar juntos las aventuras y desventuras que han
pasado.

El final de la historia es previsible. Tarsis retorna a su realidad, en el siglo XIX, y encuentra a Cintia, una joven norteamericana que lo ha estado esperando. Ha tenido un hijo de él que se llama Héspero en homenaje a la Madre, que ambos veneran. Son muy ricos y algo nos dice que pronto olvidarán, en la elegante vida que llevan, esa experiencia de la España eterna y profunda que han vivido gracias a su pasajero encantamiento.

La novela, aunque larga y con muchos personajes, es muy poca cosa, salvo algunas descripciones de paisajes en las que Pérez Galdós solía brillar. Está escrita en partes en un lenguaje antiguo, para dar idea de una época ya extinta, en la que se explicaba a los lectores aquello que se iba a contar y se los guiaba espiritualmente para que la lectura fuera, además de entretenida, provechosa. Pero Pérez Galdós no era consistente en esto y a menudo se aparta de aquella forma anticuada y la prosa no se distingue de la de otras novelas contemporáneas del autor. En todo caso, la historia no tiene muchos pies ni cabeza, y se termina de manera tan abrupta como comenzó, sin tratar de persuadir a los lectores de la realidad de aquello que cuenta, como si tampoco importara demasiado. Es un ejercicio de estilo más que una novela, en el que los defectos prevalecen sobre los buenos momentos de invención y de escritura en los que el lector descubre que hay algo como un orden mágico y secreto por debajo del frenético desarreglo que tiene bajo los ojos.

Da la impresión de que éste fue un libro escrito a vuelapluma, sin orden ni concierto, sin la menor coherencia, casi un ejercicio de escritura automática, en el que hay algunas páginas brillantes y entretenidas pero otras de densa lentitud y sin mucho interés. Casi un borrador, que merecía más trabajo y correcciones pero que fue a la imprenta a medio hacer.

El teatro

Realidad (1892)
(Drama en cinco actos y en prosa)

Ha contado Pérez Galdós, en *Memorias de un desmemoriado*, cómo, estando una tarde en el Teatro de la Comedia, entró el autor y director Emilio Mario hecho un verdadero torbellino y, en cierto modo, le dijo al paso que había oído que su novela *Realidad* podía ser llevada al teatro. Le rogó que hiciera la adaptación, y partió.

Pérez Galdós se puso a trabajar de inmediato —ya sabemos que su primer amor había sido el teatro— y de esta manera realizó uno de sus mejores intentos teatrales, que se estrenó en el Teatro de la Comedia el 15 de marzo de 1892.

En sus obras completas de teatro figuran piezas primerizas que no se llegaron nunca a estrenar, y que no valían gran cosa, como *Quien mal hace bien no espera*, de un solo acto, escrita en verso, y *Un joven de provecho*, en cuatro actos y en prosa, que tampoco subió nunca a las tablas, obras, repito, de poco calado intelectual de las que precisamente por eso no vamos a hablar.

Dicho sea de paso, los guiones teatrales no sirven de gran cosa, salvo que tengan gran calidad literaria como los de Shakespeare y Molière, y, entre los más modernos, los de Bertolt Brecht o Samuel Beckett, para citar a dos autores contradictorios, porque en ese estado se hallan inconclusos; su vocación natural es convertirse en espectáculos.

De manera que en este ensayo sólo vamos a ocuparnos de las obras teatrales representadas de Benito Pérez Galdós y no de los guiones que nunca subieron a las tablas. Como veremos, son muchas, y, dicho sea al pasar, significaron la interrupción de sus *Episodios nacionales*, porque desde aquellos años se orientó hacia el teatro más que a las novelas.

En el primer acto de *Realidad*, que ocurre en una sala lujosa, en la casa de Orozco, está muy bien representada la sociedad madrileña y un puñado de sus políticos, la buena vida que llevan y sus intrigas, enredos, vicios y amoríos; un carrusel de personajes circula por este recinto desde el cual se divisa, por una parte, la sala de billar en la que se divierten los caballeros y, por otra, una esquina del escritorio donde trabaja el esforzado marqués.

Éste ha dado el beneplácito a la boda de su hija Augusta con Joaquín, de quien es buen amigo. Al fin del acto, se advierte que esta boda interesa poco a aquélla, que tiene otro novio de quien está perdidamente enamorada. Después se sabrá que se trata de Federico, que es ya su amante, y quien, pese a su fama de don juan, tiene remordimientos, pues Augusta está casada con un íntimo amigo suyo, nada menos que Orozco.

En el tercer acto, el padre de Clotilde y Federico Viera, llamado Joaquín Viera, un sujeto algo siniestro y que despierta grandes antipatías en Augusta, viene a visitar a los Orozco. En realidad viene a hacer un negocio. Acaba de comprar, por poco dinero, una obligación que, años atrás, Orozco había olvidado cancelar, y don Joaquín pretende obtener por ella una buena cantidad de dinero. Pero Orozco se niega a pagarle lo que pide y Viera debe transar con recibir por aquella obligación la cantidad de sólo mil doscientas libras. Más tarde, Orozco confesará a su mujer que ha retenido el resto de la obligación —unas seis mil ochocientas libras— con la idea de favorecer a Federico y a Clotilde con un fondo que los tendrá a salvo de las dificultades económicas que ahora atraviesan. Augusta (que, no lo olvidemos, es amante de Federico) sólo tiene lisonjas y admiración ante semejante generosidad de su marido.

La obra de teatro está mucho más ajustada a la realidad concreta que la novela, va a lo esencial, el retrato de la alta sociedad madrileña en lo que tiene de más frívola y superficial, y también de interesada y contradictoria, sobre todo en el caso de Federico, a quien vemos, en el acto tercero, en estado conflictivo y enfermo, con indicios de locura y la intención de matarse. Celebra, en su casa, un diálogo con Leonor, la famosa Peri de la noche madrileña y buena amiga suya, en el que ésta desliza que Augusta, su amante, podría ayudarlo más, e incluso con dinero, ante el espanto del propio Federico.

Pero tal vez lo más interesante de este acto es el encuentro de Federico con Orozco, en el que nos enteramos de que aquél ha rechazado el seguro que este último le había preparado, y, mostrándole un revólver, le confiesa su intención de quitarse la vida.

Esto se ve claro cuando aparece en casa de Federico la esposa de Orozco, es decir, Augusta, su amante.

Ella viene con la intención de pasar un buen rato y encuentra a Federico completamente alterado, con síntomas de perturbación mental; finalmente, aquél se encierra en un cuarto y Augusta oye un tiro: Federico, que no era un modelo de hombre ni mucho menos —albergaba prejuicios sociales contra el novio de su hermana Clotilde, Santanita, por ser éste un trabajador modesto, sin apellido, sin fortuna y sin vínculos con la alta sociedad—, se ha suicidado.

En el acto quinto se trata de borrar las huellas de este suicidio. Nos enteramos que Infante ha ayudado a Augusta a convencer a las criadas que no declaren nada de lo que han visto, con lo que aquélla está ya más tranquila. Pero en eso llega Orozco, que, luego de la partida de Infante, va a tener un largo diálogo con su mujer —el plato fuerte de la obra—, en el que trata por todos los medios de que ella confiese sus amoríos con Federico, algo a lo que Augusta se resiste. Hasta que, al final, ésta se va a dormir y Orozco se queda, frustrado, sin haber conseguido esa última confesión de su mujer.

La aparición, en última instancia, de la cara de Federico, ante la cual Orozco hace una venia fraterna y generosa de perdón, es un tanto dudosa para los espectadores. A mí, al menos, no me gusta, pero en las reseñas de la obra da la impresión de que al público en general sí le gustó este final melodramático.

En todo caso, esta adaptación de *Realidad* al teatro fue fundamental para Pérez Galdós, pues vino a materializar el viejo sueño que alentaba desde su juventud y que marcaría los próximos y últimos años de su vida. Tuvo bastante éxito en su versión teatral y a él lo lanzó en una carrera dramática de la que nunca se arrepentiría.

La loca de la casa (1893)
(Comedia en cuatro actos)

Esta obra, la primera que escribe Pérez Galdós en su madurez íntegramente para las tablas, se estrenó en el Teatro de la Comedia, en Madrid, el 16 de enero de 1893, es decir, casi al cumplirse un año de su adaptación de la novela *Realidad*. La obra fue un fracaso, según algunos críticos —otros la alabaron—, pero, creo yo, en razón de que se anticipó a los acontecimientos, pues si se hubiera estrenado en nuestra época, dominada por el feminismo más radical, hubiera tenido probablemente más éxito de lo que las circunstancias de entonces le permitieron alcanzar.

Cuenta la historia de un lugar inventado, Santa Madrona, en los alrededores de Barcelona, donde una familia de títulos nobiliarios —la preside la marquesa de Malavella— y otra, importante, la del señor Moncada, pero venida a menos y ahogada también por las deudas, están sometidas ambas a una irremediable decadencia. Hay, frente a ellas, un personaje pionero, hijo de un carretero, que estuvo de niño a cargo de la familia Malavella, que lo llamaba entonces Pepet. Pero luego se ha formado en México y en California, donde aprendió a trabajar día y noche, y donde probablemente adquirió el apetito del dinero. Se llama ahora José María Cruz.

En el polo opuesto de aquellas familias, el antiguo Pepet es ahora un hombre de acción y de trabajo, ahorrativo, cuidadoso de los gastos, que no vacila en laborar mano a mano con sus propios obreros, pues tiene el éxito económico como paradigma de su vida. Desprecia a los frívolos, a los que considera parásitos sociales. Y, cuando comienza la obra, está consiguiendo hacerse rico, pues ya ha acumulado una pequeña fortuna. Frente a aquellas familias, muy católicas, este personaje, que despotrica de los curas y no parece creer en el más allá, desentona nítidamente y tanto la marquesa y sus parientes como los Moncada lo desprecian y consideran un salvaje. Él, en cambio, se jacta de detestar «a toda la caterva de frailes, clérigos y beatas, cualquiera que sea su marca, etiqueta o vitola».

Pero José María Cruz está enamorado de una de las hijas del señor de Moncada, Gabriela, «la única mujer del mundo con quien yo me casaría es ella...», dice. Cuando José María Cruz le pide matrimonio y ella lo rechaza, el hombre de acción queda muy sorprendido y naturalmente frustrado. Aquí ocurre una de las sorpresas que se lleva el espectador.

Gabriela, hija del señor de Moncada, aspira a ser una monjita del Socorro, que, luego de un tiempo en la orden, profesará, es decir, hará los votos permanentes que para siempre la atarían a aquella congregación. Sin embargo, Gabriela, muy preocupada por la bancarrota inminente en que se encuentra su familia, y sobre todo su padre, a quien quiere mucho, decide, en un acto de gran audacia, casarse con José María Cruz, a fin de procurar a sus padres y hermanos una seguridad económica que, piensa, la alianza matrimonial con Cruz le garantiza.

Así ocurre, y lo inesperado es que Gabriela, dentro de aquel matrimonio, se va enterando de los detalles de la vida profesional de su marido, a quien ayuda como secretaria y con consejos en sus múltiples trabajos.

A medida que avanza la obra, el matrimonio de Gabriela y Cruz, aunque ha provocado en la familia del señor de Moncada y en la de la marquesa una cierta pausa en el deterioro y la quiebra a la que ambas están abocadas, estalla. Los esposos se separan. Pero, ante la idea de que Gabriela pudiera estar encinta y de tener descendencia en la mujer que quiere, Cruz se propone reconquistar a su esposa. Entonces, Gabriela saca las uñas. Es una escena que se adelantó a su época, que estaría perfectamente en consonancia en nuestros días con las exigencias del feminismo contemporáneo. Pero, hace un siglo, desentonaba del todo y podía herir las costumbres de la época, incluso de quienes se consideraban más avanzados en el mundo de las reivindicaciones femeninas.

La escena tiene caracteres muy fuertes, sin duda, pues asistimos nada menos que a la humillación y rendición de Cruz. Las exigencias de Gabriela para volver con él son no sólo desmedidas desde el punto de vista económico, sino también ofensivas. Gabriela, que conoce desde adentro el estado de los negocios de su esposo, no le deja escapatoria, y sus exigencias se van acumulando: ella misma será la directora del colegio de párvulos que ha creado su madre; la quinta parte de las acciones del Banco Industrial serán para sus padres; habrá un montepío para los obreros inutilizados durante el trabajo; a cuenta de Cruz se concluirán las obras del asilo creado por la marquesa; y un terreno que guarda recuerdos familiares, a los que la marquesa y los suyos llaman el Clot, deberá volver a esta familia.

José María Cruz termina aceptando todas las condiciones que le impone su mujer para volver con él. Así finaliza la obra, con una victoria —anticipada un siglo antes de que aquello fuera posible y realizable—de lo que en la actualidad tendría muchos más visos de ser consentido y aplaudido.

Pero la época en que fue presentada la obra ante el público, desconcertó a éste y, la verdad, a juzgar por las críticas, que estuvieron muy divididas, gustó según aquéllas a pocos espectadores. La crítica también fue bastante severa con el autor de la obra, pues la encontraba larga y algunos hallaban el estilo demasiado adornado.

Por lo demás, los críticos fueron bastante justos en sus reparos. La obra resulta demasiado larga y se dispersa con facilidad entre la muchedumbre excesiva de personajes. Los familiares y conocidos de la marquesa y del señor de Moncada son demasiado numerosos, así como los personajes ancilares —Eulalia, Jordana, Huguet, Moncada, Jaime, Victoria, Daniel, Lluch—, en tanto que Cruz está solo en la vida como un hongo, y, además, antes de llegar a la gran confrontación entre los antiguos esposos, hay muchas acciones, algunas insignificantes y tediosas.

El lenguaje en que está escrita esta obra es bastante ágil pero, en ciertas ocasiones, monótono, salvo cuando José María Cruz lleva la voz cantante, pues, en su caso, el lenguaje es afirmativo y elocuente, en tanto que los hijos de la marquesa, Jaime y Daniel, tienden a ser parabólicos y excéntricos.

En general, se trata de una obra con más fallas que aciertos y que sólo el enfrentamiento entre Gabriela y José María, que ocurre en el cuarto acto, eleva a una dimensión superior. La obra está escrita de manera previsible, un tanto convencional, aunque, en efecto, a menudo los diálogos se alargan demasiado.

Gerona (1893)
(Drama histórico en cuatro actos y en prosa)

(Adaptación de la novela del mismo título)

Gerona, adaptación de uno de los más conocidos *Episodios nacionales* de Pérez Galdós, se estrenó el 3 de febrero de 1893 en el Teatro Español de Madrid, sólo unos días después del estreno de *La loca de la casa* en el Teatro de la Comedia, el 16 de enero de 1893. No tuvo tanto éxito como la novela, pero lo cierto es que esta adaptación era la que más convenía a una historia que sucede dentro de los límites de un escenario.

La transferencia de la novela al teatro redujo considerablemente las acciones heroicas y pasó a primer plano no la batalla, sino la descripción del hambre que experimentaron los hombres y las mujeres de Gerona —sobre todo los niños— durante el cerco y los ataques de los franceses; y la situación terrible de los heridos, obligados a sobrevivir o morirse en condiciones atroces, sin ser atendidos por médicos o enfermeros y sin vendas ni remedios. La violencia, en la obra de teatro, está sobre todo en la falta de comida y en las enfermedades, más que en los tiros y los cañonazos, aunque éstos, por supuesto, causen también innumerables víctimas.

El doctor Pablo Nomdedeu, del Hospital de Gerona, figura admirable, se pasa buena parte de la obra buscando a su hija Josefina, que ha perdido el juicio y se le escapa en medio de la batalla, salvándose milagrosamente de ser herida o muerta por un tiro perdido. Nomdedeu es un hombre sensato y responsable; piensa que la resistencia al invasor, bien armado y alimentado, no tiene mucho sentido, a pesar de la voluntad de resistir hasta el último instante de la mayoría de españoles, y quienes lo quieren y rodean se valen de toda clase de mañas para evitar que estos resistentes, dispuestos a morir por la patria, lo escuchen.

No sólo los hombres combaten contra los invasores; lo hacen también las mujeres, como la señora Sumta, por ejemplo, que despliega gran coraje en las luchas callejeras. Pero no es ella sola, muchas otras empuñan fusiles o atacan a los franceses, aunque sea con piedras y con latas. También participan los curas, como fray Valentín, y junto a los soldados luchan también los paisanos, aunque no tengan mucha experiencia con las armas. Las monjas de los conventos cuidan a los heridos y tratan de aliviarlos; además, reparten vino a los combatientes.

En todo caso, es el hambre lo que hace sufrir más a los sitiados, y hasta hay una cena de pura fantasía —los platos que se escriben y describen en el menú no tienen existencia real— en que las muchachas y los jóvenes satisfacen sus apetitos con la mera imaginación.

El heroico gobernador de Gerona, don Mariano Álvarez, que ha ordenado fusilar a quien pretenda rendirse, hace una fugaz aparición en la pieza, que se empeña en mostrar el coraje y el entusiasmo con que tanto los militares como los civiles resisten el asalto de los franceses, aunque, al final, la razón se someta ante la superioridad de armas y tropas de los invasores, y se produzca la rendición y la paz.

El énfasis de la adaptación está mucho más centrado en las enfermedades y el hambre de la población civil que en el heroísmo de las acciones callejeras y la valentía de la gente que resiste las embestidas del ejército forastero, cuyo capitán general, el mismo Napoleón Bonaparte, hace una rápida aparición en la obra. También el lenguaje refleja estos cambios; es mucho más breve y ceñido que en la novela; se entiende que los hombres y mujeres hablen de manera ajustada y precisa, sobre todo si están en la calle o desplazándose, para no recibir un balazo en medio de su charla. En el fragor de las batallas hay situaciones insólitas; los oficiales y los muchachos persiguen a las chicas y éstas, convirtiendo la necesidad en virtud, se arreglan y coquetean con ellos como si no estuvieran bajo lluvias de balas. El confinamiento crea situaciones absurdas y, por ejemplo, dos amigos que forman parte del mismo bando —los españoles don Juan Montagut y don Álvaro Castillo— se inventan un duelo para distraer su aburrimiento. Menos mal que, cuando van a batirse, advierten lo demencial de la situación y terminan por abrazarse.

El personaje principal del espectáculo es, sin duda, el médico don Pablo Nomdedeu, del Hospital de Gerona. Hay en él una sensatez que no se deja arrollar por el clima heroico y guerrero de quienes defienden la ciudad si es necesario hasta la muerte; él sabe que aquella pretensión es inútil, que tarde o temprano la ciudad tendrá que rendirse ante la superioridad aplastante de las armas y del número de soldados del ejército enemigo. Y, además, el médico tiene otro dilema: su hija Josefina se ha extraviado y nadie la encuentra. Aunque está horrorizado de que su hija sucumba por una bala perdida, el doctor Nomdedeu cumple con su deber y en las calles atiende a los heridos que todavía pueden salvarse.

El clima callejero es el de un mundo que se desintegra, con cientos de víctimas que no consiguen ser socorridas, quejándose y agonizando entre las ruinas, y, a pesar de ello, prevalece la convicción de la mayoría de que debe seguir peleando, de que hay que resistir aunque los franceses exterminen a toda la ciudad. Son meros desplantes, pero ellos permiten a los españoles resistir muchos días y dejar, por cierto, cientos de heridos y muertos en las calles.

Aunque la versión teatral de la novela no fuera celebrada por la crítica, mi impresión es que ella está muy bien hecha y merecía mejor suerte de la que tuvo, tanto ante el público como en las reseñas de la prensa.

La de San Quintín (1894)
(Comedia en tres actos y en prosa)

(Se estrenó en Madrid, en el Teatro de la Comedia, el 27 de enero de 1894)

Se trata de una obra menor y algo forzada, que sucede en la imaginaria ciudad marítima del norte de España que lleva el nombre de Ficóbriga, ya usada por Pérez Galdós en sus novelas, donde se están celebrando los ochenta y ocho años que cumple don José Manuel de Buendía, amo y señor de la localidad.

Éste es un verdadero patriarca, dueño de minas, de la industria pesquera local, de tierras y fábricas diversas, inmensamente rico. Él mismo administra sus enormes propiedades, está orgulloso del buen orden que las rige y acostumbra compararse con Gladstone, «no hay más que dos casos en el mundo», dice, de longevidad y dedicación a su trabajo. Con tranquila suficiencia, escucha los elogios que le brindan sus empleados, validos y parientes.

Entre las personas que caen por allí a saludarle, se encuentra el marqués de Falfán de los Godos, nada simpático a don José, con quien tiene contraída una deuda que acaba de ser pagada gracias a una herencia. Acaba de llegar de las Caldas y ha visto a doña Rosario, que se ha demorado en la estación. Los asistentes refieren que la inmensa fortuna de don José la heredará una nietecita de él, que está presente en la celebración y se llama Rufina; tiene sólo quince años y sueña con meterse de monja.

Nos enteramos, por una conversación entre el marqués y el notario Canseco, que don César, hijo de don José, tiene un hijo natural, nacido de una italiana llamada Sarah; el muchacho está en Ficóbriga desde hace cuatro meses y su padre quiere reconocerlo, pues ha pedido a Canseco que le alcance el «acta de reconocimiento». Según el notario, el muchacho, criado en el extranjero, «es un hervidero de ideas socialistas, disolventes y demoledoras». Don José lo ha tenido todo este tiempo sometido a una «disciplina de trabajos durísimos, sin tregua ni respiro». Se llama Víctor, está alojado en una fábrica de clavos que pertenece a don José, tiene unos veintiocho años y parece que el tratamiento a que está dedicado lo domará.

Llega a casa de don José la duquesa Rosario, exmujer del hijo de éste, César, con la que, por lo visto, se llevaron muy mal. En cambio, don José le tiene mucho cariño y la recuerda de niña. El encuentro de la duquesa y Víctor, vestido como un obrero, es desconcertante, pues ella tiene la sensación de que ya lo conocía. En efecto, Víctor, años atrás, cuando posaba por entonces de niño bien y con dinero, la había tratado. Él se hacía pasar por un príncipe ruso, y, por supuesto, fiel a su fama de cortejar a las mujeres que lo rodeaban, sobre todo si eran guapas, como la duquesa, la había enamorado. La relación entre ambos duró cierto tiempo. Víctor habla idiomas y tiene cierto roce cultural; su padre, don César, en cambio, alienta un verdadero horror a los libros y cree que no sirven para nada. Este reencuentro de Víctor y la duquesa parece haber dejado huellas románticas en ambos.

Es difícil para el espectador tragarse el romance que surge de nuevo entre Víctor y Rosario, que, dedicada al campo, olvida su vida anterior de bailes y salones elegantes y se empeña en ser humilde y trabajar con sus manos, en las tareas más sencillas, al igual que Víctor. El romance entre ambos desmorona los planes que habían hecho para Víctor don José y don César: querían entregarle un barco y despacharlo a los Estados Unidos, donde, se supone, se labraría un porvenir. En una escena altamente irreal y bastante absurda, Víctor encara a aquéllos y rechaza su propuesta. Quiere hacerse solo, realizar sus ideas entre anarquistas y socialistas, y casarse con Rosario, que, ante el horror de ambos caballeros, confiesa que también está enamorada de Víctor y se halla dispuesta a seguirlo en sus sueños de reforma social. La obra termina en abrazos y llantos de la antigua familia.

Es difícil para el espectador moverse entre semejantes enredos y desenredos. Más todavía pensando que el lenguaje en que esta pieza está escrita sucumbe con facilidad a las «grandes palabras», sobre todo en las escenas amorosas entre Víctor y Rosario, en que ambos muestran una preferencia por los clisés y las frases hechas del período romántico, añadiendo una cierta prosopopeya retórica a las frases de amor que intercambian.

La obrita pasó sin pena ni gloria ante el público, que, sin embargo, seguía fielmente los espectáculos originales o adaptados de las novelas de Benito Pérez Galdós. (*La de San Quintín* fue la excepción a la regla).

Los condenados (1894)
(Drama en tres actos, precedido de un prólogo)

(Se estrenó en el Teatro de la Comedia, en Madrid,
el 11 de diciembre de 1894)

Pese a lo mal que le fue a esta obra la noche del estreno y los días siguientes con los comentarios de los críticos teatrales en los periódicos, Benito Pérez Galdós, que sufrió mucho con lo ocurrido y pensó incluso que se había tramado una «conspiración» contra él, se atrevió a escribir un extenso prólogo defendiendo su pieza cuando ésta salió publicada, algunos días después del estreno.

Este texto no tuvo mucha razón de ser. La crítica teatral, escrita siempre de prisa, la misma noche del estreno de la obra en la mayoría de los casos, suele ser precipitada y superficial y no tiene demasiada importancia. Si la obra no gusta, no hay nada que hacer. Puede que resucite más tarde, pero esos casos son tan infrecuentes que mejor es olvidarse de ellos y dejarlos a los caprichos del azar. Se trata de esas injusticias inevitables que ocurren en la literatura, por ejemplo, con las novelas, y allí está para advertirlo lo ocurrido con los libros de caballerías, que ahora casi nadie lee pese a que algunos son verdaderas obras maestras, como *Tirant lo Blanc*. Un libro de poemas o una novela pueden ser rescatados y resucitados con más facilidad que un espectáculo. Con las obras de teatro es mucho menos frecuente; y, la verdad, con esta obra de Pérez Galdós probablemente no ocurrirá aquel improbable renacimiento, porque la obra es confusa, truculenta y de escasa calidad. Escribió otras mucho mejores que ésta.

Ocurre en tierras de Aragón, pero en el campo, en la región de Ansó y de Berdún, y algunos personajes recuerdan con nostalgia la ciudad de Zaragoza, pero el grueso de las escenas sucede en aquellas campiñas de climas y de gentes recias. Lo concreto en esta historia es que José León, un joven vagabundo, con un prontuario que sólo se revelará al final de la obra, y una muchacha muy bella, Salomé, sobrina de Jerónimo Gastón, el hombre poderoso de la región, han quedado en escaparse, pues se aman; por exigencia de ella, se casarán al día siguiente de la fuga, gracias a un curita de Biniés, amigo de José León.

Pero Salomé está todavía vacilante y no muy convencida de aquella escapada con el hombre al que ama. Sin embargo, la huida de los amantes se frustra cuando llegan los parientes de Salomé, Paternoy y Gastón, y, sobre todo, un personaje primitivo y bastante brutal, de ademanes enérgicos y matonescos, un ansotano pudiente llamado Barbués. Entre todos, someten a José León a una especie de juicio colectivo, en el que le toman cuenta por todas las vilezas cometidas en su pasado, que todavía ignoran los espectadores y que desquician a la cándida Salomé, a quien, a fin de cuentas, recuperan sus parientes.

Un personaje interesante es Paternoy, hombre también próspero, que se ha dedicado a hacer el bien, según el modelo cristiano, y que se muestra menos ácido y rectilíneo con José León que Barbués, por ejemplo.

En el tercer acto descubrimos que Salomé se ha refugiado en el convento de la Esclavitud, en Berdún, y que, probablemente a raíz de las cosas que le han ocurrido, ha perdido el juicio. Hasta allí ha llegado José León, gracias a la ayuda que le prestan Ginés, hombrecillo que cuida del convento y que prodiga latinajos sin cesar, y el personaje más simpático de la obra, la anciana Santamona, que recoge hierbas, por las que tiene pasión, y sabe cómo usarlas para preparar cocimientos que curan el cuerpo y serenan el ánimo.

Cuando José León y los espectadores descubrimos que la bella Salomé ya no es consciente de aquello que ocurre a su alrededor y, sobre todo, José León toma conocimiento de ello, siente que ya está perdido. Además, los parientes y validos del señor Gastón, tío de Salomé, están a las puertas del convento, acompañados de mozos que vienen armados de garrotes a capturarlo. Éste es entonces víctima de un segundo juicio público, en el que, por su propia boca, descubrimos que ha sido el autor de muchos crímenes y de otros considerables delitos, de los que está arrepentido. Pero no hay escapatoria posible para él: la justicia lo espera.

Quienes lo rodean y juzgan en aquel convento se dividen claramente en dos bandos: uno comprensivo y generoso, liderado por el arrepentido Paternoy, del que forman parte la viejecilla de las hierbas, Santamona, y Ginés, y otro, atrevido y feroz, liderado por Barbués, que pretende entregar a José León a los jueces para que se pudra en la cárcel el tiempo que le queda por vivir. Este segundo juicio alcanza unos contornos iracundos, sobre todo entre las dos fuerzas que se disputan a José León, y termina con un discurso dramático de este último, en el que él reconoce sus crímenes y excesos, y declara estar arrepentido de ellos.

La obra está teñida de aquellas «grandes palabras» que supuestamente sirven para dar dimensión y realce a la confesión de José León, en aquel viejo convento, que fue, alguna vez, refugio de los templarios. Pero la obra no tiene salvación y, la verdad, se comprende el aburrimiento de quienes asistieron al estreno y dieron pocas muestras de entusiasmo con semejante espectáculo. Toda la historia está armada con filigrana. No se entiende por qué la rica parentela de Salomé no impidió ese romance al que se opone de manera tan rotunda, y con cierta razón, dados los antecedentes y el prontuario de José León.

Pero, la verdad, tampoco ninguno de sus objetores es atractivo y simpático, empezando por Santiago Paternoy, que actúa como si Dios mismo le hubiera confiado su representación en esta tierra. El crudo Barbués, por ejemplo, de maneras expeditivas y brutales, incapaz de percibir las delicadezas y las debilidades humanas, es el que parece más crudo y primitivo, pero los personajes más «positivos», como el exsacristán Ginés y la tierna anciana herborista Santamona, tampoco nos convencen pues su bondad y comprensión parecen más defectos que virtudes de sus personalidades. Nadie se salva en esta obra, por desgracia.

Voluntad (1895)
(Comedia en tres actos y en prosa)

(Se estrenó el 20 de diciembre de 1895, en el Teatro Español de Madrid)

A diferencia de la obra anterior, *Voluntad* comienza con un magnífico primer acto, en el que vemos que un gran establecimiento comercial de Madrid, que pertenece a don Isidro Berdejo y a su esposa doña Trinidad, está en ruinas y a punto de ser embargado. Su dueño, agotado por la edad y los años de trabajo, ha descuidado mucho el negocio, que, en manos de dependientes incapaces y algo ociosos, ha ido arruinándose. Pero cuando el intrigante Luengo, que quisiera que los dueños le traspasaran el negocio ahora que están en aprietos, anuncia a los señores Berdejo que su hija Isidora, arrepentida de haberse fugado con un señor misterioso y sin nombre todavía, que llenó de deshonor a sus padres, lamenta lo ocurrido y quiere volver, todo cambia.

En efecto, la llegada de Isidora, luego de su «locura de amor», es como un ventarrón que sacude el establecimiento comercial y lo pone de nuevo en la modernidad y el movimiento. Isidora está segura de que el negocio de sus padres se puede salvar: examina cuentas, advierte que hay muchas facturas sin cobrar, que ni sus padres ni los dependientes recuerdan que han recibido grandes paquetes de telas de China todavía sin vender. El espíritu joven, entusiasta, arrollador de la muchacha cambia el clima depresivo con que se inició este drama. Y al poco tiempo ella convierte este local en una tienda moderna, muy activa y con esperanzas de salvarse de la crisis en que, en gran parte por abandono y renuncia de los dueños, ha venido a caer.

En el segundo acto comprobamos que la eficiencia y el entusiasmo de Isidora han conseguido salvar la tienda del embargo y darle, además, un prestigio creciente. La aparición de Alejandro es, en cierto modo, una frustración, porque este joven es exactamente el polo opuesto de Isidora: detesta el menor esfuerzo, vive de su fortuna, sin trabajar y despreciando a los que trabajan; odia el matrimonio y a quienes se buscan un porvenir. Está enamorado de Isidora, pero desprecia todo lo que ella hace para salvar la tienda de sus padres. Alejandro convence a un dependiente de la tienda, Bonifacio, para que lo reúna con Isidora.

Pero, antes del reencuentro de los amantes, llega una noticia terrible a la tienda: el amigo de Alejandro, Guevara, que se ocupaba de trabajar el dinero de que aquél disponía, ha huido, dejándolo a Alejandro en la ruina. Éste recibe semejante noticia abrumado y decidido a matarse, pues se encuentra sin fuerzas para levantarse por sí mismo. Hasta el fin de la obra, asistimos a los esfuerzos de Isidora por devolver a su amante la alegría de vivir, contagiándole algo de su amor a la vida y su energía para el trabajo. Cuando lo consigue, se lleva a cabo también la reconciliación de Alejandro con los padres de Isidora.

Parece comenzar una nueva época para la familia, y para la tienda, por supuesto, gracias a una mujer moderna que no tiene tiempo para perderlo en las supuestas «actividades femeninas» y que es un ejemplo de la mujer de nuestra época, trabajando al igual que los hombres que la rodean y obteniendo triunfos sobre ellos, gracias a su empeño, inteligencia y capacidad de trabajo.

Ésta es una obra que, sin tener demasiadas pretensiones, está muy bien concebida, con unos actos que se equilibran con buen talante unos a otros, y que, en su lenguaje, es bastante ceñida y estricta. Porque, sobre todo, nos da una idea de la sociedad futura de España, en la que hombres y mujeres, en un ambiente de armonía, colaborarán con sus esfuerzos en hacer progresar el país. Es verdad que, en el segundo acto, sobre todo, Alejandro tiende a desvariar y enredarse en las «grandes palabras», con sus elogios filosóficos a la pereza y a la dejadez como normas de vida, pero estas miserias retóricas están bien compensadas con los entusiasmos y la energía de Isidora, que será, al final, la salvadora de toda la familia, incluido su futuro marido o amante, Alejandro el soñador.

Incluso los personajes secundarios —Trinita, don Santos Berdejo, Serafinito, el prestamista don Nicomedes y los dependientes Bonifacio y Lucas— están muy hábilmente concebidos de tal manera que contribuyen al desenvolvimiento de la obra, sin obstruirla con tropiezos artificiales.

He aquí una pieza teatral con la que Pérez Galdós, pese a los limitados fines que se impuso con ella, acertó y, sin duda, produjo mucha satisfacción entre los espectadores. Pues *Voluntad* se deja ver, entretiene y hace pasar un buen rato a quienes se llegan a verla.

Doña Perfecta (1896)
(Drama en cuatro actos, arreglo teatral
de la novela del mismo título)

*(Se estrenó en Madrid, en el Teatro de la Comedia,
el 28 de enero de 1896)*

En las tres primeras escenas del primer acto ya sabemos que Pepe Rey acaba de llegar a la ciudad de Orbajosa para casarse con su prima Rosario, hija de doña Perfecta (su tía); sabemos también que tiene un pleito con Licurgo, el primero de los muchos que le caerán encima como parte de la operación popular para expulsarlo del lugar y que, contrariamente a lo que creen los acomplejados habitantes de Orbajosa, el recién llegado no extraña Madrid, sino está muy contento con la paz y tranquilidad de este pueblo.

En la escena cuarta, en cambio, ya advierten los espectadores la incomprensión absoluta de doña Perfecta y la de Inocencio con el recién llegado, cómo sus resentimientos y complejos de inferioridad caricaturizan todo lo que éste dice a favor de la «ciencia» y le atribuyen injustamente actitudes desdeñosas hacia Orbajosa. Pero Pepe Rey y Rosarito parecen entenderse muy bien y el ingeniero parecería enamorado —el amor obra milagros así— nada más ver a la prima con la que viene a casarse.

La impresión que tienen los espectadores del primer acto que hayan leído la novela es que la versión teatral será una versión fiel de la historia que aquélla cuenta. Pero se equivocan. Pérez Galdós hizo cambios considerables en su adaptación, que, contrariamente a lo que él sin duda creía, en vez de aclararlas provocan situaciones contradictorias con las de la novela y terminan trastornándola, hasta sumir al público que leyó la obra en la confusión.

A ella contribuye la aparición en escena de dos hombres que parecen semianalfabetos y se diría que pegan tiros con cualquier pretexto: Caballuco y Juan Tafetán. El primero tiene fama en Orbajosa porque parece haber formado las «partidas» que lucharon a favor de la independencia de España cuando los ejércitos de Napoleón la invadieron; el segundo viene a hacerse amigo de Pepe Rey, pese a su mala fama de vago, borrachín y mujeriego. Esto contribuirá al desprestigio y a la hostilidad que profesa la ciudad al ingeniero.

Por fin tiene lugar el enfrentamiento entre éste y su tía. Ella descubre que su hija Rosario se ha reunido a escondidas de ella con Pepe Rey y se lo reprocha a este último con frases que lo ofenden; él responde del mismo modo y doña Perfecta termina echándolo de su casa.

La dama convoca a todos los hombres de acción de Orbajosa a una reunión conspiratoria, aunque algo confusa, en la que todos juran lealtad a doña Perfecta, en lo que parece una futura acción rebelde, aunque ella se muestra muy prudente al recibir aquella solidaridad de los presentes. Su poder, que es enorme, es también secreto.

En la novela se habla vagamente de una llegada del Ejército a Orbajosa, que podía atribuirse a muy diversas razones; en la obra de teatro, en cambio, el Ejército ya ha llegado a este lugar y vemos a algunos oficiales, como el teniente coronel Vargas, espantado con el atraso de este pueblo que parece vivir en la Edad Media. Los oficiales, por lo demás, son amigos de Pepe Rey y se diría que vienen a ayudarlo a modernizar Orbajosa aunque sea a la fuerza de sus pistolas y sables. Eso explicaría que Caballuco y Pasolargo se dispongan a reactualizar las «partidas» o guerrillas para enfrentarse al Ejército. En efecto, cuando Caballuco asesina a Pepe Rey ya ha estallado la guerra civil, ante el pánico de doña Perfecta y Rosarito.

Este añadido crea algún desorden en la historia, pues no es cierto, en la realidad, que las cosas ocurrieran de este modo: lo inverosímil se filtra de esta manera en una historia que, tal como aparecía en la novela, aludía a un problema muy real —el atraso de la mentalidad de ciertos lugares con respecto a lo que ocurría en la capital y en las grandes ciudades españolas— y que, en gran parte, se debía a la presencia múltiple de la religión católica, que mantenía todavía cierto oscurantismo en el interior del país, hecho de prohibiciones y tabúes tradicionales, que había desaparecido en el resto de España.

Por otra parte, Rosarito es en la obra de teatro mucho menos obediente y sumisa de su madre, lo que indica una versión del personaje que supera al de la novela, donde la muchacha aparece casi sin personalidad y muy dependiente de doña Perfecta. En el último acto, Rosario ha tomado ya la decisión de escapar con Pepe Rey y así se lo hace saber a su madre, instantes antes de que Caballuco perpetre el crimen contra el ingeniero. El enfrentamiento entre madre e hija es una escena de soberbia calidad dramática, cuando el alma de la ciudad y de la vieja mentalidad, es decir, doña Perfecta, se entera de que su hija no la va a obedecer, no va a renunciar a Pepe Rey, sino se dispone a huir con éste y a casarse con él. Doña Perfecta está a punto de volverse loca, oyendo a su hija decir estas cosas, cuando suena el tiro que le devuelve —muy precariamente es el sobreentendido de la obra— la siniestra autoridad que creía haber perdido.

El final de la pieza en este momento es sin duda un acierto de Pérez Galdós, y lo es porque los espectadores conocían sin duda el final de la novela, en la que el poder de doña Perfecta sobre las autoridades políticas y judiciales de Orbajosa se las arregla para dejar a Caballuco libre de toda culpa, como si el crimen no hubiera tenido lugar y la muerte del pobre ingeniero hubiera sido no un crimen sino un suicidio.

De este modo, allí queda Orbajosa, intacta en su aberrante condición de ciudad fuera del tiempo y de la historia, en manos de una mujer —doña Perfecta— que no permitirá, mientras viva, que la modernidad entre a sus calles y hogares.

La impresión que deja esta adaptación es que la novela, con sus luces y sombras, era mejor que la obra de teatro, muy crítica de la realidad de España en ese momento. Luego, en la adaptación teatral, que dicho sea de paso tuvo mucho éxito de público y de la crítica periodística, los esfuerzos de Pérez Galdós por reformular con más precisión los detalles de la novela llevaron a ésta a apartarse de la realidad histórica y a contar unas fantasías que le hacían perder fuerza y convertían a la obra en una de las muchas truculentas historias que circulaban en el período romántico, tanto en el teatro como en la novela. La primitiva versión impugnaba de veras un problema social genuino, y lo hacía de manera frontal, en una historia llena de sombras y silencios, algo perfectamente aceptable en el

mundo novelesco. En la adaptación teatral hay ele-
mentos fantasiosos que desrealizan la historia y le res-
tan fuerza y virulencia crítica, aunque no popularidad
entre los espectadores, pues la obra alcanzó mucho
éxito y dio a la novela un nuevo reconocimiento.

La fiera (1896)
(Drama en tres actos)

(Se estrenó en el Teatro de la Comedia, en Madrid, el 23 de diciembre de 1896)

Se ha dicho de esta obra que es la proyección en España de la Revolución francesa, aunque aquello que cuenta no tenga realidad histórica alguna, y sea una pura fantasía de Benito Pérez Galdós. Ocurre en el año 1822, en Urgel, donde los absolutistas acaban de infligir una derrota sangrienta a los liberales, partidarios de los jacobinos franceses. En Urgel está como regente del rey absoluto el marqués de Tremp y, prácticamente, el resto de su familia: constituyen un grupo humano ultrarreaccionario y ultracatólico, que recibe apoyo y subsidios militares de Luis XVIII, recién instalado en el trono de Francia.

La historia que cuenta es bastante exagerada y está escrita y concebida en términos heroicos, con un lenguaje y situaciones en que las «grandes palabras» —es decir, la truculencia, las formas y maneras exageradas— prevalecen y llegan a constituir una segunda realidad que se superpone a la realidad objetiva y consigue suplantarla.

Susana, bella y sobrina del regente, cuando aparece al principio de la obra, muestra un espíritu inquieto y un tanto frívolo. Ella ha estudiado en un colegio en el sur de Francia y tiene maneras destacadas y se viste con más elegancia que las otras mujeres que aparecen en escena. Susana brilla con un espíritu más ágil, superficial y ligero que su propia familia, constituida por reaccionarios convictos y confesos, que luchan por el rey absoluto bajo la dirección de Juan, el general, que acaba de infligir una derrota contundente al bando opuesto, el de los liberales, que quisieran emancipar a España del peso de la tradición y suavizar la vigilancia de la Iglesia católica.

Susana expresa su horror a la guerra y al absolutismo, escandalizando a su familia, sobre todo a su primo Juan, el general, que parece estar enamorado de ella. Cuando Susana dice no querer renunciar a la diversión y propone dar un baile, tiene el apoyo entusiasta de su madre.

En ese momento se hacen presentes los conspiradores, que odian a los absolutistas y se las han arreglado para introducirse en el campo adversario, gracias a su astucia y valentía; tienen un plan para sabotear al enemigo desde sus propias filas. Son Fabricio, Bonaire, San Valerio y Berenguer. Todos ellos trabajan para los facciosos franceses —los jacobinos—, a los que se han vendido o entregado. El caso de Berenguer es algo particular, porque las fuerzas populares ocuparon sus fincas, las quemaron, invadieron su hogar y mataron a su padre. Su odio a los absolutistas tiene una razón de ser, pues, muy personal. Se ha sumado al grupo de liberales sin coincidir enteramente con ellos, por una razón particular, en la que no se puede excluir una voluntad de venganza. Es también el caso de Susana, que, aunque su familia ocupa los más altos cargos de esa regencia de Urgel, tiene también posiciones políticas que la distancian de su entorno. Está contra las guerras, por ejemplo.

Un personaje secundario, Magín, malherido, cuenta a Bonaire, el pastelero filósofo, como se llama a sí mismo, que ha oído a San Valerio y a Fabricio que son traidores a la causa del absolutismo; que, en realidad, están «vendidos» a los jacobinos revolucionarios. Bonaire le responde que calle todo aquello que sabe, que no se amargue la vida, pues si lo hace le irá peor que a aquellos a los que denuncie; que aproveche la libertad y que de este modo se irá muriendo rodeado de muchachas guapas que le darán buena comida en su agonía y hasta traguitos de aguardiente.

Juan, el general, confiesa a su madre, la marquesa de Tremp, que odia a Berenguer, del que sospecha que es un traidor. Su madre le dice que está celoso, por el amor que siente por Susana. Más tarde, el general encarga a Berenguer que descubra a los «traidores». Éste afirma que no es un «delator», pero Juan insiste en confiarle esa misión. Le promete que, luego, en la noche, cruzarán espadas entre ambos, y que no lo harán de manera aparente. Berenguer acepta y quedan de acuerdo en batirse.

Los tres conspiradores —Berenguer, Bonaire y San Valerio— se juntan. Este último trae los planos de la Regencia y sigue con su idea de matar al regente, hombre fuerte del rey absoluto. Berenguer ha mandado decir a Susana —que le había anunciado su visita— que no venga, pero sólo para dar mayor fuerza dramática al encuentro de la pareja, la principal de la obra.

Llega otro «traidor» a escena, es decir, Fabricio. Anuncia que esa noche atacarán a la guardia y encarga a Berenguer que pida a Susana que se apodere de las cartas del rey absoluto al regente, el marqués de Tremp. Berenguer se niega a «semejante infamia» y dice que ha sido contratado para ser espía o asesino pero no «ladrón de papeles».

El final del acto segundo es dramático. Susana ha descubierto que San Valerio y Fabricio son traidores. Berenguer le confiesa a Susana que él es también jacobino y la muchacha queda lívida. Ella le ruega que deje de odiar a su familia, pero Berenguer se niega a ello. Salen San Valerio y Fabricio, que quieren asesinar a Susana. En eso entran el regente y Juan, el general, rodeados de soldados. El regente manda encarcelar a San Valerio, a Fabricio y a Berenguer, pues se ha enterado de que los tres son los «traidores».

El final —que ocupa todo el tercer acto— es melodramático y hay que tener mucha simpatía por la obra de Pérez Galdós para creer lo que se dice en él y aceptarlo. Susana ha descubierto que San Valerio y Fabricio son jacobinos infiltrados en la Regencia de Urgel. Berenguer le dice que él también lo es y ella queda lívida. Salen a escena San Valerio y Fabricio, decididos a matar a Susana. Pero, antes de que lo hagan, aparecen el regente y don Juan, el general, acompañados de muchos soldados. El regente manda encarcelar a San Valerio, a Fabricio y a Berenguer, enterado de la condición de infiltrados y «traidores» al ultramontanismo que encarnan todos ellos.

Cuando van a juzgar a los «traidores», llega el marqués de Tremp (el regente) y dice que sólo se podrá fusilar a uno de los conspiradores. Se discute si Susana debe ser interrogada para saber si está enamorada de Berenguer, y Juan, el general, echa chispas.

Hay un final dramático, dominado por las «grandes palabras». Berenguer mata a San Valerio, que pretendía acabar con él. Y aquél finalmente mata también a Juan, el general, en la liza particular que ha sido anunciada desde el comienzo de la obra.

Susana proclama: «Huyamos a regiones de paz». Berenguer la refrenda con esta frase: «Huyamos, sí; que éstos... que éstos resucitan». Con estas frases heroicas termina esta obra llena de «grandes palabras» y acciones truculentas. Se supone que *La fiera* es la violencia y los sentimientos de ferocidad que se manifiestan a lo largo de la pieza y que están reflejados en los numerosos cadáveres que quedan sobre el escenario cuando cae el telón.

La obra no vale gran cosa, por su condición extremista y verbosa, por su lenguaje lleno de epítetos violentos, así como la rivalidad implacable que lucen los dos contendientes —Juan, el general, y Berenguer— por encima o por debajo de sus ideologías, entre las cuales no hay concesión ni acercamiento posibles. Ambos se odian por aquello que representan y como manifestación de este odio que se profesan queda el escenario lleno de sangre.

En todo caso se trata de una obra muy menor, de las menos caracterizadas por las ideas que constituían la propia idiosincrasia de Pérez Galdós. Éste era un liberal moderado, amante de la justicia, por la que no vacilaba en rectificar a sus propios aliados e incluso, en ciertas ocasiones, en tomar el partido ajeno, aunque su inclinación estaba siempre, en el fondo, en el bando liberal, más por temperamento personal que por razones ideológicas.

En esta obrita se advierte lo enredado que podía ser para Pérez Galdós el mantener esa difícil posición política que era la suya y, a la vez, conducirse como un historiador imparcial de aquello que contaba.

Electra (1901)
(Drama en cinco actos)

*(Se estrenó en el Teatro Español de Madrid
el 30 de enero de 1901)*
Esta obra de Benito Pérez Galdós, *Electra*, tuvo
inmenso éxito en el teatro, tanto en España como en el
resto de Europa y en América Latina. Se estrenó en
París y en muchas capitales y ciudades importantes
europeas y españolas, y se hicieron muchas ediciones
de la obra impresa, que fue una de las más vendidas
en vida del autor.

Sin llegar a significar una verdadera revolución en
el teatro, como afirman algunos comentaristas de esta
obra, la verdad es que se trata de una excelente pieza
teatral, con un blanco muy claro —los prejuicios que
rodeaban a una joven española de entonces debidos en
gran parte a la Iglesia católica—, un diálogo ceñido,
eficaz y bien administrado, personajes bien modelados
y una repartición de las escenas magníficamente es-
tructurada. El éxito fue enorme y Pérez Galdós recibió
incontables felicitaciones, muchos pedidos para montar la obra en países extranjeros —algunos de los cuales
funcionaron—, así como, de parte de los adversarios,
que creían que se había excedido en sus críticas a los
prejuicios de la Iglesia católica, muchos ataques. Yolanda Arencibia dice en su biografía, incluso, que hubo
un atentado contra él del que Pérez Galdós salió ileso.

El lenguaje en que está escrita no adolece, como
es algo frecuente en el teatro de Pérez Galdós, de las

«grandes palabras», esos arrebatos líricos que debilitan el desarrollo de la historia, o los arranques patrióticos y espirituales que disminuyen el impacto escénico y a veces estropean algunas escenas hasta despojarlas de toda credibilidad. En esta obra, por el contrario, el lenguaje de los personajes es bastante realista, fiel al sentido de la historia, y el dramatismo sigue una curva ascendente hasta el magnífico y brevísimo final.

Electra es una niña sin padres, pero con muchos tíos y parientes. Ha estudiado en Bayona, siendo hija de un bohemio y calavera conocido; la han recogido don Urbano y su esposa, a ver qué se puede hacer con ella. El marqués de Ronda se interesa por Electra al mismo tiempo que don Leonardo Cuesta, que trabaja los dineros del marqués. Nos enteramos, por Pantoja —supuesto protector de Electra, que todavía no muestra su cara más abyecta, lo hará en los siguientes actos—, que el marqués de Ronda ha sido un juerguista intolerable y que le gusta jugar con las hijas de sus empleados (aunque, más tarde, descubriremos que Pantoja es un peligroso personaje en cuyas palabras no se puede confiar).

Este primer acto muestra cómo a dos hombres mayores —Pantoja y el marqués de Ronda— se les cae la baba por Electra, cuya espontaneidad y gracia natural los tienen fascinados. Sin embargo, en las acciones posteriores descubriremos que en tanto que el marqués de Ronda tiene muy buenas intenciones con la muchacha, Pantoja se porta con ella como un verdadero bribonzuelo, simulando ampararla en los subterfugios de la educación católica, cuando, en el fondo, sólo quiere privarla de libertad, descartar su matrimonio con Máximo, sobrino de don Urbano, e impedirle ser feliz.

El tercer acto transcurre entero en el laboratorio donde Máximo realiza sus experimentos científicos. Electra lo ayuda y conoce todos los secretos del lugar, así como la función de las máquinas y tubos que pueblan las mesas y estantes. Llega el marqués de Ronda, amigo y cómplice de Máximo. Le advierte que en casa de los tíos de Electra hay un escándalo por la presencia de su sobrina en este laboratorio. En efecto, llega el ogro, Pantoja, que viene con la pretensión de arrancar a Electra de este lugar, para él incompatible con la virtud de una adolescente pura. Pero Máximo y el marqués rechazan los argumentos de Pantoja y dicen que ellos mismos llevarán a Electra a la casa de sus tíos. Pantoja se retira ofendido.

Máximo confiesa a Electra que pedirá su mano a sus tíos y que ella será su mujer. Electra lo escucha feliz, pues también está enamorada en silencio de Máximo.

Entonces aparece la verdadera personalidad de Pantoja, capaz de valerse de las peores intrigas y mentiras para impedir el matrimonio de Electra con Máximo, y enviarla a ella al convento. Pantoja es el típico fanático que cree tener a Dios como su aliado, en su visión estrecha e intolerante de la religión, para cometer toda clase de maldades, como, por ejemplo, la que hace él revelando (luego se demostrará que es un invento suyo) que Eleuteria, la madre de Electra, y el padre de Máximo hicieron el amor —mejor dicho, que aquélla fue violada por éste— y que ella y su novio serían entonces hermanos de sangre.

Esta revelación mentirosa vuelve loca a Electra y la manda al convento de San José de la Penitencia. Éste no es tan estricto como le gustaría a Pantoja, pues entre sus ordenadas aparece la hermana Dorotea, amiga de Electra, y que desempeña un papel muy simpático en este quinto acto.

En la última escena parecería que el turbio Pantoja ha cumplido su cometido. Se ve en la arrogancia con que se enfrenta a Máximo y al marqués, en los patios del claustro. Sin embargo, cuando aparece Electra, acompañada de sor Dorotea, se ve que la joven está muy confusa y que no se ha dejado convencer del todo por las razones alambicadas y sectarias del inquisidor Pantoja. La sombra de Eleuteria, que hace una fantasmal aparición en los finales de la obra, convence a Electra de que es completamente falso que el padre de Máximo y ella hayan tenido amores, como indicaban las fantasías perversas de Pantoja.

La obra termina de este modo, cuando Electra recobra la libertad de casarse con Máximo, con una sola palabra, muy efectiva: «resucita». O sea, la resurrección de una muchacha a la que el fanatismo de Pantoja iba a sepultar en un convento impidiéndole ser libre.

El éxito de *Electra* se explica por el carácter cerrado y estrictísimo en que, basada en las enseñanzas de la Iglesia, se fundaba la educación de las muchachas de buenas familias en España, y, también, por lo bien hechas que en el dominio teatral aparecían estas críticas de carácter liberal, aunque ninguno de los personajes de la obra fuera ateo; no, la verdad es que todos ellos eran respetuosos y seguramente practicantes de una religión católica más tolerante y moderna que la oscurantista y medieval encarnada por Pantoja.

No hay duda de que don Benito Pérez Galdós acertó con esta obra y vio, por el éxito alcanzado en todas partes donde se estrenó, que su más caro amor —el teatro, que había codiciado desde su adolescencia— lo premiaba con un éxito internacional que por desgracia no alcanzó en ninguna de sus obras restantes.

En España la obra tuvo como efecto convertir a Pérez Galdós en un personaje político. Muchos jóvenes rebeldes vieron en *Electra* a un autor que respaldaba sus más caros anhelos y los promovía, sin temor a los adversarios y en total coincidencia con ellos. Eso es lo que dicen las cartas que éste recibe y que Yolanda Arencibia reseña cuidadosamente en su libro *Galdós. Una biografía*.

La obra está muy bien hecha y mereció el éxito internacional que tuvo. Abordaba un blanco muy exacto, que coincidía con las críticas que todos los países más libres y más modernos dirigían a España —la estrictez de una educación tan católica que convertía a las muchachas en esclavas—, y además estaba muy bien organizada, con diálogos oportunos, y, al mismo tiempo, con un lenguaje muy ceñido, limpio de excesos, que funcionaba a la perfección con el público.

Alma y vida (1902)
(Drama en cuatro actos y un prólogo)

*(Se estrenó en el Teatro Español de Madrid
el 9 de abril de 1902)*

Cuando *Alma y vida* se editó, el mismo año del estreno, en una versión en la que el autor había suavizado el final, que le pareció demasiado radical, Benito Pérez Galdós escribió un largo prólogo quejándose del poco éxito que había alcanzado esta obra y acusando a los críticos —algunos pocos se salvaban— de ser los responsables del estado provinciano y marginal en que se encontraba el teatro en España en comparación con el resto de Europa.

Se refería, claro está, a la tempestad de críticas negativas que había recibido por esta obra, que, además, había sido objeto de la indiferencia o la hostilidad del público, algo que, luego del gran éxito obtenido por *Electra*, la obra anterior, hirió profundamente la sensibilidad del autor.

Sin embargo, leída ahora, esta obra, que nunca más fue representada (al menos que yo sepa), merecía la hostilidad de los críticos y del público, pues se trata de una de las peores —acaso, la peor— obras de teatro que escribió Pérez Galdós. Su frustración era grande, pues había trabajado en ella mucho, a juzgar por el número de personajes y las referencias históricas que hay en ella, y dado el trabajo de documentación y de la propia fantasía que volcó en esta pieza el autor, el texto delata mucha ambición y esfuerzo. Mi impresión es que hay en esta obra pretenciosa y fallida una equivocación de base, en la hechura y confección de *Alma y vida*, que determinó su fracaso.

En ella, por una misteriosa razón de la que el autor no parece haber sido consciente, los actores representan, por lo menos en los actos principales, es decir, en los tres primeros y, acaso, también en el cuarto, unas fantasías que no tienen nada que ver con la actualidad en la que viven, lo que desorienta a los espectadores y contribuye a la confusión que deja en el ánimo del que por primera vez se enfrenta a este espectáculo. Esto lo explicaré mejor en el análisis del desarrollo de *Alma y vida*.

Se trata de una obra histórica, que ocurre en junio de 1780, en el castillo de Ruydíaz, una construcción feudal con torres y adarves rodeada de pastos, arboledas y mucha caza. La obra comienza con un intento frustrado del aventurero Juan Pablo de invadir esta residencia y sojuzgarla; cuando Monegro, el malo de la historia, lo detiene y le reprocha su conducta. Aparece entonces don Guillén, tío de la duquesa de Ruydíaz, que, pese a su aire fiero, tiene buen corazón y viene a socorrer a Juan Pablo.

Allí descubrimos que el origen de esta historia es una farsa. En realidad, ha sido Reginaldo, quien estaba enamorado de Irene, hija de Monegro, y quería raptarla. Juan Pablo se prestó a robar a esta muchacha cuando fueron sorprendidos y Reginaldo logró escapar dejando a su amigo en manos de la guardia. En ese momento asoma doña Teresa, quien conversa con los supuestos asaltantes. Teresa es consejera y amiga de la duquesa Laura, dueña del castillo y de las tierras circundantes. Don Guillén dice a Juan Pablo que debe confiar en su sobrina la duquesa. Entran Turpín y el guardia mayor Chacón, con alguaciles y criados, convencidos de que Juan Pablo debe ser juzgado y castigado.

Este juicio se lleva a cabo delante de gran número de personas, bajo el patrocinio de doña Teresa y la duquesa. En el largo proceso se advierte que Laura muestra simpatía con Juan Pablo y llega incluso a celebrar que éste asaltara un convento de monjas para raptar a una reclusa. Cuando Juan Pablo confiesa que entró al castillo de Ruydíaz sólo para ayudar a su amigo Reginaldo, Laura parece respirar, más tranquila. Monegro y Turpín piden el máximo castigo para el reo, pero es sabido por el público (y por los otros actores) que no ocurrirá así, pues todos tienen la sensación de que este juicio es sólo «de a mentiras», y que las explicaciones que Juan Pablo ha dado sobre la razón de su participación en el asalto bastarán a todo el mundo y lo librarán de la cárcel.

O sea, el célebre juicio será sólo una ocasión de divertir a esa gente principal que se aburre tanto y está siempre buscando emociones fuertes, aunque sean, como en este caso, meras fantasías.

A esta primera patraña —no se la puede llamar de otro modo— sucede la del segundo acto, que está, en gran parte, ocupado por los ensayos y disfraces de la pastorela, un espectáculo en el que participa toda la gente de la nobleza y, en especial, las mujeres, que aprovechan la ocasión para lucir sus mejores vestidos y joyas. O sea, aquí los actores hacen el papel de actores, encarnando roles artificiales, es decir, algo distinto de lo que representan en ese primer plano, que es la vida de verdad en aquella ficción. Muy interesante juego de dobles, que puede confundir a los espectadores, pero, al mismo tiempo, enriquece la obra dotándola de una profundidad mayor.

Este ensayo es interrumpido por la aparición de unos pastores reales, y encima muertos de hambre, a los que la duquesa, que preside la ceremonia de la pastorela, da de comer. Hay una verdad que se muestra en este instante, lo mejor de este acto frívolo y superficial, con los medios o fragmentos de poemas clásicos que recitan los actores y actrices. Pero todo resulta bastante irreal y fabricado, tanto el enojo de Monegro (que parece preparar alguna maldad) como la oportuna liberación de Juan Pablo. Esta escena particular no se sostiene por ningún lado y el espectador tiene más bien la sensación de una farsa, con la excepción de la llegada de los pastores, desprovista de todo dramatismo, como un pedazo de realidad arrojado en medio de la ficción.

La aparición de las brujas es otra sorpresa en estos actos, a los que esos personajes semiclandestinos y perseguidos por la Inquisición ponen una nota de color, como si el mundo infernal por el que ellas se mueven asomara su cara súbitamente en esta escena. Ahora resulta que las brujas son solicitadas y consultadas por medio mundo, entre otras personas por la marquesa de Clavijo, amiga de la duquesa, que interroga a Zafrana y Perogila, mientras vemos a Laura, que se halla muy deprimida y con los primeros síntomas de la enfermedad que acabará con ella; lo único que advertimos es que ya está muy enamorada del altivo e irrespetuoso personaje que es Juan Pablo.

Lo obvio que falta en *Alma y vida* es la autenticidad; los actores, implicados en roles tan diversos, y viviendo al mismo tiempo la realidad y las varias ficciones de que consta la obra, carecen de personalidades propias, y hacen las veces más bien de marionetas. Si se tratara de una pura fantasía, sería comprensible; pero no lo es, como se advierte en el segundo acto, en el ensayo de la pastorela, pues allí se deja ver que las brujas están al servicio del siniestro personaje de Monegro (que acabará asesinado en la primera versión, pero luego sólo preso en la resolución definitiva de la obra).

Don Guillén quiere dar un golpe de Estado que regenere esta situación, pero Juan Pablo es muy escéptico, un pesimista que cree que las cosas no tienen arreglo y continuarán así de por vida, con mínimos cambios que, acaso, empeorarán la realidad. Pero, al menos, él confiesa que está enamorado de Laura, y pese a que duda de todo lo «ideológico», está dispuesto a sacar adelante este amor.

Este romance salta a la vista en el acto cuarto, desde el principio. Él ocurre en tanto que en el exterior del palacio de Ruydíaz tiene lugar un levantamiento popular, que es como el coro de fondo en que se hacen visibles los amores de Juan Pablo y Laura. Esta última está muy enferma, y, en verdad, como se descubrirá luego, agonizando. Cuando las masas entran a palacio, se advierte que están dirigidas por don Guillén, que ha sido como el portaestandarte del levantamiento.

Éste ha sido precedido por un espectáculo bastante absurdo, en el que Laura luce sus joyas y sus vestidos, orgullosa de morir y de su pueblo, convencida de que se ha hecho justicia —algo que no tiene razón de ser alguna— con aquel levantamiento, pagada de sí misma y de su flamante amor, Juan Pablo, que, sin embargo, no deja de pronunciar las últimas palabras de la obra, en la que advierte que nada cambiará, porque las injusticias sobrevivirán a las acciones rebeldes. Acaso este escepticismo sea lo más llamativo de esta obra, que, tal como se habrá advertido, no tiene un sustrato que le imponga un orden y la salve del fracaso que mereció.

En verdad, Pérez Galdós no fue un revolucionario de la forma teatral, algo que sí se podría decir del teatro de Victor Hugo, de Chéjov, de Ibsen o de Pirandello —sobre todo de este último—, los grandes renovadores del espectáculo teatral en su tiempo.

Aunque muy posterior a Pérez Galdós, sí hubo en España un extraordinario autor teatral que, no hay duda, renovó el teatro de su época, introduciendo en sus obras un elemento disparatado y delirante, en el que resultó pionero de lo que años después se llamaría el «teatro del absurdo». En Europa, la obra de Enrique Jardiel Poncela (1901-1952) fue totalmente desconocida, pero en sus comedias asoma ya ese desquiciamiento anárquico y caótico con el que el teatro del absurdo, sobre todo Ionesco y Beckett, harían maravillas. Pero España estaba muy cortada de la Europa de las grandes revoluciones literarias y la obra de Enrique Jardiel Poncela pasó desapercibida y no alcanzó a reconocerse en España primero, ni luego en Buenos Aires, la enorme originalidad, el vanguardismo y la locura que tenía. Pero él sí fue un precursor, aunque nadie lo advirtiera, ni el público ni los críticos, del teatro del absurdo.

Mariucha (1903)
(Comedia en cinco actos)

(Se estrenó en Barcelona, en el Teatro Eldorado,
el 16 de julio de 1903)

Ésta es una obra muy distinta de la anterior, y, aunque algo esquemática y a la que habría que reprochar ciertas larguras en algunas escenas, no hay duda de que es una pieza comprometida socialmente, escrita en la buena dirección, es decir, criticando en España prejuicios reales y absurdas convicciones de época.

El texto resalta el derecho de la mujer a actuar en el dominio público, como María, por ejemplo, que se dedica a los negocios cuando sus padres, los marqueses de Alto-Rey —don Pedro de Guzmán y Filomena—, atraviesan un período muy difícil de deudas y amarguras. Y el de casarse en contra de la voluntad de sus progenitores y de su hermano Cesáreo, un figurón inútil que, gracias a un buen enlace, adquirirá riquezas y un poder extraordinario en la villa de Agramante, donde sucede la obra el mismo año de 1903. Además, en *Mariucha* hay un curita progre, don Rafael, que está en contra de toda aquella tradición prejuiciosa que reduce a la mujer a un papel inferior al del hombre, y lucha contra ella en la medida de sus fuerzas.

En el comienzo de la obra, que ocurre enteramente en Agramante, el Pocho y Corral asedian a Cirila, la sirvienta de los marqueses de Alto-Rey, para que reconozca que sus amos han caído en una terrible decadencia, abrumados por las deudas, que no les permiten ya mantener los altos niveles de vida de antaño. Los marqueses han dejado a su hijo Cesáreo en Madrid, pero en este acto se revela que está por llegar a Agramante.

En escenas siguientes se advierte cómo Filomena, marquesa de Alto-Rey, reparte los pocos caudales que le quedan: un tercio para rogar por el alma de su padre; otro para distribuirlo entre los pobres y el tercero para ofrecer un manto nuevo a la Santísima Virgen del Rosario.

En el siguiente cuadro aparece por fin María, Mariucha, hija de los marqueses arruinados de Alto-Rey. Viene de hablar con los vecinos y de interrogarlos sobre sus necesidades. Se la nota joven, alegre, interesada en los problemas sociales. María reprocha a su padre que se degrade pidiendo dinero a todo el mundo, cuando debería contar con sus propias fuerzas para salir de la bancarrota en que se halla. Su padre, furioso, le responde que no está para sacar ladrillos o limpiar carbones. María entonces le replica que ella haría estas cosas con más gusto que pedir dinero. (De más está decir que María es un personaje prototípico de Pérez Galdós: la rebelde).

En eso llega Vicenta Pulido, la alcaldesa, a invitarlos a una «fiesta veneciana». También llega a Agramante Cesáreo, el hermano de María. Es la esperanza de la familia para salir de pobres. Espera ocupar un cargo político importante. Dice que necesita todo el dinero que lleva encima y que no puede ceder ni una moneda a nadie.

León es un joven trabajador que parece tener éxito: apareció en la pieza cubierto de carbón, indistinguible, y ahora sabemos que ese carbón que trae de las minas lo está enriqueciendo. Cesáreo cree reconocer en León a alguien, pero no está muy seguro. En la escena siguiente se ve cómo María reprocha a su padre que se degrade pidiendo dinero a todas las personas que conoce. Esto sólo consigue enfurecer al marqués.

El siguiente acto se abre con un largo diálogo entre León y María, quien ha citado a aquél. Éste le confiesa que es Antonio Sanfelices y que, en su juventud, llevó una vida escandalosa e, incluso, delictuosa. Le relata su pasado. Pero ha conseguido pagar todas sus deudas y así se ha librado de la cárcel. Ella vacila en decirle por qué lo citó, acosada por la vergüenza. Al fin le confiesa que quería pedirle prestado dinero para su familia. León le responde que no puede prestarle ni una moneda, pues todo su capital está comprometido con la compañía de trenes. Ella lo entiende, y, en vez de ofenderse, lo admira por la energía con que lleva adelante su negocio.

María y la alcaldesa Vicenta intercambian vestidos. María ha decidido no ir a la «fiesta veneciana» y, más bien, venderle su vestido a la alcaldesa por cuatrocientos duros. María y la autoridad municipal hacen buenos negocios y el espectador advierte que la joven, dedicándose día y noche a trabajar y especular con las finanzas, consigue, en muy poco tiempo, devolver a sus padres a la situación cómoda de que antes gozaban. Esto deja muy impresionado a León, quien se va enamorando de esta muchacha capaz de elevarse por encima de la condición —tan limitada— que ofrece a la mujer aquella sociedad. Ni qué decir que ese sentimiento que amanece en León es compartido por Mariucha, que encuentra en el trabajo sistemático de León motivos de inspiración para lo que hace ella misma.

El encuentro de María con sus padres, los marqueses de Alto-Rey, es regocijante. Don Pedro está feliz con las proezas comerciales de su hija; pero su esposa, Filomena, no se acostumbra a que una noble trabaje, sobre todo siendo mujer.

Cuando Mariucha sale, sus padres comienzan a abrir los cajones de la cómoda, ante el escándalo del curita don Rafael, que está presente. Los marqueses quieren saber en qué consisten los negocios con que su hija se gana la vida. Ven aparecer muchas cuentas de pagos y préstamos y quedan escandalizados, adivinando que entre los negocios de María está el de ser prestamista. Pero el cura don Rafael les dice que él siempre «cree» en la muchacha.

Llega un mensaje anunciando que Cesáreo, hermano de María, se casa con Teodolinda, hija del alcalde de Agramante. La reacción de los marqueses de Alto-Rey sabiendo que su hijo se casa con una plebeya es, primero, angustiosa, pero, luego, la posibilidad de que don Pedro sea embajador les levanta la moral y se resignan. Sobre todo, pensando que su hijo Cesáreo será muy rico y poderoso. Al mismo tiempo, se advierte que ha ido surgiendo una complicidad entre María y el párroco don Rafael.

El cuarto acto comienza con una «boda» laica entre León y María, en la que juega un papel muy simpático don Rafael. Éste les cuenta que hay una conspiración contra ellos de la aristocracia para impedir su matrimonio, encabezada por Cesáreo, dueño ahora de las minas y tierras de la comarca. Sin embargo, María y León «se casan», pese a todas las objeciones familiares, por su propia voluntad. Y entonces, Cesáreo, en vez de dar muerte a León —o a María y León—, decide declarar que su hermana ha fallecido y que tanto él como los marqueses la olvidarán. María ve desfilar a sus padres, alejándose de Agramante, acaso para siempre.

Esta obra tiene, como dije al principio, una buena orientación. Es muy crítica de los prejuicios y tonterías que impedían a una muchacha de la nobleza trabajar y ganarse la vida en la sociedad española, aunque su familia estuviera en la ruina, y las prevenciones sociales que alentaban semejante disparate. Además, hay una reivindicación del comercio y del trabajo individual, en contra de los obstáculos que amparaban y rodeaban a la nobleza. Y muestra, en el personaje de don Rafael, que había dentro de la Iglesia sacerdotes que representaban la modernidad y eran muy críticos de quienes respaldaban aquellas reticencias.

El caso de María es interesante; obligada por las circunstancias se pone a trabajar y lo que resulta sorprendente y casi milagroso es que en una gran brevedad de tiempo se pone manos a la obra, obtiene mucho éxito y logra sacar a sus padres de la crítica situación económica en que se hallaban. Que su hermano Cesáreo y sus padres la consideren muerta para ellos sólo habla mal de quienes se muestran tan reacios a modernizarse y a cambiar.

La obrita es simpática y está bastante bien escrita, aunque, como toda obra crítica de las costumbres, parece a veces más una tesina que una libre fantasía nacida de la imaginación del autor. También hay que decir que *Mariucha* tiene escenas que son demasiado largas, y que un cierto ajuste en ellas le hubiera convenido. Pero, aun así, se trata de una obra rebelde, muy representativa de las ideas que alentaba Benito Pérez Galdós sobre la realidad social de España y que no tuvieron acogida ni asiento entre el gran público en aquella época.

El abuelo (1905)
(Drama en cinco actos y en prosa)

(Se estrenó en el Teatro Español de Madrid el 14 de febrero de 1904, y se publicó ese mismo año poco después en el Establecimiento Tipográfico de la Viuda e Hijos de M. Tello)

Se trata de la versión teatral de la novela que escribió en 1897; ésta pasó sin pena ni gloria, pero la obra de teatro, bastante más ajustada, mejor dialogada y con detalles dramáticos más efectivos, alcanzó éxito de público y de crítica. Sin embargo, no ha permanecido como una de las importantes aportaciones teatrales de Pérez Galdós, sin duda por lo anticuado y hasta absurdo que resulta el personaje principal, el anciano don Rodrigo de Arista-Potestad, conde de Albrit, en la localidad de Jerusa (nombre inventado), donde, incansable, persigue un objetivo que tardíamente se revela a los espectadores: descubrir entre sus dos nietas, Nell y Dolly, cuál de ellas es la auténtica, pues ha sabido que una de las dos es espuria; es decir, hija de Lucrecia, esposa de su hijo, aunque no de éste. El hijo del conde, que era aficionado a la pintura, hace años que ha fallecido.

Jerusa está al norte de España. Las hijas de la condesa de Laín, a quien el conde considera «infame», han sido recluidas allí por su madre, mientras ella viaja por Europa. Los viejos criados del conde, Gregoria y Venancio, nos ponen al día sobre lo que ocurre; el conde llegará dentro de pocas horas y la pareja, que trabaja en sus tierras, debe alojarlo y alimentarlo, pues el anciano señor ha perdido toda su fortuna, después de entregar unas minas que había heredado en el Perú.

Las dos nietas del conde de Albrit, Nell y Dolly, encerradas en aquella casa, tratan de salir al jardín. Aparece Senén, un oportunista, muy bien vestido y perfumado, que está enterado de todo y les informa: el conde llegará hoy mismo al pueblo y se alojará donde Gregoria y Venancio. Éstos están buscando a las niñas para llevarlas a ver al abuelo apenas llegue.

Las dos chiquillas, que resultan muy simpáticas, juegan en el jardín. Dolly envía el libro de Historia que está estudiando a los aires «para que se instruyan también los pájaros».

Se produce el encuentro de las dos chiquillas con el abuelo, el conde de Albrit, a quien al principio ellas creen un mendigo por la pobreza de su atuendo. No lo han visto hace varios años. Le hacen muchos cariños y se muestran muy afectuosas con él. Es un hombre anciano, todavía derecho y de buena apariencia. Venancio y Gregoria le besan la mano. El conde se queja de la población de Jerusa, pero los antiguos dependientes le aseguran que los vecinos le han rendido muchos homenajes. Según Venancio, el conde nació en esta casa y pasó su infancia en este pueblo.

El conde pide a Venancio ocupar el que era cuarto de su madre; Venancio se alarma porque este aposento ha sido convertido en una despensa —«el cuarto de las judías»—, pero el conde insiste y consigue que lo instalen allí.

Llega el cura, el curita típico de las novelas de Pérez Galdós, pragmático y bien avenido, sin muchas luces pero buena gente, y, sobre todo, defensor acérrimo del anciano conde. No es para menos, pues pudo estudiar Teología y Derecho gracias al anciano. El conde interroga al curita y no consigue sacarle gran cosa respecto a sus nietas, salvo que las dos chiquillas, en vez de estudiar, prefieren divertirse, pasear por los jardines y jugar.

El acto segundo se inicia con una clase que da don Pío a Dolly y Nell. Don Pío intenta hablar de Temístocles pero ambas chiquillas se burlan de él y, tratando de convencerlo, le dicen hasta guapo, pues lo que quieren es irse a jugar. Llegan el alcalde, el médico y el cura; cuando las niñas se enteran de que su madre está arribando a Jerusa, salen corriendo a su encuentro. La condesa de Laín comparece y trata de que el curita le cuente las cosas que dice sobre ella el abuelo, pero el curita, muy prudente, guarda reserva.

Asistimos a una escena en que Senén muestra su oportunismo y condición trepadora con la condesa de Laín. En efecto, sólo busca un ascenso.

El encuentro de la condesa y su exsuegro es dramático. El anciano, que vio morir a su hijo, encontró una carta en la que, según él, aquél reprochaba a Lucrecia haber tenido un hijo con Carlos Eraul; el anciano quiere saber cuál de las hijas de la condesa es aquella niña falsaria que lleva su apellido. La condesa niega los hechos, pero su exsuegro afirma que lo descubrirá. En eso entran las nietas del conde, y, discretamente, la condesa pide al curita y a Venancio que cuiden mucho al abuelo. Porque éste ha comenzado ya a perder la vista y a dejar de reconocer a las personas.

El curita, llamado don Carmelo, y el anciano conde se quedan conversando. Ambos ofrecen convidar un almuerzo al otro. Llega el médico, llamado Salvador Angulo, que tiene, según el cura, mucho talento. Cuando estallan los primeros cohetes de la recepción popular a la condesa, a la que el abuelo llama Lucrecia Richmond, el viejo conde dice algunos horrores contra ella, una desgraciada que según él es «un monstruo de liviandad».

El acto tercero se abre con un diálogo entre las niñas y su abuelo, en el que el viejo, medio ciego, trata de averiguar cuál es su nieta real y cuál la ficticia. El espíritu retorcido del anciano se hace más que evidente en esta escena, bastante repugnante. Prejuicioso y estúpido, el abuelo no tiene casi en cuenta lo cariñosas que son sus nietas con él, obsesionado como está con la averiguación de cuál de ellas es la auténtica y cuál, la falsa.

El viejo conde se queja del alojamiento que le han brindado Gregoria y Venancio. Antes, le daban un café bien espeso y preparado y, ahora, en cambio, un café ralo y colado de cualquier modo. Sus nietas corren a prepararle el café como le gusta y Gregoria las ataja: «Para eso estoy yo». El curita y el médico tratan de aplacar al abuelo. Pero, al final, Venancio y el conde se enfrentan en una trifulca donde se revela que tanto Venancio como el cura y el médico se proponen encerrar al conde en un convento, para que no los fastidie más.

Ya en el acto cuarto se descubren otras dos cosas gracias al chismoso de Senén: la condesa se llevará a sus dos hijas y el reverendo prior de Zaratay (el nombre cambia en la novela y en la obra de teatro) ha accedido a admitir al abuelo en su monasterio.

Senén advierte a Nell que han decidido casarla con Paquito Utrech, marqués de Breda, y ella no oculta su alegría. Vaya un buen partido; el joven es guapo, elegante y rico. Nell está muy contenta con esta perspectiva. El abuelo, sorprendido, dice que esta mañana le han dado un buen café y lo han tratado con mucho cariño. Nell le informa que esto se lo debe a Dolly. Ésta, en efecto, hace toda clase de cariños al abuelo, que exclama, sin cuidarse: «Si fueras tú...». El abuelo trata de sacar la verdad a Senén, criado de su hijo cuando murió, pero como no lo consigue, insulta al muchacho. Se advierte su carácter prepotente y obsesivo.

El alcalde y el cura revelan al abuelo que lo van a encerrar en un monasterio. El abuelo protesta y Dolly lo acompaña, enfrentándose a todo el mundo. Ellas son las únicas propietarias de estas tierras y exigen que el abuelo sea tratado como el amo y señor que fue. El abuelo delira de felicidad con esta nieta. Parece que todos se van cansando con el viejo conde y ya nadie, ni siquiera don Pío, Senén y Venancio, lo respetan. Ahora, como Venancio apoya a «la señora», Senén revela al conde que «la hija falsa, la espuria» es Dolly. Nell trata de animar a su abuelo diciéndole que se refugie en el monasterio de Zaratay. El conde siente horror pues sabe que Nell es «la auténtica» nieta.

Está con don Pío cuando llega Dolly, quien le dice que se quedará con él, pues su madre ha cedido y le ha dado permiso para que lo haga. Ahora el viejo conde se resigna a aceptar a Dolly con todo su cariño, sin hacer más las distinciones que le han envenenado la vida. Por fin, el abuelo entiende que los verdaderos parentescos nacen de la acción de las personas y no de la sangre que corra por sus venas. Ha aprendido algo, al fin de su vida, aunque no pueda disfrutarlo por mucho tiempo. Con él terminará una manera de entender las cosas que tiene un rancio sabor al pasado, algo que poco a poco se va extinguiendo en España.

Tal vez éste sea el gran mérito de Pérez Galdós con esta obra: mostrar lo que no puede volver jamás. El tema lo obsesionó por muchos años y estaba aún muy vivo en la sociedad española que él describió en sus novelas, pero esta obra no dejó una huella importante en el público que acudía al teatro, aunque, no hay duda, mereció más aplausos que la novela.

Bárbara (1905)
(Tragicomedia en cuatro actos)

*(Se estrenó en el Teatro Español de Madrid
el 28 de marzo de 1905)*

La historia que cuenta esta obra de teatro ocurre en
el año 1815, en las afueras de Siracusa, en la época del
reinado de Fernando I de las Dos Sicilias. Toda ella tiene lugar en una isla que Pérez Galdós había conocido;
él, por lo demás, leía y hablaba bastante bien el italiano.

Aunque la pieza está atiborrada de «buenas palabras», es decir, de exclamaciones pretenciosas y eleva-
das que contribuyen a acentuar la irrealidad del personaje de Bárbara cuando proclama lo enamorada
que está de Leonardo, pese a ser ésta la típica historia
de prepotencia y enjuagues sucios de los poderosos en
contra de los desvalidos —en este caso Bárbara y su
amante español, el capitán Leonardo de Acuña—, la
obrita tiene un buen comienzo, que, por desgracia,
defrauda luego a los espectadores.

Filemón, anticuario y pedagogo siciliano, que fue
rebelde de joven y es ahora intendente del reino, está
en su casa, en las afueras de la ciudad, cenando con su
esposa Cornelia, en presencia de la criada Rosina. Él
va a publicar un libro sobre Grecia, tema que en apariencia domina y en el que se cree un especialista,
como se advierte por la cantidad de frases que dice en
griego clásico. La señora Bárbara, condesa de Termi-
ni, es la que paga las ediciones de ese pretencioso que
es el maestro Filemón.

Cornelia recuerda entonces a la pobre Bárbara, esposa de otro conde local, que la maltrata; Rosina confirma que ha sido testigo de una de estas escenas en las que Bárbara fue golpeada por su marido Lotario. Toda esta escena es atractiva y tensa, con personalidades bien definidas y diferenciadas.

Surge entonces un murmullo y aparece Bárbara, fuera de sí. Los dueños de casa la interrogan y ella, al fin, les cuenta lo que le ha ocurrido. Había salido de casa a contemplar las estrellas y en eso se le apareció su marido, Lotario, convertido en un furibundo salvaje. Ella, defendiéndose, le clavó un cuchillo y lo dejó muerto en la hojarasca. Filemón y Cornelia la tranquilizan, le prometen que nunca dirán nada de lo ocurrido y la acariñan. Así termina el primer acto de la obra.

El suspenso creado mantiene muy viva la curiosidad de los espectadores; pero lo que ocurre a continuación, en vez de seguir el ritmo novedoso de ese primer acto, es enredado, demasiado largo, difícil de entender en todos sus meandros y, a fin de cuentas, bastante confuso.

Resumiendo mucho, en escenas posteriores vemos al rico y poderoso Horacio Maddaloni, indiferente a los ruegos de Bárbara de que libere al español Leonardo de Acuña, a quien aquél ha puesto entre rejas sin razón alguna. Horacio exige como contrapartida para liberarlo que Bárbara se case, por segunda vez, con el príncipe de la isla, un conde llamado Demetrio, enamorado de ella desde que eran niños.

Éste y Demetrio se han encontrado después de muchos años. Demetrio, recién vuelto a Siracusa luego de tres lustros, se queda sorprendido con los cambios que han ocurrido en su ausencia. Los amigos vuelven a fraternizar y Demetrio pide a Horacio en esta ocasión que lo ayude con Bárbara, el amor de su vida. Demetrio, dicho sea de paso, aunque rico, es una persona humilde, como se advierte en su pedido de mano a Bárbara, lleno de modestia y de timidez, que dice no estar al tanto de las modas oratorias de su época. Nos conmueve por su sinceridad y es una de las escenas más bonitas y sinceras de la obra.

Ni qué decir que Demetrio ha comprado, y muy caros —en obras y estatuas antiguas—, los servicios de Horacio, que, sin duda, ha hecho su creciente fortuna a través de trabajos parecidos. Bárbara, hecha una fierecilla, insulta al corrupto Horacio.

Se van aclarando las cosas, que hasta entonces resultaban bastante enredadas. Lotario, el asesinado, era hermano de Demetrio. Comparece Leonardo, que ha decidido abandonar el servicio del rey porque, desde que llegó, padece de «locura mística». Vive con los franciscanos; se lo explica a los que cree sus amigos, aunque éstos no lo sean tanto.

Después de una vida dedicada a la violencia, ahora, Leonardo, que ha sido militar, añora la paz, la vida intelectual, la delicadeza de maneras, las buenas lecturas. Los amigos le señalan que su pase a la vida civil dependerá del rey. (En verdad, dependerá de Horacio, el todopoderoso señor de la isla y sobre todo maestro aprovechado de las intrigas políticas).

Horacio y Demetrio hacen un pacto. Demetrio, luego de entrevistarse con el rey en Palermo, se compromete a casarse con Bárbara. Y aquél, a manera de ofrenda, invita entonces a comer a dos frailes franciscanos. Leonardo, recordemos, está viviendo entre ellos, que lo han acogido en su monasterio.

Bárbara y el capitán español Leonardo de Acuña logran reunirse a solas luego del regreso de este último de Albania, y allí nos descubren que el crimen de Lotario ha sido configurado por los dos amantes. Ahora se acusan, cada uno, de ser el criminal. Cuando llega Horacio, dice que la investigación de aquel asesinato de Lotario ha probado la responsabilidad de Leonardo en el crimen. Los amantes se lo discuten. Horacio promete ayudarlos y salvarlos, pero los espectadores saben que el poderoso juez los traicionará.

En el tercer acto, mientras todos los personajes celebran la batalla de Waterloo, que les quita un gran peso de encima por la derrota de Napoleón y que da motivo en Siracusa a fiestas callejeras, en las que se coloca un tonel de vino en cada esquina de las plazas para que la muchedumbre celebre el acontecimiento, Bárbara sigue tratando de salvar a Leonardo. Se acusa de haber matado a Lotario, pero nadie se lo cree. Aparece Horacio, del que ahora sabemos que le ha pedido a Bárbara que se case con Demetrio si quiere salvar a Leonardo. Ella parece finalmente ceder a ese chantaje. Hay síntomas de una crisis mental en Bárbara, debido a las angustias que atraviesa y la incertidumbre que advierte en torno al futuro del español Leonardo de Acuña.

Hay, además, el recuerdo de aquella pobre mujer, golpeada en las calles como una «sabandija del infierno», así como el pobre niño que la acompañaba. Ella era la madre de Esopo, personaje religioso de la obra, y éste, el chiquillo atormentado. Horacio consigue quebrar a Bárbara, que, víctima de una crisis profunda, se somete finalmente a los caprichos e intrigas del señor todopoderoso de la isla. El maestro de la conspiración seguirá fortaleciéndose en su poder y, seguramente, incrementando su fortuna. El capitán español, el menos culpable de estos hechos, pues estaba lejos de Sicilia cuando la muerte de Lotario ocurrió, será amnistiado, pero con la condición de que parta a los Santos Lugares en peregrinación, rodeado de los padres mendicantes.

Con esta victoria del mal en Sicilia termina la obra y los espectadores no tienen más que lamentarse del destino trágico de la pobre Bárbara.

Como antes señalé, la severidad de la crítica contra los desmanes que se cometen en Sicilia en aquellos años de comienzos del siglo XIX era probablemente justificada, pero la obra es deficiente sobre todo por el lenguaje exacerbado y pretencioso de los diálogos —en un momento de su perorata, Bárbara dice a Esopo: «Inmunda charca llena de podredumbre es tu religión y tu madre una sabandija del infierno»—, por la extensión de algunos actos y, sobre todo, por lo mal armada que está, con la confusión del argumento que enreda excesiva y gratuitamente la historia. Como era de esperar, esta pieza no tuvo demasiado éxito de público y la crítica fue bastante severa con ella.

Amor y ciencia (1905)
(Comedia en cuatro actos)

(Se estrenó en el Teatro de la Comedia, en Madrid, el 7 de noviembre de 1905)

Esta obra, pese a su infortunado título, que, por otra parte, tiene poco que ver con la «ciencia», salvo que uno de sus protagonistas, Guillermo Bruno, es al parecer un destacado científico, está bastante bien construida y los diálogos son ágiles y amenos, aunque, de manera general, el último acto —el cuarto— sobra, y el escaso nivel intelectual que hay en ella desmerece su factura y pasa como un simple entretenimiento, sin mayores ideas ni preocupaciones trascendentes. Todo en ella es dependiente de la actualidad.

El núcleo argumental es bastante sencillo. Un chiquillo, Crispín, hijo de Paulina, está muy grave y don Guillermo Bruno, un destacado médico, acude a su casa y lo salva.

Sólo a partir de este momento se revela todo el drama que hay detrás de la enfermedad del joven Crispín y la resistencia de su familia a recibir al médico que lo curará. Su madre, Paulina, ha estado casada con el doctor Guillermo Bruno y, habiéndose portado mal con él por su afición a los vestidos, las joyas y la buena vida, se presume que lo ha engañado sin mayores remordimientos; de modo que su marido, que no ha vuelto a verla en los últimos seis años, guarda una profunda inquina hacia ella.

Paulina parece a punto de volver a las andadas una vez curado su hijo —como se advierte por una exposición de vestidos a la que se apresura a asistir—, pero, sin embargo, está llena de remordimientos por su pasado y deseosa de amistarse de nuevo con su esposo. Pero don Guillermo Bruno no va a perdonarla tan rápido.

En un último acto —el sobrante—, en el que la historia pasa de lo individual a lo social, aparece como un juez severísimo, que impondrá a su exmujer un régimen muy estricto, carcelario, hasta que ella se arrepienta profundamente de su mal proceder durante el matrimonio y se someta a las directivas estrictísimas —feroces, en verdad— de su antiguo esposo. Ella lo hace así y es lo último que sabemos de la pareja. ¿Aguantará Paulina las condiciones realmente inhumanas que le ha impuesto su exesposo para perdonarla, acusándola de frivolidad y de no haber dedicado su vida a servirlo y estimularlo en sus investigaciones científicas?

No lo sabemos y cabe ponerlo en duda, pues los moscardones que la desean —ella, pese al paso de los años, es una mujer siempre bella y elegante— ya han comenzado a rondarla, a juzgar por las cartas de amor que recibe de amigos y conocidos que aspiran a convertirla en su querida.

La obra parece escrita para mostrar la mala conducta de Paulina y su difícil reivindicación, pero no es así. La lectura, hoy en día, de ese libreto a quien nos muestra como un acomplejado y un fanático de las supuestas «buenas» costumbres es nada menos que al científico don Guillermo Bruno, cuya zafiedad y deseos de venganza con su pobre y arrepentida mujer lo delatan como a un ser vengativo y sobre todo machista, convencido de que las mujeres existen sólo para estar al servicio de los hombres, como sirvientas o esclavas de sus caprichos. Lo que aparece en el personaje masculino de la obra es un complejo de superioridad sobre el sexo femenino del que él no es siquiera consciente, y que, de acuerdo a las costumbres actuales, lo delata como responsable de las muchas ignominias que se han cometido y se siguen cometiendo contra las mujeres.

Cuando el espectáculo termina, no hay duda: la solidaridad del grueso de los espectadores está del lado de Paulina y en contra de ese personaje despreciado y despreciable que es el doctor Guillermo Bruno como persona humana, pese a sus supuestos éxitos en el campo de la ciencia.

Por lo demás, la severidad e intolerancia del médico de marras, convencido de que las mujeres existen sólo para servir a los caprichos de los hombres, parecen bastante más extendidas de lo que aparentan las formas. Y, si no, que lo digan los autores de las cartas de amor que recibe Paulina, por ejemplo, Varona, esposo de Natalia, que le ofrece llevársela a una isla griega, Corfú, sin saber que su propio hijo, Adolfo, es otro de los pretendientes secretos de la dama a la que quiere conquistar. Ésta, por lo demás, se halla desde hace algún tiempo como pareja oficial del marqués de Abdalá, hombre que posee, como era de esperar, una gran fortuna.

En todo este mundo, la penosa idea que el doctor Guillermo Bruno se hace de las mujeres parece estar muy extendida. La presencia, en la obra, de una hermana de la Caridad, sor Elisea, discreta, sacrificada y eficiente, nos compensa algo de ese entorno machista y cerril en el que la mujer parece existir sólo para hacer de sirvienta o querida al servicio del macho.

Éste era, sin duda, uno de los propósitos de Pérez Galdós al escribir esta pieza como una forma de denuncia. La sociedad española muy raramente en aquella época reconocía una igualdad efectiva, pese a que las leyes la proclamaban, una libertad de la mujer semejante a la del hombre, y por lo mismo aceptaba aquella doble moral, en la que la mujer se llevaba la peor parte.

Tal vez ésa sea una de las críticas que se hizo más presente en el teatro y en las novelas de Pérez Galdós: la muy difícil situación de la mujer en una sociedad machista y católica en la que aquélla se hallaba y que la condenaba a ser una víctima del sexo masculino.

El cuarto acto aparece como un añadido para conformarse a las costumbres de lo que eran las funciones del teatro, pero carece totalmente de necesidad, por lo menos en lo que llevamos de libreto. En verdad, dicha obra termina con el tercer acto, cuando el doctor Guillermo Bruno salva a Crispín y todos los presentes en casa de Paulina lo celebran. El cuarto acto es ya otra historia: la de la venganza del doctor Bruno y las duras condiciones que impone a su mujer para que vuelva a su casa.

En este acto, en el que la historia deja de ser individual y pasa a ser social, el exmarido de Paulina cambia de piel y aparece tal como es, es decir, lleno de prejuicios y resentimientos. Sin duda, en él expresó Pérez Galdós el aspecto más crítico y constante de su obra contra la sociedad de su tiempo. Pero, de todos modos, en la pieza teatral esta historia es ya otra historia, no aquella con la que comenzó *Amor y ciencia*, en torno a la salud de Crispín y a las conjeturas sobre si sobreviviría o no a la enfermedad que lo aquejaba.

Da un salto a lo puramente social, la condición de la mujer en la España de entonces, tema recurrente en la obra de Pérez Galdós y en el que él, liberal convicto y confeso, hacía críticas frecuentes a lo que consideraba —con justa razón— uno de los aspectos más negativos de la vida española.

Sin embargo, en este punto hay todavía bastante que decir, pues tiene que ver con la literatura llamada «comprometida» o de crítica social. Esta literatura estuvo muy de moda —lo está todavía en América Latina, aunque de manera marginal— en una época, y se planteó un debate al respecto, en el que participaron escritores y críticos con puntos de vista contrarios.

Nadie discute que, en la sociedad real, esos problemas existen y deben ser objetos de crítica y censura, sobre todo en el campo político. ¿Puede existir una gran literatura que sea a la vez de denuncia? ¿Que busque reformar la realidad existente para mejorarla, por ejemplo respecto a la condición de la mujer? ¿O deben los escritores buscar temas más trascendentes, que, aunque aquéllos sean clásicos, hablan de igual a igual a los hombres de nuestro tiempo, como ocurre con Shakespeare, Cervantes o Goethe, o, sin ir tan lejos, un Balzac, un Faulkner o un Hemingway? No cabe duda que si la literatura no se acerca y contamina de realidad, opta por una personalidad desasida y abstracta, de mera búsqueda de la belleza formal, que termina por alejarla de lo vivido y darle una consistencia muy poco realista, para no llamarla metafísica, algo que también aparta aquellos libros del lector común y corriente.

Cuando leemos a Cervantes, o a cualquiera de los grandes clásicos, no sentimos que estamos alejados de la realidad presente; la problemática que aparece en el

Quijote puede perfectamente fundirse con las preocupaciones y pasiones que nos suscita el tiempo actual, aunque para ello debamos asociar, a veces con cierto esfuerzo, el texto leído a nuestra realidad inmediata. En el otro extremo, qué ocurre cuando, como en el caso de esta obra de Pérez Galdós, la realidad viva de España ha superado ya esa concepción de la mujer como un ser de segunda clase y al servicio del hombre. Esa literatura, erigida en función de una problemática momentánea y pasajera, pierde su fuego y su valor y se deteriora inevitablemente hasta adoptar un tono de irrealidad que disminuye sus méritos, pues éstos dependían de una realidad existente. Esa literatura pierde actualidad e incluso calidad, se vuelve un mero testimonio histórico de la época en que surgió.

Buena parte de la obra de Pérez Galdós, sin restarle méritos, está tan asociada a una situación vivida —como por ejemplo la influencia enorme de la Iglesia católica en la vida de la gente, o, como en esta obra, la situación discriminada y servil de la mujer en la sociedad española de entonces— que uno se pregunta si la función de la literatura debería ser sólo política y social, es decir, estar asociada y dependiente del presente, o tener más vuelo y permanencia y desarrollar una temática más asociada a problemas más constantes de la realidad humana, además, claro está, de elaborar un lenguaje más revolucionario y novedoso.

Ese problema no ha hallado todavía una respuesta y tal vez ella sea que los escritores reflejan una variedad de temas y actitudes tan vastos como la propia literatura, de modo que en ella todo cabe y es posible: una literatura dependiente de las circunstancias y por lo tanto efímera, o una literatura trascendente, más arraigada en problemas metafísicos, filosóficos e intelectuales que en la contemporánea realidad, aunque esto último no dependa nunca de aquella temática sino de la trascendencia y nuevos niveles de belleza que el autor pueda imprimirle. Lo que se reduce a una misma cosa: nada está dicho de antemano en el campo de la literatura, pues todo es posible en ella, y por eso es indispensable que en su ejercicio haya siempre la más irrestricta libertad.

Pedro Minio (1908)
(Comedia en dos actos)

(Se estrenó en el Teatro Lara, en Madrid, el 15 de diciembre de 1908)

Esta obra consta sólo de dos actos pero en ella aparece algo infrecuente en los textos de Pérez Galdós: el humor. Ocurre en un asilo de ancianos, llamado el Asilo de Nuestra Señora de la Indulgencia, en Madrid. Se trata de un asilo muy especial donde los viejos se burlan de los jóvenes, imitándolos con regocijo y amenaza de escándalo (aunque sin llegar nunca a él), y entre los que truena y sobresale don Pedro Minio, predicando la paz, la vida reposada, el buen humor, la sabiduría de las costumbres sencillas, y, se diría, gozando de cada instante, jugando a ser feliz (y creyéndoselo), imitado por los empleados y sirvientas del lugar, a los que sus chanzas y divertimentos se contagian y hacen vivir una felicidad que no por ser ficticia deja de ser sincera y nobilísima.

El primer acto es una comedia dentro de la comedia, en el que el humor —al que no era muy aficionado a la hora de escribir Benito Pérez Galdós— estalla a cada paso gracias a don Pedro Minio, un vejete empeñado en mantener la juventud, algo que consigue con facilidad, gozando de la vida y haciendo que sus compañeros gocen también igual que él con sus esparcimientos y bondades. Todos lo adoran, en especial la servidumbre, a la que trata no sólo con cariño y respeto, sino a la que contagia sus deseos de vivir feliz, en paz con todos, empezando consigo mismo.

No se conocía en sus escritos hasta entonces esta vena cómica de Pérez Galdós, que aquí se admira y deja correr, celebrándola no sólo sus compañeros de asilo, también los espectadores, sobre todo cuando entre los actores aparecen los típicos especímenes madrileños de caricatura, magníficamente encarnados y mejor hablados entre los personajes de la historia.

El segundo acto es ya menos risueño que el primero, pues sucede en la dirección de la institución, donde aparecen la superiora del establecimiento, sor Bonifacia, la madre Luisa y hasta el marqués de los Perdones, patrono y director del asilo. Pero, de todas maneras, el acto va cobrando irrealidad y mucha gracia cuando se incorpora a él Ladislada y desde que aparece don Pedro Minio, que hasta pone a hacer ejercicios físicos a su sobrino, Abelardo, quien pese a su juventud se queja siempre de agotamiento y males múltiples, pero al que la cercanía de don Pedro levanta siempre el ánimo hasta descubrirle la alegría de vivir.

Cuando la siniestra Hortensia, esposa de Abelardo, va distribuyendo los cargos que tendrá el otro asilo, que se va a inaugurar pronto, y se atribuye los mejores para ella y sus validos, don Pedro Minio queda horrorizado de saber que él va a ser trasladado allá, donde estará rodeado de monjes capuchinos sin humor y sin divertimento, sobre todo los que a él le gustan, que son decir lindezas a las mujeres y acariciarles las mejillas.

Todos eligen quedarse en el Asilo de Nuestra Señora de la Indulgencia, en vez de mudarse a ese espectro de la realidad que Hortensia les ha descrito, incluso, entre aquéllos, su propio marido, Abelardo.

Escoger la irrealidad en el teatro (o en la literatura) es perfectamente posible y eso es lo que hacen los magníficos personajes de esta comedia divertida, en la que, repito, hay sonrisas y risas por doquier, y de la que están excluidas las malas cosas de la vida, aunque la realista Hortensia trate de incrustarlas en ella cada vez que abre la boca, además de mostrar una arrogancia y desprecio a los inferiores que nos la presentan como una mujer prejuiciada y antipática.

Esta obra es una curiosidad en la obra de Pérez Galdós, que no solía entregarse al humor ni al sano esparcimiento. Aquí lo hace con mucha gracia y desparpajo, sobre todo en el personaje encantador de don Pedro Minio y en su compañera de asilo, Ladislada, siempre simpática, sobre todo en su manera de hablar, donde a cada paso se equivoca y deforma las palabras del buen español con mucho humor y simpatía.

Esta comedia es intemporal y podría representarse en la actualidad, sobre todo con su colección de tipos madrileños, muy bien percibidos y retratados con solvencia por el autor. No he conseguido saber cómo fue recibida por el público de entonces esta comedia —con mucho éxito, me imagino— y en todo caso ésta sería la recepción en la actualidad, en que se ha puesto de moda el teatro ligero y risueño. Ligera y risueña es *Pedro Minio*, pero de excelente nivel y, como ya dije, una verdadera curiosidad en el mundo de Pérez Galdós.

Casandra (1910)
(Drama en cuatro actos)

*(Esta obra fue estrenada en el Teatro Español
de Madrid el 28 de febrero de 1910)*

Esta versión teatral de *Casandra*, que Benito Pérez Galdós llevó a cabo en 1905, en su casa de Santander, y que le tomó unos tres meses según el manuscrito, sólo se estrenó en Madrid cinco años más tarde. El texto fue publicado en 1910, con motivo del estreno de la obra en el Teatro Español, y lleva un prólogo del autor, en el que confiesa que ese texto es producto de un «cruzamiento de la novela y el teatro», dos hermanos que han recorrido el campo literario y social, buscando y acometiendo sus respectivas aventuras, y que ahora, fatigados de andar solos en esquiva independencia, parece que quieren entrar en relaciones más íntimas y fecundas que las fraternales.

Los tiempos piden al teatro que no abomine absolutamente del procedimiento analítico, y a la novela, que sea menos perezosa en sus desarrollos y se deje llevar a la conciencia activa con que presenta los hechos humanos el arte escénico. Y el texto termina con una propuesta: «Casemos, pues, a los hermanos Teatro y Novela, por la Iglesia o por lo civil, detrás o delante de los desvencijados altares de la Retórica, como se pueda, en fin, y aguardemos de este feliz entronque lozana y masculina sucesión».

Ha habido muchos intentos de fundir el teatro y la novela y todos, incluido éste, han fracasado. Por una razón de peso: el lenguaje teatral y el novelesco son incompatibles, el contexto en el que ambos se formulan no coincide y más bien se rechazan uno al otro. El lenguaje de la novela es muy diverso, por supuesto, pero nunca es teatral (o lo es sólo en las malas novelas), porque lleva generalmente consigo una carga psicológica y emocional que procede del narrador, en tanto que el lenguaje teatral es mucho más puro y diáfano, ya que, al pronunciarlo, el actor o la actriz que lo expresan pueden interpretarlo de muy distintas maneras, añadiéndole emociones o vibraciones de diversa índole, que corresponden a su interpretación particular del personaje, del desarrollo de la historia y de la naturaleza del espectáculo. Estas maneras, incompatibles entre sí, explican las funciones diferentes que tienen el lenguaje novelesco y el teatral y las enormes dificultades que han hecho, hasta ahora, que los lenguajes de ambos géneros no puedan ser utilizados indistintamente por novelistas y dramaturgos.

Dicho esto, sin embargo, hay que añadir que esta versión teatral de *Casandra* es mucho más eficaz que la novela, pues la historia, la misma en ambos casos, aquí está contada en un plano estrictamente realista, sin las extravagancias metafísicas del final de la novela, que, la verdad, resultaban difíciles de aceptar por los espectadores. Aquella pirotecnia final con que terminaba el libro, en un espectáculo metafísico y bíblico, en el que aparecían animales extraños y hasta diablos, lleva a un plano poco feliz una historia que hasta entonces había transcurrido en un plano realista y bastante convencional.

Esto quiere decir que la versión teatral es mucho más atractiva que la novelesca, de diálogos más ceñidos y concretos, en tanto que aquélla resultaba estropeada por aquel final fantástico y delirante.

Esta escena está reemplazada por otra en la obra de teatro, en la que Casandra se enfrenta a doña Juana y le toma cuentas por sus infinitas maldades, hechas siempre con la excusa que de esta manera servía mejor a nuestro señor Jesucristo. Casandra, aprovechando la soledad de la enorme mansión en que se encuentran, insulta a doña Juana, acusándola de «monstruo de hipocresía y de crueldad» y, por supuesto, le reclama a sus hijos. La anciana, escandalizada ante la perspectiva de que esa mujer eduque a esos niños, le responde que los reclame a Rogelio, su conviviente; entonces, Casandra, cogiendo de la mesa de las alhajas un filudo cuchillo, acaba con la vida de la anciana, cuando ésta estaba a punto de dirigirse al convento de monjas franciscanas en el que había decidido pasar sus últimos días.

Cuando llegan Martina y Cebrián la anciana es ya cadáver y, como exclama Casandra: «¡He matado a la hidra que asolaba la tierra!... ¡Respira, Humanidad!». Se trata de un final espectacular, sin duda, pero más realista que el que ponía una nota de irrealidad en las últimas páginas de la novela.

Salvo en este detalle, la versión teatral sigue fielmente la historia que contaba el libro. El retorcimiento de doña Juana, adulada por todos sus parientes con la aspiración de recibir parte de la herencia, la frustración de casi todos ellos cuando doña Juana toma la decisión final y, por último, las frustraciones individuales de aquellos privilegiados que reciben parte de la herencia a condición de casarse legítimamente y, como es el caso de Casandra, de abandonar a sus hijos para que los eduquen en las formas de la más estricta religión. Este encuentro final destruye todo aquello que había construido la anciana y sólo queda en el escenario un pavoroso charco de sangre.

Zaragoza (1908)
(Drama lírico en cuatro actos)

La acción de este drama, al que le puso música el maestro don Arturo Lapuerta en 1908, estrenado en la Ópera de Zaragoza el 5 de junio de 1908, ocurre entre mediados de diciembre de 1808 y mediados de febrero de 1809, es decir, en plena batalla que lleva a cabo el pueblo de Zaragoza contra las tropas francesas de Napoleón Bonaparte. Se diría uno de los *Episodios nacionales*, pero musical, en el que la valentía de la población de una ciudad resiste, con mil actos de coraje, alentada por los múltiples coros, la invasión francesa.

La superioridad militar de estas últimas fuerzas está equilibrada de todos modos por el heroísmo con que el pueblo de Zaragoza, hombres y mujeres del común, se enfrenta a los invasores. Éste es el tema central de la obra; en cierto modo se trata de una ópera, o pieza musical, en la que se exalta con lenguaje grandioso y heroico —las «grandes palabras» otra vez— la valentía de esa población, que, pese a estar casi sin armas y muriéndose de hambre, se enfrenta a los franceses en rasgo de infrecuente solidaridad con sus curas y monjas, obreros y patronos, jóvenes y viejos, hombres y mujeres, coros masculinos y femeninos, soliviantados por el patriotismo y los rumores de que la Virgen del Pilar —la Pilarica—, de gran devoción popular en Zaragoza, está en las calles, mezclada con los grupos de valientes, encabezando la resistencia.

Pese a la brevedad del espectáculo, éste alcanza a mostrar a un empresario malvado, don Jerónimo Candiola, padre de María, el único que exige que le paguen por los alimentos que los resistentes le piden, y al que, de manera general, esa reciedumbre del pueblo zaragozano le parece inútil y descabellada. Él preferiría la rendición y la paz, que es buena para el comercio y los negocios.

Pero la figura que lo desacata y contrasta con la suya es nada menos que la de su hijo, el joven Agustín, quien, en esos días de sacrificio y desgarro, descubre el amor en la bella joven que es María Candiola, patriota y heroína como él. María pertenece, por lo demás, a una familia de alto rango, los Candiola, que, al igual que los Montoria, luchan con coraje sin par contra los invasores. Y hay un cura, el padre Aragón, que encabeza los desfiles y las cargas contra los franceses, cuya voz es escuchada por las masas y que, tanto al principio como al final de la historia, parece uno de los líderes de la resistencia popular.

Una interesante aportación que esta pieza ofrece al espectador es la función de los coros. Éstos se integran, respondiendo o preguntando, a los diálogos y discursos que se pronuncian en las calles de la ciudad aragonesa. Y parecen surgir de todas las iglesias. La función de los coros, en esta pieza, es central, pues ellos contestan a los oradores, a menudo los sustituyen y dialogan entre sí, y mantienen animada y fervorosa a esa población que, casi sin armas y por puro heroísmo, resiste a la embestida de las tropas francesas, a sabiendas de que será derrotada, pues tarde o temprano se impondrá la superioridad militar del enemigo. Y, por supuesto que, además de los coros, las jotas con las que el pueblo se anima y canta y danza ponen una nota de animado color localista en esas hazañas colectivas.

Esta obra no es una historia de la manera como el pueblo zaragozano se enfrentó a los invasores, ni hay en ella una pizca de exageración sobre el heroísmo popular a que dio origen, sino un reconocimiento y una ofrenda —musical, principalmente— a un acto de valiente civismo de los hombres y mujeres de Zaragoza, que, pese a tener conciencia de que al final de los combates serían derrotados, no se rindieron y prefirieron sacrificar sus vidas en defensa de la patria. Una historia rigurosamente cierta, según los testimonios de los participantes e historiadores, a los que Benito Pérez Galdós rindió un justo homenaje.

Celia en los infiernos (1913)
(Comedia en cuatro actos)

*(Se estrenó en el Teatro Español de Madrid
el 9 de diciembre de 1913)*

¿Ocurrirá alguna vez en la realidad española que los poderosos patronos, dueños de fábricas y tierras se volverán buenos, y como la Celia de esta obra de teatro, compadecidos de la suerte de sus pobres trabajadores, se dediquen a cuidarlos, protegerlos, aumentarles el sueldo, de modo que aquéllos los reciban y despidan con el agradecimiento y el cariño con que reciben y despiden a la generosa Celia?

Parece mentira la ingenuidad con que Benito Pérez Galdós se abandonaba a veces a estos sueños sociales, que resolvían los problemas por la vía menos traumática, en cierta forma de acuerdo con principios religiosos, que nunca abandonó del todo, como hemos visto en sus novelas, y veremos en los *Episodios nacionales* sobre todo, pese a su militancia en partidos democráticos, liberales y hasta socialistas, que estaban totalmente reñidos con aquella reconciliación. *Celia en los infiernos* ilustra una historia que parece inspirada en algún pasaje bíblico. Pero vayamos por partes, siguiendo los incidentes de esta obra de teatro que lleva una muy cariñosa dedicatoria a Serafín y Joaquín Álvarez Quintero, a quienes el autor reconoce su labor pionera en el mundo del teatro.

Celia, que ha cumplido la mayoría de edad, reúne a todos sus parientes para que firmen, ante el notario

—están allí don Alejandro, don Cristóbal, doña Margarita, don José Pastor, Germán y muchos otros personajes y sirvientes de lujo—, el documento que le permitirá disponer de los enormes bienes que ha heredado sin consultar a nadie más. Doña Margarita y Celia hablan de la única cláusula que en este texto establece una sola excepción: a la hora de elegir a su esposo se podría en ciertos casos especiales restringir la libertad de Celia.

Ahí mismo surgen quienes quieren aprovecharse o rechazan la nueva condición de la joven y bella Celia, marquesa de Monte-Montoro; entre los primeros está Ester y entre los segundos, Melchora, quien afirma que ha renunciado a seguir planchando la ropa de Celia luego de tantísimos años.

En una conversación privada con Germán, joven empleado, Celia quiere saber a cuánto asciende su fortuna. Germán le responde que sólo en bienes inmuebles su patrimonio puede recibir una renta de dos mil seiscientos a dos mil ochocientos duros diarios, lo que hace de ella una riquísima heredera. En este diálogo hay, sin embargo, cierta confusión cuando Germán cree que Celia se erige a sí misma como novia suya. Celia se desconcierta y le pide disculpas por el malentendido.

Al mismo tiempo surge un movimiento rebelde entre la servidumbre, porque ha corrido el rumor de que, ahora que es libre, Celia se dispone a cambiar el orden y la administración de la casa. En este desorden, la intrigante entre los servidores, Melchora, dice que Germán ha seducido a Ester y que ambos se han acostado juntos. Celia, al oírla, echa a Melchora de su casa.

Finalmente, el astuto Pastor parece salirse con la suya. Ha despedido a Germán y a Ester, luego de que ésta confiesa que su amor es Germán. Pastor despide a ambos de la casa y Celia lo apoya en esta decisión.

Ahora comienzan los padres de familia tratando de colocar a sus hijos como pretendientes de Celia. La condesa de Angostura asalta a Margarita, anciana tía de Celia, para decirle que su hijo Ricardito es el mejor partido para Celia y describe sus méritos. Luego llegan los esposos Paterna, tratando de que Celia elija a su hijo Luisito, quien es nada menos que la quinta maravilla. Así nos enteramos que Germán y Ester han pasado una época terrible, pero que Germán ahora trabaja en una fábrica y es honrado y tenaz en su trabajo. A Celia se le ocurre visitarlos y, si puede, salvarlos. Está arrepentida de haberlos despedido sin indagar más en sus relaciones.

En esta gira por el interior de España la acompaña, como su sombra, Pastor. Ambos recorren Madrid y él ha elegido un vestuario que lo hace aparecer como pobre de barrio. Este recorrido lo deja deshecho, en tanto que a Celia este contacto con la pobreza madrileña la sobresalta y excita su generosidad.

Celia y Pastor, que andan buscando a Germán y Ester, se topan con el puesto de Infinito, un hombre muy mayor así llamado pues recorre los espacios siderales que le revelan el secreto de dónde se hallan las personas escondidas o extraviadas. Hay un comienzo de querella entre ellos porque Infinito les exige un adelanto para iniciar su trabajo.

Surge cierta confusión de nuevo cuando Celia parece convertirse también en una Infinita, pues se dedica a recorrer los espacios entre las estrellas a ver si averigua el paradero de Germán. Cuando se encuentran con dos obreritas que trabajan en la misma fábrica que aquél. Ni qué decir que Celia y Pastor se precipitan a buscar a Germán, en una fábrica donde reluce la armonía; Ester y Germán han pasado períodos muy difíciles, pero ahora su situación ha mejorado y están tratando de casarse aunque hay complicaciones legales que se lo impiden. Las obreras del lugar reconocen a Celia y la celebran con aplausos. El autor —el mismo Pérez Galdós— piensa, y lo dice, que, con un poco de buena voluntad, como la que muestra Celia, se resolvería el «problema social» de España. Porque Celia ha resuelto asumir todas las responsabilidades que permitirán casarse a Germán y Ester y mejorar la situación de los trabajadores de sus fábricas.

Celia parte a recorrer Europa y ella hace un balance final de su vida, diciendo que a ella le toca resolver los asuntos de los demás, pero nunca los suyos. Con estas melifluas palabras termina la obra.

¿Creía Pérez Galdós que ésta era la verdadera solución para la pobreza de España, que se había ido quedando atrás respecto de Inglaterra, Francia y Alemania? Sin duda que hay en sus obras, dispersas aquí y allá, soluciones tan fáciles e irreales como la que describe *Celia en los infiernos* que parecen dar una salida al gran problema social en España —la distancia sideral que separa a los pobres de los ricos—, en gran parte por la estrecha visión que estos últimos tenían de los asuntos económicos y sociales que enfrentaba el país y la reducida y pasadista concepción de las cosas que albergaban, sin atreverse a invertir y optar por una política de mercados abiertos con todos sus riesgos, es decir, asumir una competencia que les permitiría ir progresando de veras y a los trabajadores también, pasando poco a poco a constituir una nueva clase media: como ocurría en los países que ya he mencionado, además de otros muchos, por ejemplo Suiza y los países nórdicos.

Ya había partidos que pretendían revolucionar a los trabajadores para que, según las teorías de Marx, éstos cumplieran su misión histórica de reemplazar a los patrones con un orden socialista, y enfrente, el capitalismo con todos sus diversos matices, que iría creando sociedades modernas y ofreciendo, en su movilidad, a obreros y patronos diferentes roles, dentro de un orden cada vez más fluido, para ir premiando a los más hábiles y desplazando a los menos activos y creadores. En todo caso, lo seguro es que la solución del problema social español no tendría jamás una fórmula por la aparición de personajes de una generosidad tan grande como la de la heroína de esta historia.

Por lo demás, esta obrita, que dicho sea de paso tuvo mucho éxito en sus presentaciones en España, está muy bien dialogada y es amena y entretenida en su cordial irrealidad.

Alceste (1914)
(Tragicomedia en tres actos,
el tercero dividido en dos cuadros)

*(Se estrenó en el Teatro de la Princesa de Madrid
el 21 de abril de 1914)*

En la edición de esta obra, Benito Pérez Galdós se animó a dirigir unas palabras a los lectores y espectadores de la pieza, explicando que, cautivado desde joven por la historia mitológica de Alceste, decidió convertirla en una pieza teatral «con procedimiento y estilo modernos». Y agradeció la ayuda que había recibido de José Ramón Mélida y las «expresivas observaciones de María Guerrero, maestra insuperable en todas las artes de la escena».

La verdad es que la obra está muy bien trabajada, con un conocimiento detallado de las creencias y los dioses de la Grecia clásica, y una rigurosa adaptación del libreto a aquellos remotísimos tiempos. Las objeciones no se refieren a referencias históricas, muy bien fundadas, sino a la inevitable irrealidad que suele acompañar a estas modernizaciones de las mitologías griegas —por eso son tan escasas—, incluso en obras tan estrictas como ésta, sobre las que tiende un manto de irrealidad la cantidad de siglos que nos separa de aquel mundo lejano, tan ajeno al nuestro, en el que los dioses conviven con los hombres y las mujeres de carne y hueso, y donde las oraciones y los diálogos tienen una pátina inevitablemente irreal, incluso en obras que, como *Alceste*, se acercan mucho a aquella distante realidad.

La primera escena reúne al historiador Gorgias y al rey Admeto, esposo de Alceste, amo y señor de toda la Tesalia. Éste se halla aterrado porque el «inexorable Júpiter» lo ha condenado a perecer, como castigo por haber dado muerte sin pretenderlo a un animal divino. Admeto pregunta a Gorgias si cree en «la justicia de los dioses». Gorgias le responde que sí cree, pero que en los dioses ve las mismas pasiones que muestran la imperfección de los seres humanos. En eso llega Mercurio (Hermes) y revela que ha llevado el asunto a las Parcas, y que éstas le han permitido una sustitución: la existencia le será preservada a Admeto siempre que haya alguien que lo reemplace en el sacrificio de su vida. Admeto piensa que su padre, el anciano Pheres, que ha vivido ya mucho, se sacrificará por él fácilmente. Gorgias parte a preguntárselo.

Quedan solos en escena Mercurio y el rey Admeto. Éste dice que sería la segunda vez que debería la vida a su padre. Pero Mercurio no está muy seguro de que el anciano Pheres quiera sustituirlo. Sigue un diálogo sobre los poderes de los dioses y, en especial, el padre de todos ellos, es decir, Júpiter.

Mercurio pregunta al filósofo Aristipo y al astrónomo Cleón qué piensan al respecto. Ambos cortesanos están de acuerdo en que el padre de Admeto no debe sacrificarse. Y en eso llega la madre de Admeto, Erectea. Pero cuando hace su aparición el padre de Admeto, Pheres rechaza enérgicamente recibir la muerte en lugar de su hijo. Piensa que los castigados por los dioses deben pagar por ellos mismos, sin ser reemplazados.

Entonces, Admeto piensa recurrir a su madre, Erectea, pero antes consulta al filósofo Aristipo y al astrónomo Cleón; ambos opinan que Admeto debe asumir solo el castigo de Júpiter. En la siguiente escena, Erectea se niega también a sacrificarse por su hijo. Ella es partidaria de que sea Admeto, su hijo, el que cumpla el castigo señalado por Júpiter. Porque, de no hacerlo, «ofendería al padre de los dioses».

En eso hace su aparición Alceste con sus hijos, Eumelo y Diomeda, de muy pocos años. Ella dice estar tranquila y feliz con la vida que lleva y con el cuidado de sus hijos. Eumelo, sobre todo, destaca como jinete y como arquero, despertando la admiración de todos los presentes. Alceste invita a cenar a todo el mundo, pero sus suegros se disculpan, y lo mismo hacen todos los cortesanos, apenados por el sombrío porvenir que espera a Admeto. Alceste se queda muy sorprendida de que nadie quiera asistir a su cena. Desde entonces se crea un clima en el que la sombra de la muerte planea sobre las cabezas de todos los comensales. Este ambiente lúgubre de mortandad inminente está muy bien sustentado en la obra.

El segundo acto se abre con Alceste, rodeada de su amiga Tisbe, a quien dice que la sobrecoge un «enigma tristísimo». Está también allí otra amiga de Alceste, la bella Friné. Alceste sospecha que la vida de Admeto está en peligro, y, de este modo, descubre el castigo que ha impuesto Júpiter a su marido el rey. Tisbe trata de calmar a Alceste, diciéndole que a la muerte de su esposo ella heredará la regencia de toda Tesalia, pero es en vano, porque Alceste insiste en que ella no sabe gobernar, que nunca ha querido aprender esas artes. En eso comparece Minerva, la diosa más cercana a Alceste. Y ésta toma entonces la decisión de sacrificarse para que su marido viva.

La muerte de Alceste ocurre rápidamente y en secreto, fuera del escenario. Admeto se lamenta terriblemente de ello, pero es sobre todo Tisbe la que más sufre con la desaparición de su amiga. Reina la tristeza y el pesimismo en la corte de Tesalia, sobre todo entre los nobles, que nunca trataron de entrevistar a la nuera de Erectea y preguntarle por qué había decidido sacrificarse para que su esposo viviera.

En eso llega Hércules a rendir un homenaje a la reina de Tesalia. Él transforma el ambiente de severo y compungido en alegre y vivaz, porque todo en torno a este dios, Hércules, es fiesta y regocijo, y hay siempre alrededor suyo gran abundancia de bebidas. Él le infunde el espíritu aventurero, y, presa de entusiasmo, él mismo se dispone a resucitar a Alceste. Y, por supuesto, lo consigue. La última aparición es la de Hércules, quien, en nombre de los dioses, viene a dar su bendición a este idílico final.

Todo en esta obra es atinado y se diría perfecto: las libertades que se toma el autor están siempre dentro de lo posible, la alteración de personajes es justa y adecuada, la conducta de los seres mortales y de los dioses distinguen a unos y a otros dentro de las coordenadas que les corresponden. Y, sin embargo, algo hay en la obra misma que nos deja insatisfechos y frustrados. ¿Se debe a la distancia que existe entre nuestra propia experiencia de la vida y la que llevan aquellos griegos de antaño acostumbrados a codearse una y otra vez con aquellos superhombres que son los dioses y que a menudo bajan de sus residencias estratosféricas para alternar, jugar y divertirse con aquellos seres que, a diferencia de ellos, son mortales y cuya suerte está tan bien representada por el desdichado Admeto?

La extrañeza del espectador no resulta tanto de la existencia misma de los dioses griegos, sino de la cercanía que existe entre ellos y los seres mortales, pese a la indescriptible diferencia que hay entre unos y otros, de esencias distintas, pues los dioses son inmortales y los humanos, de frágil y limitada existencia, algo que no ocurre en ninguna de las otras obras «pasadistas», por ejemplo los dramas y tragedias de Shakespeare, con las que el espectador de nuestros días puede establecer un cordón umbilical, o el teatro de Calderón de la Barca y otros autores del Siglo de Oro de las letras hispánicas, en el que, pese a las diferencias, hay siempre un terreno común —de carácter religioso, principalmente— que comparten actores y espectadores, pese a las grandes distancias de detalle.

Por eso, con todos los instantes placenteros que en una obra de esta índole comparecen, los espectadores siempre sienten al terminar aquélla una sensación de algo forzado y lejano, difícil de creer y sobre todo de adaptar a su propia experiencia de la vida. Había muchos siglos de intermedio entre aquellos ambientes y, pese a lo bien hecha que estaba la obra, el público lo notaba y lo vivía.

Sor Simona (1915)
(Drama en tres actos y cuatro cuadros)

*(Se estrenó en Madrid, en el Teatro Infanta Isabel,
el 1 de diciembre de 1915)*

Esta historia, la única que Pérez Galdós dedicó íntegramente a las luchas carlistas en Navarra, ocurre en Lodosa y alrededores. Clavijo, médico militar, y Mendavia, dirigentes carlistas, hablan de la desaparición de sor Simona, una monjita muy querida en toda la región por la manera como se ocupa de los enfermos y heridos, sea cual sea su ideología. Mendavia ha estado en muchas partes, incluso en el santuario de San Gregorio Ostiense, buscándola, pero ella no aparece todavía, lo que intriga e inquieta a la gente.

Los dos militares, a los que se ha unido el tabernero Tirón, cuentan que la madre Simona, que pertenece a las Hermanas de la Caridad, perdió la razón hace algún tiempo y que probablemente ha huido, escapando del confinamiento en que viven aquellas monjitas. Pero la señora Natika la ha visto en Andosilla, o tal vez en Sesma (no está segura de eso). Todos se hallan prestos a ir a buscarla. Clavijo dice que está esperando a don Salvador Ulibarri, tío de sor Simona, que participa de manera muy activa en la búsqueda de la monjita desaparecida. Natika anuncia que se va al cementerio donde tiene enterrados a tres hermanos. Y urge a Clavijo a partir a Sesma.

Ulibarri llega por fin con la caballería de Sacris. Éste y Clavijo se abrazan y cuentan a Ulibarri cómo fue que sor Simona se volvió loca durante aquel incendio. Y que, pese a su locura actual, sigue haciendo el bien a los enfermos y heridos. Hablan también de los amores que tuvo la monjita con su antiguo novio, Ángel Navarrete, a quien la madre nunca nombra. En eso se sabe que ha habido un choque entre carlistas y liberales, y que hay varios heridos. El primer acto termina cuando la señora Natika hace pasar a sor Simona y pide a Sacris que se arrodille en homenaje a la religiosa.

El segundo acto se abre con la señora Natika, que ordena a Sampedro, viejo castellano, ver si están allí los tres arcángeles que cuidan a los viajeros de que no los ataquen los bandidos. Natika insiste en que se trata de tres santos y precisa que son el apóstol Santiago y, los otros dos, los arcángeles san Gabriel y san Miguel. Sampedro, que es muy prudente y no quiere desmentirla, insiste de todos modos en que uno de aquellos cuidadores es el gran médico —famoso en toda la región— don Salvador Ulibarri.

Dos escenas después, sin que nadie muestre la menor sorpresa por ello, reaparece sor Simona, un hecho obviamente milagroso, tanto su desaparición como su reaparición. La monjita está reunida con Sacris y Sampedro, y dice que «desde que hizo Dios esta tierra, los navarros cantan como los ángeles y se destripan como demonios». Sacris, el más ideológico de los carlistas presentes —también es el más joven—, afirma que se halla en esta lucha para «defender el fuero de su patria». La monjita le recuerda que a Dios se llega «por las buenas obras, no matando». Sampedro trata de callar a Sacris diciéndole que «la señora sabe más que tú», y se arma entonces una discusión sobre la guerra, de la que Sacris es partidario. La monjita afirma que los navarros viven todavía en la Edad Media, matándose entre ellos y sostiene que sobre la nación está «la humanidad»: ésta debería vivir en paz, sin las guerras, con las que Dios no puede estar de acuerdo.

Llegan Natika y Miguela. Esta última anuncia que los carlistas han traído a cuatro prisioneros; uno de ellos es un estudiante de Vitoria, condenado a muerte por espía. Sor Simona pide a Sacris que traiga a ese estudiante, para que ella lo cure, por «una cuestión de caridad». Sacris y Gaztelu, otro oficial carlista, le traen al joven y sor Simona lo examina con mucho cuidado y atención, y dice que nació el 12 de febrero de 1857 y que tiene dieciocho años, tres meses y un día. El joven está muy atormentado con su brazo herido. Llegan de nuevo Gaztelu y Sacris. Sor Simona pide que ambos militares le salven la vida al muchacho. Y ante los ojos espantados de todos los presentes afirma que este chico ¡es su hijo!

Todos quedan estupefactos y Sacris musita una barbaridad entre dientes: «Esta señora era para mí la perfección humana. Resulta que no lo es. Ahora es una madre». Entonces, Natika recuerda que hay una buena nueva y es que en este día consagrado no se fusila a nadie.

Al día siguiente suceden algunas novedades. Sacris ha sido nombrado defensor del joven Ángel en el juicio que se va a celebrar. Promete hacerlo muy bien, por respeto a sor Simona. Pero, antes, los generales carlistas y alfonsinos se ponen de acuerdo en hacer un intercambio de prisioneros. Ángel está salvado. Sor Simona les confiesa que no es la madre de Ángel, que lo declaró así sólo para amnistiar al muchacho. Sacris se vuelve loco, pero, a diferencia de él, todos los demás celebran ese fallo. Sor Simona pide que la regresen a Viana, donde seguirá cuidando a los enfermos y heridos. Todos quedan satisfechos al oírla. Así termina el acto y la historia de sor Simona.

Hay mucho que objetar a esta obra que discurre a medio camino entre la realidad y la fantasía religiosa, representada fundamentalmente por la misteriosa señora Natika. ¿Cómo se explica la súbita aparición de sor Simona luego de que toda la región andaba tan preocupada por su desaparición? ¿La realidad es, pues, mágica y misteriosa como parece creerlo Natika, convencida de que tres figuras celestiales cuidan a sor Simona? Pero Sampedro es muy desconfiado y murmura que uno de éstos es el doctor Salvador Ulibarri.

Si los propios personajes están tan divididos al respecto, parece natural que los espectadores lo estén también. De otro lado, hay muchos puntos flacos en la obra, como por ejemplo la extraña desaparición de la monjita de la Caridad, que se resuelve de manera abrupta, sin que ninguno de los actores se sorprenda ni alarme por ello. La naturalidad con que toman este hecho central desconcierta a los espectadores, pues el guión no ofrece explicación alguna sobre este tema.

Y del personaje de sor Simona, aunque esencialmente interesante, y hasta inquietante, nunca acaba de explicarse su naturaleza ambigua, a medio camino de la realidad y del milagro; sólo Natika, con sus misteriosas convicciones, parece creer en la condición celestial de esta monjita, sin que ninguno de los otros personajes la tenga en cuenta.

De otro lado, esta vez en que Pérez Galdós se atrevió a escribir una obra de teatro sobre el carlismo y su anacronismo fundamental en suelo español, ya que por culpa de él España dejó de tener una revolución industrial como el resto de Europa, envió un mensaje demasiado ambiguo para tomarlo en serio. ¿Era partidario de aquella rebelión que pretendía retroceder a España a los tiempos de Felipe II, sí o no? El mensaje que lanza la obra no es nada claro, se diría que es confuso, como el personaje de sor Simona, que se atreve a tomar posición en contra de la guerra, pero luego parece someterse a ella, como a una fatalidad de la que nadie puede escapar, y esta actitud, nada altruista, simplemente realista, deja flotando en el ambiente una ambigüedad de la que resulta víctima el propio Pérez Galdós.

Si sor Simona es un ángel caído en la tierra, es claro que debe oponerse con todas sus fuerzas a esa guerra pasadista; en caso contrario, es un personaje como los demás que habitan en el mundo. ¿Por qué esa duda? La pregunta se le podría formular al propio Pérez Galdós. Y la respuesta que da esta obra a semejante pregunta es vaga e incierta.

La razón de la sinrazón (1915)
(Fábula teatral absolutamente inverosímil)

Como esta obra nunca fue estrenada no me voy a ocupar de ella. Aunque no la he visto sobre las tablas, la he leído y comprendo muy bien que Pérez Galdós no encontrara empresarios que quisieran arriesgarse subiendo a escena una pieza teatral que es un verdadero despropósito, con sus personajes medio reales y medio mitológicos, provenientes de un más allá indescifrable, brujas o brujos que andan con animales feroces —el Cocodrilo sinuoso, el ruidoso Murciélago— que a ellos, sin embargo, los protegen, y en la que los rasgos de humor suelen ser escasos e impremeditados. Los adoradores de Satán, por lo demás, terminan labrando la tierra, como Alejandro, y enseñando a unas niñas en la escuela, en un mundo de campesinos virtuosos y ecológicos.

Con estos ingredientes se puede montar una obra mediocre o magnífica y eso depende más en nuestros días del director y los actores que del autor del libreto. Ambas cosas son separables y he ahí la razón por la que me resisto a comentar obras que nunca fueron representadas. No es un capricho, más bien una necesidad. La puesta en escena es esencial en una obra de teatro moderna, con muy raras excepciones, y, en la época contemporánea, decisiva. Una misma obra puede ser genial, mediocre o muy mala en función de la inventiva o genialidad del director y de las actuaciones de los personajes, o, simplemente, un fracaso, si tanto el director como los artistas desaprovechan lo que está escondido en ella y no saben sacarlo a la luz.

Ésta es una evidencia del teatro contemporáneo. Son muy raras las piezas que contienen, como las de Shakespeare, Calderón de la Barca, Lope de Vega o Fernando de Rojas, un texto soberbio. El teatro de nuestros días, sobre todo, con algunas excepciones, claro está, como las de Bertolt Brecht o Samuel Beckett, suele ser en gran parte obra del director más que de los propios autores y, por lo mismo, aquél se toma libertades con el guión que a menudo son excesivas y presentan la obra como si fuera exclusivamente invención suya y hubieran utilizado el libreto sólo como un punto de partida, para, apoyados en él, crear su propio espectáculo. Es verdad que esto está dentro de la realidad de un texto teatral.

Éste es a menudo solamente un arranque, del que pueden resultar obras profundas o superficiales, dramáticas o grotescas, de una gran comicidad o serias y formales a más no poder.

Esta obra de Pérez Galdós, excesivamente larga, que nunca, creo, subió a las tablas no tuvo la suerte de pasar por las manos de un gran director, que la hubiera aprovechado y tal vez extraído de ella una dosis escondida de genialidad. Simplemente leído, el guión es un puro desorden, escrito en tono bastante realista pese a su título extravagante y atrevidamente moderno. Porque en la lectura todo en él es más bien tradicional, como por ejemplo las críticas al Gobierno y a la burocracia corrompida en que se entretienen los supuestos «diablos», abocados a mejorar las instituciones y a privar a los vivos de meter la mano en el presupuesto en beneficio personal.

Es curioso cómo Pérez Galdós se sintió siempre atraído por la fabulación extrema y el desplante fabuloso, pero nunca consiguió escribir un texto teatral creativo con estos principios vanguardistas, porque, siempre, lo mejor de él estaba en las historias realistas, a las que aquellas notas de extrema fantasía solían más bien estropear que situar en un mundo original y convincente.

En todo caso, esta obra que rompe los límites de la realidad y pasea por todas las instituciones y paisajes, desde el más delirante hasta el más banal e identificable, es confusa y múltiple. Que probablemente nunca fuera montada sirvió a Pérez Galdós para que conservara intacto su prestigio como autor teatral.

El tacaño Salomón (Sperate miseri) (1916)
(Comedia en dos actos)

(Se estrenó en el Teatro Lara, en Madrid,
el 2 de febrero de 1916)

Un misterioso personaje llamado José Salomón llega a Madrid desde la remota Argentina. Se dice que ha sido policía y los vecinos piensan que viene buscando un riquísimo collar que, según la prensa, ha sido robado en Buenos Aires. En realidad, viene enviado por Jacobo Mendrugo, hermano de un personaje de la obra, Pelegrín Mendrugo, para comprobar si su hermano es ahorrativo y cuidadoso con el dinero, que tanto le cuesta ganar a él como grabador, o lo derrocha regalándolo a los pobres y necesitados, una costumbre que, dicho sea de paso, sigue practicando Pelegrín al igual que su esposa Belén y su hija Crucita.

Salomón alquila un cuarto en casa de la familia Mendrugo e impone su rectitud y su templanza, al mismo tiempo que se escandaliza cuando ve a los padres y a la hija menor tirar el dinero (eso le parece a él, al menos) para servir a los necesitados, entre ellos doña Eladia, que sueña con ganar un pleito al Estado que la hará muy rica (algo que, por supuesto, nunca ocurrirá).

Dicho sea de paso, Jacobo Mendrugo, que ha estado varios años en Argentina, ha hecho allá mucho dinero, como le confiesa Salomón al joyero Donato, y ha ofrecido a aquél darle diez mil duros si cumple con su averiguación. Por su parte, Salomón ofrece al

285

joyero una recompensa si lo ayuda a investigar las andanzas de la familia de Pelegrín.

Pero lo más notable de esta historia es que el «tacaño» Salomón empieza a cambiar de manera súbita, acaso por influencia de la joven Crucita, que definitivamente lo tiene conquistado. Era un ser frío y estirado y ahora se muestra sensible y afectado por la pobreza que descubre a su alrededor. Y es obvio que está impresionado con la generosidad y mansedumbre del amo de casa, Pelegrín Mendrugo, que, pese a las dificultades y estrecheces en que vive, practica a diario aquella consigna que repite sin descanso y que, en verdad, es su norma de vida: «Nada para mí; todo para el pueblo indigente».

En eso, Salomón recibe de la Argentina una carta que le anuncia el fallecimiento de Jacobo Mendrugo. En cierta forma, esta muerte resuelve todos los problemas y abre una salida final a la obra. Pelegrín se ha convertido en un rico heredero y es seguro —él lo repite, loco de felicidad, brincando por toda su humilde morada— que ahora podrá ayudar de manera mucho más generosa a los necesitados y que su familia no tocará medio (o lo hará con mucha prudencia) de la herencia recibida.

En estas condiciones, la familia de Pelegrín pregunta a la hija menor, Crucita, a quién le gustaría tener como esposo. Ella, sin vacilar, elige a Salomón, que le debe llevar una buena cantidad de años. Nadie se escandaliza, empezando por los padres, que no ponen la menor objeción a esta boda. La obra termina con la perspectiva de este matrimonio y de un futuro que contribuirá a disminuir la pobreza en torno suyo.

El guión está muy bien llevado y el diálogo es ingenioso y atractivo. Pero tal vez lo más interesante en ella sea la ideología que promueve, es decir, la idea, profundamente cristiana en su origen, de que la mejor manera de combatir la pobreza y la miseria es a través de la caridad, a la que el pueblo creyente está obligado, según el ejemplo de Jesús. Esta convicción acarrea discrepancias, desde luego. El problema es que, si toda la ciudad no la practica, y es evidente que ocurre así pues la familia Mendrugo es más bien una excepción a la regla, que España nunca hubiera sido capaz de superar aquella pobreza terrible que padeció en el pasado y de la que esta obra también nos da cuenta.

La generosidad y el desprendimiento de los creyentes no será nunca capaz de elevar el nivel de vida de toda una población y superar verdaderamente la pobreza de una ciudad o, menos todavía, de un país. Ella es capaz únicamente de aplacar la mala conciencia de los poderosos. Pero sólo con el trabajo de todos se superará esta catástrofe y, a la vez, el trabajo irá elevando el nivel de vida de la población hasta desterrar la pobreza de manera definitiva. Así es como han superado el «subdesarrollo» todos los países que lo han conseguido. Y no hay duda que ellos son numerosos en nuestros días, incluyendo a varios del Oriente. Tal vez a España le impidió hacerlo más pronto y más rápido esta ideología de la caridad, muy extendida en la obra de Pérez Galdós, pese a que él se consideraba un liberal.

Éste, que, en teoría por lo menos, supuestamente creía, de acuerdo a la ideología política que profesaba, que la caridad por sí sola no hubiera bastado nunca a superar el tema de la pobreza, escribió una y otra vez —tal vez aquí está mejor resumido su pensamiento al respecto— elogiándola, y sin duda contribuyó a difundirla y propagarla, pero es obvio que, por ella sola, a través del espíritu solidario con el necesitado, jamás España hubiera alcanzado a ser el país desarrollado que es hoy día. Ha sido la inversión exterior y, sobre todo, la creación de empleo que ésta facilitó, aquello que ha permitido a España ocupar un lugar destacado entre los países que han elevado su nivel de vida, mediante aportaciones y trabajo, hasta alcanzar la buena posición que hoy ocupa dentro de Europa. La existencia de esa España moderna, un país que ha logrado el bienestar y que eleva a diario sus niveles de vida, es acaso el mejor desmentido a la filosofía que impregna esta obrita de teatro, una de las más amenas y divertidas —dicho sea de paso— del repertorio de Pérez Galdós.

Santa Juana de Castilla (1918)
(Tragicomedia en tres actos)

(Se estrenó en el Teatro de la Princesa de Madrid el 8 de mayo de 1918)

La acción ocurre en Tordesillas, el año de 1555, de manera que se trata de una obra histórica.

Mogica, viejo servidor de doña Juana, se preocupa porque ésta habla sola. Pregunta a la reina madre si se da cuenta del paso del tiempo. La madre de Carlos V no calcula bien los treinta y tantos años que han transcurrido desde que estuvieron en Tordesillas los comuneros, a los que, sin embargo, recuerda de manera muy vívida. Marisancha, dueña al servicio de doña Juana, dice que los vecinos piensan que su ama está «inficionada de herejía». Pese a ello, hace un gran elogio de «la señora» a la que sirve.

Llega doña Juana otra vez, hablando sola, revelando la debilidad y confusión de su mente. Los sirvientes que la rodean mencionan al marqués de Denia, jefe de la casa real, y murmuran que no se ha portado bien con doña Juana, pues abusa de sus bienes y prerrogativas. Según doña Juana no hay como Castilla.

Viene Lisarda, camarera mayor de la reina, que besa la mano a doña Juana. Acaba de visitar a dos hidalgos a los que doña Juana quiere ayudar. El caso más triste es el de Hornillos, que ha perdido un pie en un accidente y que morirá cuando pierda el otro.

En eso llega el marqués de Denia, gobernador de Tordesillas y administrador de la casa de la reina, con su secretario, don Gaspar de la Cueva, y el conde de Aguilar, enviado por Carlos V. El marqués de Denia se retira y encarga a su secretario que no pierda palabra de lo que en su ausencia diga doña Juana.

Lisarda ha planeado con su esposo, Valdenebros, un viaje de doña Juana a la finca de Villalba del Alcor, donde ambos tienen su casa y donde darán de comer a doña Juana en vajilla refinada, a diferencia de lo que le ocurre en Tordesillas, donde el marqués de Denia, aprovechándose de su situación de privilegio, se ocupa él mismo de que sea su esposa quien goce de la elegante vajilla que posee doña Juana.

Llega Valdenebros, quien ya ha sido enterado por Mogica del proyecto de escapada que ha planeado su esposa para darle a doña Juana unas horas de libertad en la campiña. Lisarda pide a Valdenebros que se saque la ropa que lleva y se vista con la máxima elegancia para que se exhiba al lado de doña Juana en toda su magnificencia. (Tal vez la secreta razón de este pedido sea que Valdenebros impresione con su atuendo a los aldeanos del lugar).

El acto siguiente ocurre en una casa de Villalba del Alcor, donde ha ido a descansar y comer doña Juana, tal como habían planeado Lisarda y Valdenebros. Llegan a Tordesillas en ese momento el marqués de Denia, junto a don Francisco de Borja. Cuando Denia se entera de la escapada de doña Juana, se pone furioso e insulta a Mogica y lo amenaza. Pero se calma cuando interviene Francisco de Borja. Éste le recuerda que doña Juana «merece las atenciones más delicadas» y Denia reconoce que el emperador no ha protestado nunca con el trato que él ha dado a su madre. Transige por fin en que se respete el paseo de la señora para que no se vea aquejada de aquellos «trastornos» a los que es propensa y Borja comenta que él sabrá siempre cumplir «como sacerdote y como caballero» con la madre del monarca.

Hay una perfecta comunicación entre doña Juana y los aldeanos de Villalba del Alcor. Pero éstos se quejan de los «flamencos», que, por lo visto, abusan de ellos y se llevan muchas cosas de la aldea sin pagar por ellas. La reina madre trata de calmarlos diciendo que su hijo, Carlos V, intercederá y les cobrará lo que deben. Corre la idea de llevar a doña Juana tendida en medio de los campesinos, que celebran a «la reina de Castilla». Se aleja esta procesión en dirección a Tordesillas, entre la gente humilde que va riendo, cantando y llevando cargada en medio de ella a la reina madre.

Todo el acto siguiente (el tercero) está consagrado a la agonía y muerte de doña Juana. A su lado están el médico de Tordesillas, quien sabe que ella va a morir, y Francisco de Borja, que acusa a doña Juana de ser una seguidora de Erasmo, «ese maldito filósofo holandés» que celebra la locura llamando «locos» a los grandes héroes que han engrandecido a la humanidad. Pero termina reconociendo que, desde el punto de vista de la Iglesia católica, nada hay en la filosofía de Erasmo que disienta de la doctrina cristiana.

Entre sus delirios, que se manifiestan a cada momento, doña Juana acusa a su hijo Carlos V de haberla abandonado tantos años en Tordesillas, aunque le aconseja continuar aislado y haciendo penitencia. Cuando doña Juana padece lo que son los estertores finales, es Borja quien lleva a cabo los rezos en que participan todos los presentes.

Ésta es una obra que recuerda lo aficionado que estuvo siempre Pérez Galdós a la historia de España y su afecto y sentimiento por la madre de Carlos V, doña Juana, a quien en esta obra reivindica y compadece, sosteniendo en cierta forma que ella no estaba «loca» sino apenas aturdida y confusa, entre otras razones por la soledad en que había vivido y lo mucho que había sufrido. No es una formulación que coincida con la establecida por los historiadores, pero no hay duda de que un autor de piezas literarias puede tomar sus distancias con la verdad histórica e imponer su propia verdad, como lo hicieron algunos ilustres contemporáneos suyos, tales los rusos Dostoievsky y Tolstoi, y, más cerca de ellos, el francés Victor Hugo, que, como Pérez Galdós, recurrió muchas veces en sus novelas, poemas y obras de teatro a enmendar la historia y a acercarla mucho a sus propias convicciones.

Aquí, Pérez Galdós revela sus buenos sentimientos, compadeciéndose de la madre de Carlos V y abuela de Felipe II, y sosteniendo que sus debilidades tenían que ver sobre todo con su soledad y el aislamiento en que había pasado tantos años de su vida, infligiéndole aquellos trastornos mentales con los que ha pasado en la historia de España.

Es perfectamente válido en literatura hacer estos cambalaches con la historia —hay mil ejemplos de ello— para acercarla a las ideas y sentimientos del autor, aunque ello signifique alterar decisivamente los hechos y asuntos confirmados. Sólo que en este caso la obra de Pérez Galdós es muy superficial, no tiene la significación que acaso merecía y los buenos sentimientos que la inspiraron.

La ideología que promueve esta obra convierte a la caridad en la manera primordial de combatir la pobreza. Quisiera discutir esta filosofía. A diferencia de ciertas familias, las cristianas no suelen ser tan generosas y este aserto vale para el conjunto de las sociedades que se llaman católicas. Si el combate a la pobreza dependiera sólo de la caridad, es seguro que ninguna nación sería capaz de acabar con ella y elevarse en el campo del desarrollo hacia el pleno empleo y la prosperidad. Sin embargo, Pérez Galdós, pese a que se consideraba a sí mismo un liberal, no estaba convencido de que mediante las inversiones y la creación de empresas se podía derrotar a la pobreza; la caridad seguía siendo para él, así como para millones de españoles, la obligación moral de un cristiano y, también, la manera más efectiva de elevar el nivel de vida de una sociedad.

La verdad es que la caridad, con su altísima valencia moral, no resuelve por sí sola los problemas económicos de una nación. Para ser más precisos: *de ninguna* nación. Tenemos multitud de testimonios que corroboran esta idea. Para conseguirlo es imprescindible el trabajo, las inversiones, la competencia, los mercados abiertos. De esta manera, muchos países en los que la pobreza era un problema mayor, la atenuaron o acabaron con ella gracias a la creación de empleo, es decir, gracias a las inversiones, y a una expansión del trabajo que los libró del subdesarrollo y de la maldición de la pobreza. Es sólo una aclaración de pasada, algo que forma parte también de la crítica literaria.

Antón Caballero (1921)
(Comedia en tres actos)

Obra póstuma, refundida por Serafín
y Joaquín Álvarez Quintero.
(Se estrenó en el Teatro del Centro
el 16 de diciembre de 1921)

La última obra de teatro de Benito Pérez Galdós probablemente no la escribió él, solamente dictó algunos pasajes, y la muerte le sobrevino antes de terminarla. No se ha encontrado este manuscrito. El texto, a medio escribir, pasó a la hija de Pérez Galdós, María, quien lo puso en manos de Serafín y Joaquín Álvarez Quintero, que llevaron a cabo una refundición total de la obra, terminaron ésta e incluso le pusieron el título de *Antón Caballero*, pues originalmente se llamaba *Los bandidos*.

Se trata de una comedia muy menor, mucho más dentro de la línea en que escribían los Álvarez Quintero que la prototípica de Pérez Galdós, de manera que la autoría se debe más propiamente a ellos que a él. La comedia ocurre en Agramante y tiene que ver con los excesos y locuras del protagonista, el llamado Antón Caballero, que en un período crítico abandona a su mujer y desaparece del lugar, luego de cometer múltiples latrocinios.

Pero años después, arrepentido de su proceder, vuelve a Agramante para reconciliarse con su esposa Eloísa, quien, en todos estos años, ha encontrado en la religión y las prácticas piadosas consuelo para sus males.

Años más tarde, cuando Antón Caballero reaparece en Agramante, va a ver de inmediato a unos parientes, don Pelayo y doña Malva, unos tíos de Eloísa que han cuidado de ella todos estos años, pero que, al mismo tiempo, se han aprovechado de la ausencia de Antón para quedarse con su casa y buena parte de sus bienes. En un encuentro que resulta de gran violencia verbal, el recién venido se enfrenta a don Pelayo y doña Malva y les reprocha los abusos que cometieron con sus bienes durante esos años de ausencia. Y les explica que ha venido a recobrar el amor de Eloísa; ahora está arrepentido de lo mal que la trató.

En un largo encuentro con ésta, Antón le explica lo ocurrido: cómo, gracias a un amigo norteamericano, que le legó toda su fortuna por haberlo ayudado en una circunstancia difícil, es ahora un hombre rico. Antón pide perdón a su esposa y la convence de que vuelva con él. En un encuentro último con don Pelayo y doña Malva, éstos insultan a la pareja, sobre todo a Antón Caballero, que parte dichoso, acompañado de Eloísa, en busca de la felicidad.

Este breve resumen de la obra, refundida por los Álvarez Quintero en tres largos actos, nos indica que aquella comedia figuraba dentro de lo que estaba de moda en aquellos años y, también, lo poco que aportaba de novedoso en su estructura, aunque sin duda el lenguaje breve y cortante de los diálogos se podría señalar como distintivo de la pieza. Y de la mano ajena que en ésta había intervenido, pues los diálogos escritos por el propio Pérez Galdós solían ser más amplios y detallados. Se puede añadir sobre este texto que, sin duda, la razón por la que nunca lo terminó Pérez Galdós fue la ceguera, que lo obligaba a dictar, algo que antes rara vez había hecho, y la agravación de la enfermedad que prácticamente lo dejó en tinieblas en la última época de su vida.

Los *Episodios nacionales*

Cuando, en 1873, Benito Pérez Galdós comienza a escribir la primera serie de los *Episodios nacionales*, concibe un conjunto de diez novelas que termina en apenas dos años. Casi de inmediato inicia la segunda serie, compuesta de otras diez historias. En verdad, se pasaría el resto de la vida —con un largo intervalo de diecinueve años entre la segunda y la tercera serie— escribiendo esa sarta de novelas, o novela suprema compuesta de novelas particulares, que, por su entusiasmo con el teatro, dejaría inconclusa a la hora de morir.

Todo novelista ha sentido escribiendo una novela que, si desarrollara los cabos sueltos de la historia que está contando, ésta se prolongaría sin término: sería la novela de las novelas, todas las historias estarían imbricadas unas en otras hasta el infinito. Porque en una novela que concluye hay una supresión brutal de algo que, continuado hasta la extenuación, sería *la novela de las novelas*, una historia que abarcaría todas las historias. Balzac es el escritor del siglo XIX que más se acercó a la tentación de esa locura sin término, y, en España, sin ninguna duda, Benito Pérez Galdós.

Los *Episodios nacionales* son una sola historia hecha de muchas historias parciales. En este ensayo están interpretadas de ese modo, como una sola ficción basada en la historia nacional de España, cada una hecha de muchas otras, sus antecedentes y continuaciones, y siempre interrumpidas, porque no hay una empresa novelística capaz de fraguar esa infinita historia que contendría todas las historias. La tentación estuvo siempre allí, desde que apareció el género novelístico, el único en el que la temporalidad es ingrediente de la calidad, y ella ha dejado las novelas más ambiciosas y logradas de la historia de la literatura, como el *Quijote*, *Guerra y paz*, *La comedia humana*, la saga sureña de William Faulkner, el *Ulises* de Joyce, *Los miserables*. Los *Episodios nacionales* de Pérez Galdós son un epígono de esta larga tradición.

El «realismo» de Pérez Galdós es algo bastante discutible, sobre todo en los *Episodios nacionales*. Es más realista y mejor escritor en sus novelas sueltas, pero el conjunto sobrepasa aquellos empeños particulares y en estas novelas está más cerca del Romanticismo, pese a que uno de sus personajes, Pedro Hillo, el curita furibundo de *Mendizábal*, echa la culpa del caos español a Victor Hugo y Alejandro Dumas, a quienes, en diálogo con Fernando Calpena, quisiera «cortarles la cabeza». Son románticos en los *Episodios* sus amores castísimos y bañados de llanto, sujetos a toda clase de infortunios, que se prolongan en el tiempo en diálogos que se convierten a veces en discursos hasta encontrar un final generalmente feliz. Muchos de sus personajes, como lord Gray, de *Cádiz*, inglés que ha venido de Inglaterra a España seducido por su «color local», es decir, su naturaleza primitiva, son típicos del Romanticismo. Y hasta el encanto de la descripción épica y heroica de las batallas que parecen inmóviles, en las que Pérez Galdós siempre descuella.

También acierta en el testimonio de caras, cuerpos y vestidos de los personajes; sobre todo en las caras: los ojos, las bocas, las orejas. Ve en ellos un es-

300

pejo psicológico, huellas de una bondad o maldad congénitas, así como detecta en los cuerpos, flacos o fofos, estilos perversos o angelicales. Véase, como ejemplo, esta descripción —que parece una medalla— de la cara de lord Wellington en *La batalla de los Arapiles*:

> El sol de la India y el de España habían alterado la blancura de su color zajón. Era la nariz, como antes he dicho, larga y un poco bermellonada; la frente, resguardada de los rayos del sol por el sombrero, conservaba su blancura y era hermosa y serena como la de una estatua griega, revelando un pensamiento sin agitación y sin fiebre, una imaginación encadenada y gran facultad de ponderación y cálculo.

Lo mismo ocurre con las vestiduras, en las que señala tendencias psicológicas, indicios de maldad o bondad a prueba de antídotos. En esto, no hay duda, aprendió mucho de Balzac. En su primer viaje a París, en el verano de 1867, según cuenta en *Memorias de un desmemoriado*, había comprado un volumen de Balzac, *Eugénie Grandet*, y dice que luego llegó a tener «la colección de ochenta y tantos tomos» de *La comedia humana*. Esta empresa magna de Balzac fue, sin duda, el modelo de los *Episodios nacionales*, quien le dio la inspiración y, acaso, hasta la voluntad para escribirlos.

Otro de los temas que descuellan en sus novelas son las agonías de sus personajes. Sabía hacerlos morir, con lujo de detalles científicos y una desolación familiar que entenebrecía los hogares, donde a menudo concurría el viático, entre la tristeza de familiares y amigos.

Todas las novelas que conforman los cuarenta y seis *Episodios* están escritas a la manera tradicional, siguiendo un orden cronológico. Las excepciones aparecen sólo en la tercera serie, en *La estafeta romántica*, escrita a base de cartas de los personajes entre sí, y en la que el lector se entera retroactivamente de detalles y aspectos de sucesos que hasta entonces sólo había conocido de manera superficial. Entre estas cartas hay una notita de humor de la joven Gracia, que dice: «como me equivoco siempre en las haches, he determinado suprimirlas, y así no tengo que devanarme los sesos por saber dónde caen y dónde no».

Para escribir *Aita Tettauen* (Ojos de Manantiales), de la cuarta serie, que narra el conflicto armado entre España y Marruecos, se documentó mucho e incluso hizo un viaje a Marruecos, para observar de primera mano el paisaje que iba a describir. En esta historia hay un sorprendente cambio de narrador a partir de la segunda mitad de la novela; hasta entonces la narra Juan Santiuste, un español que se entusiasma como sus personajes con la acción militar de España contra Marruecos, pero, luego de iniciada ésta, el narrador pasa a ser un supuesto marroquí llamado sidi Mohammed El Nasiry (un español renegado, Gonzalo Ansúrez), hombre importante de Tetuán, que, por varios capítulos, narra las acciones militares desde el punto de vista de quienes serán derrotados por los tres mil soldados del Ejército del general O'Donnell. En este episodio se alternan como narradores El Nasiry y Juan Santiuste, escribidor a ratos e incorregible mujeriego, narrador y protagonista del siguiente episodio, *Carlos VI en La Rápita*.

En *Amadeo I*, de la quinta serie, hay pequeños saltos de la realidad objetiva donde han ocurrido todos los *Episodios* a una realidad fantástica: la visita que hace el narrador-personaje, don Tito Liviano, a «la cueva de la bruja» Graziella, que luego desaparece, y su misteriosa compañía al rey Amadeo I en su visita a una dama galante. Son sólo instantes fantásticos, que, la verdad, carecen de sentido, pues el relato sigue luego transcurriendo en la realidad objetiva, donde han sucedido todas las historias hasta ahora.

Pero en el siguiente episodio, *La Primera República*, se vuelve a repetir el salto hacia lo fantástico, cuando el supuesto historiador don Tito da un paseo imaginario por los subsuelos de Madrid guiado por la maestra Floriana, que, en realidad, es una ninfa. Y en *De Cartago a Sagunto* aparecen de tanto en tanto esos personajes procedentes de lo irreal, como la bella Floriana o doña Gramática y doña Geografía, cuya función no hace más que entorpecer el relato, sobre todo en el episodio que refiere la catástrofe que fue la Primera República, con la sublevación cantonal de Cartagena, las guerras intestinas y, finalmente, el golpe militar con que aquella experiencia terminó.

En los episodios de la tercera serie, como en *Los Ayacuchos*, hay una abundancia de cartas en el texto de la novela, que funcionan bastante bien para describir el amor y la amistad y, a veces, como en el episodio sin haches de Gracia, introducir un momento de comicidad; para narrar batallas es menos efectivo. Ocurre, sobre todo, en los textos de Fernando Calpena a su novia Demetria relatando la rebelión nacionalista de Cataluña, sofocada con dureza por los generales Espartero y Van Halen. En una carta privada, aquellas acciones pierden fuerza y el lenguaje se estereotipa a veces hasta dar una impresión superficial.

Se llamaba *ayacuchos* a los miembros de aquella cofradía o confederación de militares que habían participado en las luchas por la independencia de las colonias hispanoamericanas, muy vinculados al general Espartero. El nombre tiene que ver con la última batalla que selló la libertad de las colonias de España y que se libró en las afueras de la ciudad peruana de Ayacucho, en la Pampa de la Quinua, el 9 de diciembre de 1824.

En la última serie de los *Episodios*, la quinta, Pérez Galdós, que había retornado al teatro, y con mucho éxito, intentó en sus novelas utilizar por momentos la forma teatral de los guiones y dramas, presentando la voz de los personajes directamente a la experiencia del lector, siempre antecediendo el nombre propio del personaje que hablaba a aquello que decía. Era una antigua forma que había utilizado ya el *Ulises* de Joyce, sobre todo en el famoso capítulo «Circe» de su revolucionaria novela. En ese capítulo, de grandes inventos y audacias formales, funcionó muy bien, porque venía acompañado de enormes transformaciones en la forma narrativa, pero a Pérez Galdós (y yo diría que a todos los escritores que lo han intentado, además del propio Joyce) nunca le resultó funcional; por el contrario, retrasaba la acción y desactivaba la ilusión de lo narrado.

No es seguro que la expresión teatral y la narrativa sean equivalentes y puedan utilizarse indistintamente. La expresión en la novela viene rodeada de descripciones, que tienen que ver tanto con el paisaje en torno —el lugar desde el que se habla— y el contexto psicológico del propio personaje, algo que desaparece en el diálogo teatral, y por ello la novela no lo admite sin que se esfume o apague lo inventado. Cuando Pérez Galdós se valió de este recurso en sus novelas, éstas sufrieron momentáneos o largos empobrecimientos.

Pero, en sus relatos, esta manera de narrar alcanzó una forma de primacía en su más audaz experimento narrativo. Me refiero a *La incógnita* y a *Realidad*, dos novelas escritas en 1889, en las que, relatadas ambas en dos estilos diferentes —la primera como cartas y la segunda como un guión teatral—, se desarrollan temas que, si no idénticos, son de todos modos complementarios e inseparables.

Los *Episodios* mismos son desiguales en calidad literaria. Los hay excelentes, pero también menos logrados y hasta fallidos. Los peores están en las últimas series, que retomó en 1898, pese a que en ellos aparece uno de los mejores, la sentida y conmovedora descripción de la agonía y la muerte del general carlista Tomás de Zumalacárregui, al que llamó «el mejor estratega de España», y la espléndida batalla de Bilbao, cuando el frustrado asalto carlista a la ciudad. Pero en esta cuarta serie de novelas figura *La de los tristes destinos*, que narra la Revolución Liberal de 1868, la Gloriosa, y la caída de Isabel II, dentro de un gran movimiento popular. Desgraciadamente todo esto, de importancia capital para la historia de España, no está muy bien contado, pues se intercala con el relato de la angustia de Santiago Ibero por saber si Teresa lo engaña con un noble, pesadillas absurdas y un decaimiento del lenguaje atribuible, tal vez, al avance de la ceguera que atormentó a Pérez Galdós en los últimos años de su vida.

En la quinta serie vuelve el gran escritor, sobre todo en *España trágica*, donde está maravillosamente narrado el atentado contra el general Prim, su agonía y su muerte, el 30 de diciembre de 1870, mientras llega a España para ocupar el trono el recién elegido monarca Amadeo I, personaje central del siguiente relato.

Los *Episodios* comienzan muy bien en *Trafalgar* con Gabriel Araceli, todavía niño, que, haciendo la guerra, se hace hombre y descubre el patriotismo. Hay párrafos muy hermosos en casi todos ellos, como esta bellísima descripción de la calle madrileña de la Cabeza en *El Grande Oriente*:

La calle de la Cabeza es una de las más tristes de Madrid. Compónese toda ella de casas viejas y feas, entre las cuales descuellan la enorme fachada meridional de la del marqués de Perales y otra que tiene grabada sobre la puerta esta inscripción: «Aparta, Señor, de mí lo que me apartó de ti». Contrastando con las vías cercanas, aquélla no tiene tiendas, y la mayor parte de las puertas están cerradas, a excepción de las cocheras y cuadras que por allí mucho abundan. Hacia el Ave María la calle se eleva, como si quisiera subir a los balcones de las casas. Hacia la Comadre se hunde, buscando los sótanos. Algunas acacias, que se asoman por encima de las altas tapias junto a San Pedro Mártir, están mirando con tristeza al escaso número de transeúntes. Se oyen tan pocos ruidos allí que la calle no parece estar en Madrid y a dos pasos del Lavapiés. Toda ella tiene un aspecto sombrío, un tinte lúgubre, una mala sombra que no se puede definir, una atmósfera que abruma, un silencio que hiela. Las calles, como las personas, tienen cara, y cuando ésta es antipática y anuncia siniestros designios, una fuerza instintiva nos aleja de ella.

Es como un cuadro, silencioso, inmóvil, bello y exacto. Pero hay también, en esta cuarta serie, *Episodios* que apenas se sostienen, como *Las tormentas del 48*, unas memorias escritas en primera persona por José García Fajardo que casi no guardan referencias a hechos históricos de importancia y se concentran en la vida de un antiguo seminarista, jugador y bohemio que resuelve sus problemas casándose con una mujer rica y fea. Es una de las más débiles novelas de la serie. En cambio, el episodio más logrado de todos es seguramente *Juan Martín el Empecinado*, de la primera serie, en el que se describe el estallido de las guerrillas, decisivo para contener la invasión francesa y los planes de Napoleón Bonaparte de instalar a su hermano José como rey de España. Los personajes son inolvidables: el propio Juan Martín, su lugarteniente Vicente Sardina y el atrabiliario mosén Antón, el cura guerrillero. La sublevación de la gente más pobre y humilde contra la invasión francesa a través de las «partidas» o «guerrillas» espontáneas, espléndidamente descrita por Pérez Galdós, desconcertó a los invasores. No se esperaban que la gente más miserable, jornaleros, campesinos, curas de pueblo, vagos, cuatreros, se alzara en ese gran movimiento patriótico contra los invasores, armándose con lo que tenían y podían, y apoyando de manera resuelta al Ejército regular. Este apoyo dio un aliento formidable a la resistencia.

El «patriotismo» es siempre un sentimiento peligroso, que puede desembocar en el nacionalismo fanático y hasta en el terrorismo, pero en este caso lo fue sólo a medias. Los círculos afrancesados españoles, entre ellos los masones, siempre ridiculizados en los *Episodios nacionales*, no eran traidores, excluidos los oportunistas como Juan de Pipaón que se disponían a medrar con el Gobierno del hermano de Napoleón. Buen número de españoles decentes, generalmente intelectuales, como Espronceda y la familia de Larra, sobre todo el padre del gran periodista literario, un médico, que querían el progreso de España en el sentido democrático y liberal, es decir, la disminución del poder de la Iglesia y más legalidad y libertad, fueron «afrancesados», además de Goya, quien, a raíz de la reacción absolutista, se exilió en Burdeos.

El patriotismo del pueblo español se levantó también contra los «afrancesados» al sublevarse contra la ocupación y este hecho daría alas, después, a la reacción ultramontana carlista. En este episodio nacional, *Juan Martín el Empecinado*, están muy bien descritos el caos y las contradicciones de esas guerrillas que, sin obedecer a nadie, eran capaces de introducir el desorden y la rivalidad entre las fuerzas liberales, como lo hace el propio mosén Antón, que termina traicionando a los suyos y pasándose a los franceses, por lo que acaba fusilado por los patriotas. Pero, al mismo tiempo, constituían la expresión de un sentimiento realmente popular y generalizado de rechazo a la imposición extranjera.

De otro lado, entre los «afrancesados» reales o supuestos no sólo había oportunistas. Algunos, como Salvador Monsalud, héroe entre otras novelas de *El equipaje del rey José*, se enrolaron en el Ejército francés para tener qué comer. Y, como a Salvador, les ocurre algo terrible. Cuando los franceses parten de España, pasan por La Puebla de Arganzón y tanto su madre como Generosa, la muchacha que ama, insultan a Salvador acusándolo de «traidor», «antiespañol» y de haberse vendido a los invasores. El muchacho tiene honor y no quiere traicionar a quienes ha jurado servir. El cura del pueblo, Respaldiza, otro comefranceses, asimismo lo insulta. No es extraño que Salvador Monsalud quede, desde entonces, sumido en una cierta neurosis y que toda su trayectoria posterior esté marcada por la turbación de la que ha sido víctima en La Puebla de Arganzón.

Su caso es interesante, pues explica cómo, en todas las circunstancias, y sobre todo en una guerra como la de la Independencia en España, hay situaciones particulares, donde no se puede decidir entre opciones claras y encontradas, pues esos ejemplos particulares no encajan en ninguna de ellas, sino representan disyuntivas morales de excepción.

Otro de los mejores *Episodios*, de la segunda serie, es *El terror de 1824*, que describe la represión y las violencias que se desatan en España luego de la abolición de la Constitución de Cádiz. Son años de espanto, de crisis de las libertades públicas y privadas, en que los ciudadanos desaparecen, se llenan las cárceles, las ejecuciones sumarias se multiplican, se restablece en los hechos la Inquisición, las venganzas personales se disimulan tras las acusaciones políticas —don Benigno Cordero y su hija Elena son apresados por una denuncia de Francisco Romo, que sólo quiere castigar a esta muchacha por no haberle hecho caso— y un baño de oscurantismo y terror se derrama sobre todo el país. España retrocede luego de creer que había dado un paso irreversible hacia la modernización y la libertad. La horca estaba siempre en pie, dice el relato, y una de sus víctimas es el general Rafael de

Riego, cuyo holocausto es una de las páginas más logradas y dramáticas de los *Episodios*. Otro resultado de esa apisonadora retrógrada es que don Benigno Cordero, luego de salir de la cárcel, pese a sus firmes convicciones democráticas y liberales, decide apartarse de la política para siempre y concentrarse exclusivamente en su familia.

La turbación de Salvador Monsalud no es la única; varios personajes se desequilibran mentalmente y rozan la locura o se hunden en ella ante la magnitud de las catástrofes que vive la nación.

Es difícil para mí entender las burlas y la reprimida hostilidad de Pérez Galdós contra los masones, así como la manera superficial y algo burlona con la que describe las Cortes de Cádiz y la primera Constitución española democrática y liberal que sale de ellas. Contra las logias y los masones hay una actitud hostil constante en casi todos los *Episodios*, salvo, tal vez, en la tenida masónica que aparece en *España trágica*, donde se anuncia el atentado contra Prim. Sus ceremonias y delantales eran tal vez algo ridículos, al menos como él los describe, así como su lenguaje de signos con las manos, pero muchos demócratas y liberales —entre ellos su personaje Salvador Monsalud— los frecuentaban y, no lo olvidemos, muchas logias apoyaron la independencia de las colonias hispanoamericanas cuando Fernando VII abole la primera Constitución española. La verdad es que, en los *Episodios nacionales*, hay siempre contra ellos un prejuicio, aunque, del otro lado, estaban los carlistas y compañía, es decir, quienes rechazaban los acuerdos de las Cortes de Cádiz y la Constitución, modernizando y democratizando la monarquía de España, un país que ellos querían convertir en una sacristía. Sin embargo,

310

es verdad que estas divisiones feroces eran más retóricas que reales y que, en el fondo, en el mundo de las ideas, los valores y los principios, existían apenas. Pero sería injusto no mencionar la magnífica descripción que hace Pérez Galdós de las Cortes, luego de la Gloriosa, la Revolución Liberal de 1868, que depuso a Isabel II, narrada en *España sin rey* a través del Bailío, es decir, don Wifredo de Romarate y Trapinedo, carlista, ultracatólico y algo payaso, que escucha horrorizado por primera vez en su vida a oradores ateos, queda seducido pese a sus convicciones oyendo a Cánovas, y comete en esos días excesos de los que se arrepiente el resto de su vida: una borrachera, una noche de amor con una hetaira, la Africana, y la impresión de que España ha cambiado y no volverán ya las buenas costumbres cristianas del pasado.

Pero ese mismo episodio de *España sin rey* termina bastante mal, con una broma quijotesca que desemboca en tragedia, cuando la celosa Fernanda clava una espada que mata a Céfora, a punto de escaparse con el seductor don Juan de Urríes. *España trágica*, el siguiente episodio, comienza muy bien, con el romance delicado de Fernanda y Vicente Halconero, narrado con solvencia, que termina muy pronto sin embargo con la súbita muerte de aquélla: algo que recuerda a Fernando, helenista flamante, una instancia de la clásica Grecia con la que vive obsesionado.

Los masones son los malvados de los *Episodios nacionales*, empezando por don Luis de Santorcaz, el padre de Inés. Ha estado en Francia, donde se juntó con los «revolucionarios» —es decir, los jacobinos—, y desde entonces odia a los reyes y a los nobles y quisiera rehacer la sociedad cortando cabezas. Regresa a España, donde funda una cadena de logias masónicas y es considerado por los «patriotas» un infame traidor. Su final es cómico: arrepentido de sus maldades se amista con la condesa Amaranta, madre de Inés, y muere dando la mano a su recobrado amor. En uno de los últimos *Episodios*, *Las tormentas del 48*, hay tres jóvenes seminaristas en Roma, el narrador de la historia, José García Fajardo, español, y los italianos Della Genga y Fornasari, que, corrompidos por las logias, que se han puesto de moda en Italia, terminan abandonando el seminario agustino en que estudiaban.

José García Fajardo es el eje en torno al cual giran por lo menos tres de los *Episodios*: *Las tormentas del 48*, *Narváez* y *La Revolución de Julio*, lo que contribuye a la relativa calidad de estas novelas, pues el personaje mismo carece de dimensión y carácter: es un oportunista que se casa con una mujer fea y muy próspera, y luego recibe toda clase de honores gracias a ella, hasta un título, sin que él mismo haga nada para merecerlos. De todas maneras, en el diario que escribe Fajardo en *La Revolución de Julio*, de la cuarta serie, está muy bien relatada la lucha callejera en Madrid, cuando el pueblo se levanta y la ciudad se llena de barricadas donde los madrileños, sobre todo los hombres y mujeres humildes, luchan heroicamente pero sin saber muy bien por qué. Al menos lo sabe la pareja de amantes Leoncio y Virginia: ellos sueñan con que se reconozca el divorcio y no tengan que seguir escondiéndose el resto de sus vidas. Otros se rebelan simplemente por rechazo a lo existente, que les parece injusto y horrible, y porque aspiran a un mundo mejor. El propio Fajardo, arribista sin convicciones, de pronto, al final del libro, se llena de súbito coraje y mata a un jefezuelo rebelde abusivo que está a punto de perpetrar un atropello contra una mujer casada. Fajardo sabe que él no es de aquellos que luchan en las barricadas y vuelve a su casa donde su mujer y su hijo, resignado a vivir su vida protegida de siempre, aunque, eso sí, haya dejado en su diario un testimonio convincente sobre ese aspecto citadino de la guerra: la lucha en las barricadas y trincheras callejeras.

En la espléndida retrospectiva sobre Pérez Galdós que organizó la Biblioteca Nacional de Madrid, el año 2020 —existe un bonito catálogo de ella titulado *Benito Pérez Galdós. La verdad humana*—, se podían ver varios manuscritos de sus novelas, de letra clara y pareja, con abundantes correcciones, y se podían seguir sus averiguaciones y la documentación histórica que reunía —incluidos sus viajes a provincias y a Marruecos— para escribir sus *Episodios*. En ellos trató de ser fiel, por lo menos en el sentido más amplio, a la historia ocurrida. Se documentaba mucho, pero luego, a la hora de escribir, improvisaba con libertad, añadiendo y recortando los hechos acaecidos e inventando personajes para que lo narrado tuviera un atractivo propio, más allá o más acá de la fidelidad histórica. Cada episodio le tomaba un par de meses, más o menos, algunos hasta tres, y, aunque corregía mucho el manuscrito, nunca hizo segundas o terceras versiones de cada original, y, a veces, esto es algo que lamentamos sus lectores.

Ya dije que la descripción de las acciones bélicas era el fuerte de Pérez Galdós. Las hacía con precisión y destacando las iniciativas felices o equivocadas de unos y otros, a veces transportado por un ímpetu épico, de entusiasmo contagioso, siempre situando muy bien a los adversarios de modo que el lector pudiera seguir al detalle el desarrollo de las acciones militares, mejor incluso que los propios combatientes. Y había siempre, en sus descripciones de batallas esa mirada que las apagaba, reduciéndolas a la inmovilidad y al silencio. *Bailén* y *Gerona* son, en esto, dos logros absolutos. La victoria, en el primer caso, y la derrota de los españoles en el segundo están narradas con maestría y en *Gerona* hay, por ejemplo, en el relato del joven Andresillo Marijuán, una espectacular alegoría de los ejércitos de ratas que han tomado la ciudad comparándolos con el enemigo, cuando los españoles, exhaustos, luego de agotar la resistencia y estar ya sin armas ni municiones, se rinden a los invasores. (Este hecho está suprimido en la versión teatral que hizo el propio Pérez Galdós de este episodio).

Y no menos plástica, detallista, seductora e inmóvil es su descripción de la defensa de Bilbao por los «liberales» cuando los carlistas intentan ocuparla, que aparece en *Luchana*, sobre todo las proezas militares de Zoilo Arratia, que el lector nunca sabe si están hechas por patriotismo o para impresionar a Demetria Negretti, de la que se ha enamorado. Pero no hay duda que la última parte de esta batalla, con la llegada de las fuerzas del general Espartero a Bilbao para aplastar la ofensiva carlista, está muy felizmente descrita, así como la huida de la ciudad, de noche, en una balsa desarbolada, de Churi, el sordo de Bilbao, hacia Portugalete, entre múltiples obstáculos, sin naufragar ni ser detectado por los carlistas, aventura que Churi termina en la cocina de la cálida Saloma, donde hay esperándolo, recién hecho, un huevo frito con chorizo.

Existen también, en los *Episodios nacionales*, otras descripciones de entusiasmo guerrero menos recomendables, como las que aparecen en *Aita Tettauen* (Ojos de Manantiales) y *Carlos VI en La Rápita* describiendo, en noviembre de 1859, el enorme entusiasmo popular con que Madrid vive la inminente invasión militar de Marruecos por España, fraguada en gran parte por el general O'Donnell, presidente del Consejo de Ministros, para dar salida a la enorme tensión política que vivía el país y que, en efecto, despierta un entusiasmo cívico-militar del que participa todo el mundo. El libro se concentra en el hogar de don Vicente Halconero y su esposa Lucila, donde los chiquillos y los amigos que allí concurren, todos ellos, sobre todo el pequeño Vicentito, celebran la guerra inminente, sueñan con integrar aquellas huestes, como lo hacen, en el resto de la ciudad, los políticos, los curas, los profesionales y las gentes más humildes, cantando gestas patrióticas o aplaudiendo frenéticamente a los soldados y oficiales que se disponen a partir para destruir a los agarenos.

La descripción de esa ciudad, de ese país convulsionados por el patriotismo es literariamente absorbente; desde el punto de vista político y moral, en cambio, es una operación dudosa: una experiencia de carácter imperialista y colonial para desviar la atención de todo un pueblo sobre cuestiones locales con una aventura militar exterior. Luego, cuando los ejércitos españoles viajan a Marruecos y comienza la guerra contra los *moros*, caen muchos heridos y muertos. La descripción de los combates, a lo largo de la marcha de los soldados españoles hacia Tetuán, es formidable. Pero las notas periodísticas de Juan Santiuste, el corresponsal de guerra, informando a los madrileños sobre las víctimas indican que a la excitación patriótica han seguido el dolor y la angustia de un pueblo que quiere enterarse de sus muertos y heridos, y del hambre y las enfermedades que soportan en aquella confrontación. Al menos Juan Santiuste, antes un entusiasta partidario de la guerra, enfrentado a los horrores de ésta cambia radicalmente de manera de pensar y se vuelve pacifista. Aunque su pasión por las faldas femeninas está varias veces a punto de costarle la vida. Cuando cae enfermo y va a ser repatriado, experimenta también, como muchos de los personajes de los *Episodios*, un ataque de locura, y, en vez de subirse al barco que va a tomar, echa sus ropas a la basura, se pone una chilaba y unas babuchas y se encamina a Tetuán, convencido de que es Juan el Pacífico...

Luego recobra la razón y es el personaje central de *Carlos VI en La Rápita*. Más adelante, con motivo del fusilamiento en Tortosa del general Ortega, que había intentado un levantamiento militar absolutista creyendo que toda España lo seguiría —nadie lo hizo—, Pérez Galdós aprovecha para dejar sentada, a través de Juan Santiuste, en términos inequívocos, su oposición a la «barbarie» que es la pena de muerte, algo que ya había quedado claro en las palabras dramáticas en que narró el ahorcamiento del general Riego.

Por lo demás, en los *Episodios* no sólo se describen acciones militares en tierra; también, batallas navales, como las que enfrenta la Numancia española en el Perú y Chile, cuando la guerra que libran España y estas naciones sudamericanas en 1866, descrita en varios capítulos de *La vuelta al mundo en la Numancia*. Luego de la excursión a Valparaíso, la escuadra española regresa al Perú, y allí se celebra el famoso combate del 2 de mayo de 1866 contra la Marina y el Ejército

316

peruanos, que disparaban contra la escuadra española desde el puerto del Callao. El combate mismo, que dura casi todo el día, en el que queda malherido el jefe de la escuadra española, don Casto Méndez Núñez, por obra de una granada peruana, y fallece el ministro de Guerra del Perú y héroe de la jornada, José Gálvez, está soberbiamente narrado. Para tener una visión equilibrada del combate hay que leer también su descripción, desde el lado peruano, de Jorge Basadre, en su *Historia de la República del Perú*.

Y uno de los últimos *Episodios nacionales*, *De Cartago a Sagunto*, termina con acaso el más salvaje y feroz hecho de sangre: la toma de Cuenca por los carlistas, dirigida por una amazona que es una verdadera asesina, doña María de las Nieves, que preside matanzas, torturas y villanías sin cuento, además de saqueos y robos que dejan la ciudad en ruinas, destruida por los incendios y los asesinatos.

En 1905 Pérez Galdós escribió una breve ópera, *Zaragoza*, que sólo se representó en esta ciudad, en el Teatro de la Ópera, y que, con la introducción de coros, relata el heroísmo con que los zaragozanos defendieron su ciudad hasta el sacrificio colectivo de las tropas de Napoleón Bonaparte.

En los *Episodios* aparece una detallada explicación de cómo se montaban las sublevaciones que atravesaron el siglo XIX español, entre guerras y conspiraciones, algo que siguió ocurriendo después. En esto, un episodio de la cuarta serie, *Prim*, no puede ser más explícito. Relata y hace vivir en sus páginas las sublevaciones fracasadas que iba a encabezar el general Juan Prim, antes de la definitiva, en septiembre de 1868, la revolución democrática, la Gloriosa, que acabaría con el reinado de Isabel II y de la que el propio Benito Pérez Galdós se consideraba heredero. Consistían fundamentalmente en aleccionar y contar con la complicidad de las guarniciones y cuerpos militares; los encargados de concitarlos y convencer a sus jefes solían ser civiles o militares retirados. Las sublevaciones fracasadas de Prim, en los años de 1865 y 1866, se deben a la misma razón: recibe muchas promesas pero, como ocurre con la tragedia de los sargentos del cuartel de San Gil, los partidarios de la reina Isabel II se adelantan a los coroneles o generales rebeldes, los animan a que no se subleven y más bien denuncien a los «infames» alzados, entre los que suelen encontrarse a menudo los sargentos de artillería. Hay juicios, por supuesto, y se fusila a buen número de conspiradores —en el fracaso de San Gil se fusiló a sesenta y seis personas, entre ellas lo menos a cuarenta sargentos—, pero el jefe de la rebelión, el general Prim en este caso, siempre escapa, después de llevarse un gran disgusto con cada fracaso. Pasado cierto tiempo, sus partidarios salen de sus escondites y siguen conspirando, es decir, buscando jefes militares a quienes puedan arrastrar a un nuevo levantamiento mejor concebido. A veces triunfan, pero la mayoría de las veces fracasan, porque hay incidentes o casualidades imprevistas o porque jamás los planes conspirativos se cumplen a cabalidad. En el último fracaso, sin embargo, que ocurre en pleno Madrid en 1866 y dura casi un día, hay gran número de muertos y el movimiento tiene rasgos de una acción popular, pues, junto a los soldados, luchan los paisanos, y entre ellos un conspirador nato, don José Chaves, uno de los civiles que más ha trabajado preparando el levantamiento de Prim y que consigue escapar luego del fracaso, en el que pierde toda su fortuna.

Cuando las sublevaciones tienen éxito, cambian los Gobiernos, pero la monarquía sigue intangible; cuando no, será hasta la próxima vez, a ver si entonces la conspiración culmina y triunfa. Y, en efecto, a la cuarta fue la vencida, pues en 1868, la revolución democrática del general Prim triunfó. Ninguna de las conspiraciones anteriores, relatadas en esta novela, fue realmente popular, nacida del pueblo, salvo la última de 1866; aquéllas consistieron en movilizaciones de militares en las que los civiles tenían un rol muy secundario. Dicho sea de paso, las famosas «revoluciones» latinoamericanas, fuente de frustración de todo el siglo XIX, en su inmensa mayoría son herederas de este modelo, obedecen a la misma figura de juego de monopolios entre los militares, seguidoras, se diría, a pie juntillas, del ejemplo español. Y es de destacar, desde luego, la relación del absoluto caos que fue la Primera República española, que sobrevivió de milagro entre conspiraciones, golpes de Estado, la rebelión cantonal de Cartagena y, finalmente, el golpe militar que acabó con ella y que describen con acierto *La Primera República* y *De Cartago a Sagunto*, de la última serie.

Las feministas radicales de nuestros días no estarían para nada de acuerdo con lo que eran y se esperaba de las mujeres en el tiempo que relatan los *Episodios*. Ni en cómo ellas eran tratadas por los varones. Había damas, como doña María, condesa de Rumblar, de horca y cuchilla (pero sólo en sus casas y con sus dependientes) que se esforzaban por mantener las formas estrictas de una tradición que estaba ya en decadencia. Y la misteriosa y poderosa «dama oculta» que guía los pasos y subsidia los trajes y las comidas de Fernando Calpena desde su llegada a Madrid, en *Mendizábal* (y que, descubrimos varios *Episodios* después, resulta ser nada menos que su madre, doña Pilar de Loaysa). Y mujeres como Demetria y Aura, las dos novias de Fernando Calpena, que se superan a sí mismas, sobre todo cuando el intento de invasión carlista de Bilbao, tomando iniciativas y actuando como lo harían los hombres, pero, eso sí, muy conscientes de que en aquella sociedad ocuparían siempre el segundo lugar. También aparecen mujeres de pueblo que luchaban en las batallas junto a sus hombres, de igual a igual, con gran arrojo y valentía, por ejemplo la Lucila de *Los duendes de la camarilla*, que se multiplica como una fierecilla para mantener escondido a su amante, el capitán Bartolomé Gracián, condenado a muerte por «liberal».

Tal vez ninguna de las feministas contemporáneas aceptaría la imposición prepotente con que Zoilo Arratia exige a Aura que se case con él. Y menos tolerarían la fórmula que el amable sacerdote don Jesús explica a Juan Santiuste en *Carlos VI en La Rápita* para educar bien a las mujeres del servicio:

—El palo, querido Confusio —me dijo mi amigo—, el palo, y crea usted que no hay otro medio... Materialmente no empleé bastón ni garrote..., ha sido con la mano, a bofetada limpia... Convénzase usted de que a estas hembras criadas a lo moro no hay otra manera de enderezarlas y de enseñarles el catecismo de la vida práctica, para que ellas vivan y hagan llevadera la vida de los demás.

El maltrato a las mujeres, por lo demás, parece bastante extendido, a juzgar por la paliza que inflige a Teresa, su esposa, Jacinto Leal, en *Prim*, para luego robarle su dinero y sus joyas y abandonarla, dejándola en la miseria. Es extraordinario que Teresa, la esposa golpeada y robada, esté dispuesta días después a ayudar a aquel que la golpeó y saqueó, en un acto de masoquismo (tan bien descrito por Freud), hecho del que la eximen los balazos de la Guardia Civil, que matan antes a Jacinto. Y todas se indignarían, con justa razón, leyendo aquel episodio de *Montes de Oca* donde el señor Ibero, armado de un cinismo del que ni siquiera es consciente, aconseja a Rafaela, que ha sido su amante, que se comporte como una señora correcta y de buena moral y no siga desacreditándose por su vida alocada.

En los *Episodios* de la quinta serie, *Cánovas*, aparece Casiana, una bella muchacha de pueblo que es analfabeta, la última amante de Tito Liviano, a quien éste, portaestandarte y homúnculo de Pérez Galdós, enseña a leer. Lo extraordinario es que el Gobierno de la Restauración, cuando se ha repuesto la monarquía con Alfonso XII al frente, nombra a la analfabeta Casiana Inspectora de Escuelas por el Gobierno de don Antonio Cánovas. Don Tito Liviano comenta con justicia: «Todo era ficciones, favoritismos y un saqueo desvergonzado del presupuesto». Y los *Episodios nacionales* dejan una clara impresión a sus lectores de que la condición de Casiana —no haber aprendido a leer ni escribir— es la de muchísimas mujeres de esa clase social.

En aquella España, el sueño de todas las muchachas de la clase media era pescar un buen marido. Así lo describe el episodio titulado *Bodas reales*, donde vemos a las hijas de los manchegos don Bruno y doña Leandra, Eufrasia y Lea, desesperadas (y también sus padres) porque sus novios retrasan cada vez más el matrimonio. Pero uno de los personajes preferidos y tratados con más cariño por Pérez Galdós irritaría sobremanera a las feministas contemporáneas, acaso más que el cínico Ibero. Me refiero a Sola, Solita, la eterna enamorada de Salvador Monsalud (nunca confiesa a nadie este amor), discreta, sumisa, obediente, siempre dispuesta a hacer el bien a su alrededor y que nunca pide nada para ella, silenciosa, incansable en las labores domésticas, convencida de que su función es estar siempre al margen y al servicio de ese ser superior —el hombre—, exactamente la negación de lo que el feminismo contemporáneo, sobre todo en su vanguardia, espera de la mujer: rebeldía contra su condición, atrevimiento e insolencia frente a quienes la discriminan, disputar al hombre la igualdad en todos los campos, disciplinas y dominios de la vida social. Solita es una sombra, un ser dominado y servil, frustrada en todo a lo largo de las historias en que participa, hasta que, al cabo de los años, y por obra más de la casualidad que de su iniciativa, sucede al fin su boda con Salvador Monsalud, con la que ha soñado en secreto toda su vida. Naturalmente, con todas las limitaciones que tenía, la mujer española podía ser considerada «liberada» en comparación con las pobres mujeres marroquíes, descritas en *Carlos VI en La Rápita*, recluidas en los harenes agarenos y prácticamente esclavizadas, que desempeñan un papel importante en ese episodio, que transcurre sobre todo en Marruecos. Pero en España las cosas no eran tan distintas. Por ejemplo, en este mismo episodio descubrimos, en Tortosa, que el arcipreste del lugar tiene un pequeño harén de sirvientas y recogidas, a las que, además, de tanto en tanto, aterra con sus ataques de mal humor.

La religión contribuía a aquella condición secundaria y humillante en que vivían las mujeres en la España del siglo XIX, en la que, por supuesto, sólo existía el matrimonio religioso. Muchos lo sentían como una prisión. En uno de los *Episodios* de la última época, *La Revolución de Julio*, se describe el caso dramático de Virginia, que, infelizmente casada, se enamora de otro hombre y, como no existe el divorcio, comete la audacia de escaparse con él. La pareja debe apartarse del mundo, cambiar sus nombres, perderse en los pueblecitos de la Mancha, vivir con nombres supuestos, pues, si son descubiertos y denunciados por sus excónyuges, irían ambos a la cárcel. Un indicio de las durísimas condiciones en que, en la España de entonces, vivían sobre todo las mujeres «infieles», ya que es principalmente contra Virginia que se dirigen las admoniciones.

Es verdad que, a medida que la visión del novelista baja del ápice social al sector popular, la española de entonces es más libre, porque trabaja y gana un salario y eso le permite tomar más iniciativas, como a Lucila en *Los duendes de la camarilla*, en tanto que las mujeres de la alta burguesía y la nobleza están inutilizadas por la rigidez de las convenciones y reglas que regulan sus vidas. Pero lo cierto es que ni una ni otras son de veras libres; todas ellas están sujetas a esa condición discriminada y secundaria de la que sólo mucho después, en pleno siglo XX, las españolas comenzarían a emanciparse.

El único personaje femenino de los *Episodios nacionales* de Pérez Galdós que está a la altura del feminismo radical contemporáneo es —ay— no una española sino una inglesa: la simpática Miss Fly (señorita Mariposa), de una audacia ilimitada. Se pasea por los escenarios de la guerra, cruzando y descruzando los respectivos dominios de los adversarios, actuando en ellos con una libertad sin freno, gracias a sus buenas relaciones, y portándose a veces como una verdadera guerrera, es decir, como un hombre. Al mismo tiempo es elegante, bella, locuaz: una aventurera que toma iniciativas todo el tiempo, incluso en el amor. Pero, en los *Episodios*, ella es la excepción a la regla.

Aunque todos los *Episodios* tienen un contenido político, además de histórico, sólo en *La vuelta al mundo en la Numancia*, uno de los últimos de la larga serie, aparece con todo detalle el tipo de política que se practicaba en el interior de España, es decir, en pueblos y provincias. Allí se advierte que las ideas y las convicciones jugaban poco papel y que la vida política estaba enteramente controlada por la fuerza y el poder, tal como venía ocurriendo, precisa el narrador, desde la época feudal. En Loja, Andalucía, donde transcurre esta parte de la historia, hay dos bandos claramente enfrentados: los «liberales» y los «moderados», un eufemismo este último que, en verdad, representa a los conservadores y católicos más militantes. Pero quienes dirigen ambas fuerzas son los poderosos del lugar, es decir, quienes tienen prestigio, dinero y poder, y ejercen la verdadera autoridad por encima o por debajo de quienes sólo superficialmente ostentan los cargos. Los «liberales» imponen en su organización una «disciplina masónica» y los «moderados», que representaban «el feudalismo, la casa y condado de la Cañada», hacían excelentes negocios con los «fondos públicos». En resumen, la política, a ese nivel, continuaba una antigua tradición y, en vez de ideas y principios, representaba el poder tradicional y era fuente de muchas corruptelas. En este contexto, Diego Ansúrez oye por primera vez hablar de «socialismo» y «comunismo», palabrejas que lo desconciertan, pues nunca se las explican del todo.

Aita Tettauen (Ojos de Manantiales) es uno de los pocos *Episodios* que en parte transcurre fuera de España. Pero hay otro que narra *La vuelta al mundo en la Numancia* y en el que el Perú desempeña papel importante. No muy positivo, es verdad, pues un peruano un tanto aventurero y muy rico, Belisario Chacón, juega una mala partida a Diego Ansúrez, el personaje central de esta novela: seduce a su hija Mara, se la roba y se casa con ella. La goleta en la que se enrola Ansúrez da la vuelta al mundo en efecto, y, en su largo recorrido, atraca en el puerto peruano del Callao. Allí descubre Ansúrez que Belisario Chacón pertenece a una familia riquísima, con haciendas en Jauja, Cusco y Arequipa, y aunque sus empeños por ver a su hija se frustran, pues ella y su familia política han viajado a la sierra, se entera de que Mara ha tenido un niño en su flamante matrimonio. Sueña y se encariña con este nietecito, pero no puede continuar la búsqueda de su hija, porque, naturalmente, hay en el Perú una revolución en marcha, en la que el presidente Pezet pierde el poder, derrotado por el general Diez Canseco, quien, a su vez, lo pierde ante el coronel Prado, proclamado Dictador. La goleta escapa hacia Chile y abandona Lima. Pero no sin que antes Diego Ansúrez y sus colegas bajen a tierra, visiten la capital peruana, se tomen unos piscos en unas pulperías, disfruten de los balcones coloniales y de las bellas mujeres de Lima y pierdan o ganen dinero en las timbas, muy de moda en ese entonces. Además de conocer la garúa limeña y visitar el barrio de Chorrillos (que, en la novela, ha sido adelgazado al Chorrillo), prueban un cebiche y un sancochado, y ven bailar dos bailes que están ya de partida: la zamacueca y la zanguaraña.

El amor suele ser uno solo en la vida de los personajes tanto femeninos como masculinos. Algunos pocos cambian de amores, como Salvador Monsalud, pero es excepcional. Lo normal es que, como ocurre en *Mendizábal*, don Fernando Calpena vea a Aura y piense en el acto: «Si esta mujer no me quiere, me mato». Los enamoramientos son así: veloces, intempestivos, románticos y los suele rondar la muerte. Calpena, cuando ve a Aura, siente «ganas de gritar y de tirarse al suelo». Pero, luego, por obra de las circunstancias —ella lo deja— cambia de amores y termina de novio de la bella y eficiente Demetria, con la que acaba casándose. No son menos románticos los amores de Gabriel e Inés, hechos de revelaciones sorprendentes y casualidades milagrosas que convierten a seres humildes en herederos de noble alcurnia y donde el milagro o la casualidad desempeñan una función central, como en las novelas románticas. Lo mismo ocurre con el amor apasionado del comandante carlista Nelet en *La campaña del Maestrazgo* por la monja y santa Marcela Luco, a quien el galán, apoyado por don Beltrán de Urdaneta, acosa para que acepte casarse con él. Este amor lo lleva a orillas de la locura, con sueños, pesadillas y apariciones fantasmales, tanto que termina matando a su amor y suicidándose. Y no menos espectacular es el enamoramiento del comandante de Caballería Manuel Catalá de la coqueta Rafaela, en *Montes de Oca*, que, enloquecido de amor, confiesa a su amigo Ibero: «Antes de dos días haré lo único que cabe para poner fin a esta situación: la mato y me mato. He comprado dos pistolas muy seguras y las tengo bien cargadas... Porque no me quiere la mato a ella; porque la adoro me mato yo». Y no se crea que estos amores inmediatos y mortales sean sólo masculinos. En *Prim*, Teresa Villaescusa descubre de pronto, en la noche de Madrid, que ama a Ibero, el salvaje, y exclama: «Si no me dice que me quiere a mí como yo le quiero a él, tengo que matarme». El amor, inseparable de la muerte, como en todo drama romántico. Teresa sufre ya, desde hace algún tiempo, de alucinaciones y fantasías que la alejan del mundo real y le hacen ver visiones.

Ya vimos que los personajes de los *Episodios* tienden no sólo a hablar sino a convertir sus coloquios en discursos. También acostumbran llorar, con más frecuencia de lo debido. Pero, como lo hacen casi todos los personajes, hombres y mujeres, viejos y jóvenes, buenos y malos, el llanto se convierte en una propensión general, un elemento añadido perfectamente equilibrado y compartido por los personajes principales y el elenco de figurantes, así como la tendencia generalizada de todos ellos a hablar más de la cuenta y pasar insensiblemente de dialogar a pronunciar discursos, largas peroratas en que unos y otros hablan y hablan y sus interlocutores, pacientes y comprensivos, esperando su turno, los escuchan. Esta propensión se acentúa cuando la reacción se apodera de España

(«¡Vivan las caenas!») y Riego es ahorcado en Madrid: la escena es horrible y el «vulgo desatado» provoca la indignación del narrador, que se entromete en la historia para expresar su cólera.

Patricio Sarmiento, viejo loco, es el ejemplo máximo a estas alturas de esos discursos caudalosos, sin ton ni son, que pronuncia a cada rato, incluso delante de sus enemigos. El llanto y los copiosos discursos son manifestaciones de la narrativa, que, distanciándose así de la realidad que evoca, conforma la propia idiosincrasia y personalidad de la novela. Y, sin embargo, pese a esos llantos interminables, el relato tiene esa tranquilidad que se parece a la quietud pictórica, a la inmovilidad de los cuadros que recordamos.

Al final, los *Episodios nacionales* dejan al lector con una sensación pesimista sobre la situación de España, un país, en el espíritu de Fernando Calpena, es verdad que en ese momento alterado por el amor a Aura, que compara con «una inmensa jaula de locos furiosos». Pese a lo bien resueltos que literariamente están todos los episodios de la guerra, esta misma aparece como un retorno al salvajismo más primitivo, en el que los hombres se convierten en bestias. La barbarie la cometen por igual los liberales como sus adversarios, los absolutistas y carlistas. Basta citar los horrores que perpetran los liberales madrileños con los colegios de jesuitas, así como la matanza de «Burjasot» que perpetran los carlistas, donde éstos, no contentos con fusilar a sus adversarios, cuando se les acaban las balas los ultiman con sus bayonetas. A esta última matanza asiste, horrorizado, don Beltrán de Urdaneta, prisionero del general don Ramón Cabrera, cuando los carlistas, en su marcha hacia Valencia, perpetran una degollina generalizada de sus adversarios, y donde su jefe, el general Cabrera, dice, oyendo a sus soldados, que piden más fusilamientos: «Hoy no les puedo negar nada». Dicho sea de paso, la ferocidad de Cabrera tiene una razón de venganza, pues los liberales han fusilado a su madre. No es sorprendente, pues, que el propio Pérez Galdós, a través de su representante histórico, Tito Liviano, haga esta reflexión luego de narrar las intensas batallas que libran en Navarra los carlistas y las fuerzas gubernamentales. «Los carlistas se dejaban matar estoicamente, ignorando que sus ideas, derrotadas en aquella memorable fecha, reverdecerían luego con más fuerza de la que ellos, aun victoriosos, les hubieran dado».

Cuando se habla de «liberales» en aquella época, el concepto quiere decir fundamentalmente moderados, partidarios de disminuir la presencia y la influencia de la Iglesia en la vida española, pero la palabra no tiene una expresión económica como la tendrá más tarde —la defensa de la propiedad privada y de la economía de mercado, de la empresa y los mercados abiertos—, y, por eso, los supuestos liberales no están tan lejos de sus adversarios, los carlistas, partidarios del trono y la Iglesia, aunque la rivalidad entre ambos sea de gran violencia.

La última serie de los *Episodios*, la quinta, compuesta de seis novelas e inacabada, describe un mundo más bien burocrático y de intrigas, donde, aunque hayan triunfado momentáneamente los liberales —a quienes llaman también los «jacobinos» o «cristinos»—, la Iglesia sigue teniendo un poder desmedido, y donde se cometen, a veces, monstruosidades que desmienten aquella supuesta preeminencia liberal, como el asesinato de Prim. Quizás la violencia peor ocurra al final de la segunda serie, en *Un faccioso más y algunos frailes menos*. Ha habido algunas muertes misteriosas en Madrid —en verdad, se trata de una epidemia de cólera— y corre el infundio de que los curas están envenenando el agua que beben y utilizan los madrileños. Entonces, el «vulgo desatado» comete una de esas barbaridades colectivas que exasperan a Benito Pérez Galdós: asaltan los colegios de jesuitas y asesinan y degüellan a buen número de sacerdotes y alumnos. La descripción es minuciosa y muestra un salvajismo primitivo que siembra el horror en las calles de Madrid, un acto criminal que, de algún modo, no sólo desmiente lo que en teoría está ocurriendo en el país —el triunfo de quienes se supone representan la concordia y el progreso— sino también muestra en la práctica que nada ha cambiado, que, después de tantos años de sacrificio, penuria y guerra, la barbarie no ha sido derrotada sino acecha desde la sombra ocasión de manifestarse. Este tono pesimista retorna en las últimas novelas —que, a veces, se convierten en ensayos históricos—, muy lejos de aquellos *Episodios* entusiastas que describían el positivo descubrimiento del patriotismo que estaba presente en el estallido de las guerrillas contra el invasor francés. Este tono un tanto siniestro, sobre todo, preludia un futuro incierto, trágico, en un país que se desangra a pocos en las interminables guerras carlistas, que cambia de rey y hasta instala una república, sin que esos cambios afecten el caos esencial.

Se advierte sobre todo en la novela dedicada a *Vergara*, de la tercera serie, escrita entre octubre y noviembre de 1899. Está dedicada a las interminables negociaciones de paz entre unas fuerzas liberales dirigidas por el general Espartero, sólidas y victoriosas casi en todos los choques y encuentros, y unas fuerzas carlistas divididas y debilitadas, no sólo en razón de las derrotas sufridas en las batallas, sino sobre todo por la inseguridad y los cambios de opinión y conducta de su jefe, el general Maroto, a quien, luego de la paz, se considerará un traidor y un pérfido (injustamente, afirma Pérez Galdós). En esta novela se ve más que en ninguna otra la poca significación ideológica de las razones que alientan los contendores. Es verdad que las proclamas carlistas están llenas de alusiones al Trono y a la Iglesia, con mayúsculas, y las del bando contrario, a la Libertad (también con mayúsculas), pero, fuera de los discursos, es frecuente ver, en las acciones y en los hechos, la poca representatividad de estas palabras, ideas y convicciones, en unos ejércitos y seguidores de ambas fuerzas en los que se advierte la presencia abundante de curas y de frailes, y, sobre todo, en el pueblo llano, en que aquella división tiene poco sentido, si alguno le queda.

La verdad es que la religión católica tiene un predominio absoluto de la fe entre el pueblo, la clase media y la nobleza españolas, que las iglesias mandan, a cara descubierta o por lo bajo, y que el catolicismo está enraizado en el pueblo español, en una versión más absolutista en el caso de los carlistas y de manera más atenuada en el de los liberales. Pero en último término, los curas y la Iglesia tienen siempre la razón. Y esto se ve, de manera muy clara, en *Los Ayacuchos*, cuando los poderosos sacerdotes de la Instrucción Cristiana secuestran al coronel retirado don Santiago Ibero para hacer de él un cura, condición de la que lo salva —mediante otro secuestro— su amigo Fernando Calpena. No es raro que, entre las personas más realistas y conscientes de aquella España, cunda el desánimo.

El personaje en el que está encarnado, mejor que en nadie, este desánimo es el héroe de *Zumalacárregui*, el curita aragonés José Fago, quien, al comienzo del episodio, está identificado con el bando de los liberales; luego de actuar participando en batallas como soldado de a pie contra los carlistas, los azares de la contienda hacen de él un carlista más, que no sólo conoce al líder militar Zumalacárregui, sino que lo acompaña en su agonía, es testigo de su muerte, y queda él mismo aturdido y confuso, sin partido; al fin muere sin saber cuál es su bando, a qué facción pertenece, presa de un tormento psicológico que, se diría, es el de su propio país, el de la gente mejor y más generosa e independiente que hay en él.

Ésa es la imagen de España con la que empieza la última serie de los *Episodios nacionales*: un hombre de fe medio descentrado, presa del desánimo y el aturdimiento, que no sabe ya qué es ahora el desventurado fraile que fue, ni de qué manera elegir entre bandos que le parecen indiferenciables, tan horrendo el uno como el otro. Es una imagen desmoralizadora y triste, que no deja de expresar una verdad.

La tragedia de José Fago, que pierde la razón en esa guerra civil, no es la única. También vive un drama semejante, en *De Oñate a La Granja*, don Alonso de Castro-Amézaga, a quien socorre Fernando Calpena por el ruego de sus hijas Demetria y Gracia; aquél ha perdido el juicio y de manera demencial pronuncia discursos de subido color cristino en un pueblo que es baluarte del carlismo.

Y tampoco está tan lejos de su caso el personaje principal de *La campaña del Maestrazgo*, el noble don Beltrán de Urdaneta, que, a la vez que merodea por regiones desérticas, llega a la conclusión deprimente de que en España «todos estamos locos», empezando por él mismo. Al igual que él y que don José Fago, muchos otros actores de los *Episodios* parecen igualmente desquiciados y enloquecidos —incluso el propio general Maroto, cuando las negociaciones de la paz— por la tensión y la violencia de la guerra. Caso todavía más trágico, y encima grotesco, es el del coronel Andrés de Villaescusa, que, en un episodio de *O'Donnell* risueño para los lectores, por cumplir sus obligaciones militares, pese a ser víctima de terribles dolores de estómago, termina metiéndose un tiro en la cabeza, abrumado por el retorcimiento de sus tripas. Y para que se vea que no sólo son hombres quienes pierden la cabeza, en *La vuelta al mundo en la Numancia*, la exmonja doña Esperanza flaquea en su salud mental y, loca, antes de fallecer, delira como si estuviera todavía en el convento del que escapó hace ya muchos años.

España enriqueció la vida europea, las artes y las letras, por supuesto, pero también la economía, y su influencia fue enorme sobre el resto del mundo. La sociedad española, sin embargo, fundamentalmente por razones de religión, no había avanzado tanto al llegar al siglo XIX como otras de Europa en ese principio democrático básico que es la coexistencia en la diversidad —de creencias, ideologías y costumbres—, y, como atestiguan los *Episodios* en sus largos volúmenes, vivía aún la intolerancia social y política en estado crudo: de ello da cuenta la ferocidad con que se matan y odian los enemigos políticos hasta quedar el país poco menos que paralizado y diezmado por los conflictos internos. Años terribles en que España se fue quedando atrás respecto de otros países europeos, cuya contribución había sido insignificante o simplemente menor a la gran empresa de la construcción intelectual y económica de Europa desde los tiempos medievales y el Renacimiento y el Barroco, en que España prestó tan altísimo papel.

En el siglo que describen los *Episodios nacionales*, mientras otras naciones europeas viven la gran revolución industrial que permite al capitalismo elevar el nivel de vida de las gentes de manera desconocida hasta entonces, y se forman sindicatos y partidos políticos que defienden el nivel de vida, exigen salarios decentes para los trabajadores y van amortiguando los antiguos y enormes abusos, España se paraliza en conflictos intestinos que la retrasan respecto a otros países europeos, como Inglaterra, Francia o Alemania y no se diga los países nórdicos y Suiza. Y nada lo muestra tan bien, de manera indirecta, claro está, como las convulsiones decimonónicas descritas en los *Episodios nacionales*.

El último *Episodio nacional* que Pérez Galdós escribió —en verdad, lo dictó a su secretario— fue *Cánovas*. Es un poco deslavazado, aunque por razones bastante obvias: el mal a la vista, que fue uno de los tormentos de su vida, se había agravado considerablemente y pasa a ser un tema central del relato. Es dramática la relación de la manera como la ceguera va invadiéndolo, convirtiéndose poco a poco en la preocupación central de su vida, la lenta pero irremediable desaparición de la luz, que lo lleva a depender cada vez más de Casiana y de Segismundo, el horrible drama de ver apagarse a su alrededor aquella luminosidad que le permitía caminar, recorrer Madrid, una de sus aficiones mayores en la vida, y recurrir cada vez a nuevos facultativos, que le dan esperanzas, aunque éstas casi nunca se cumplían. Son páginas que nos revelan, junto a la decadencia de España, la decadencia física de un escritor y su irremediable caída en las sombras, que lo acompañaron hasta sus últimos días. *Cánovas* termina así la larga empresa literaria de su vida con un testimonio personal particularmente doloroso, un verdadero epitafio dramático a una empresa que lo ocupó casi todos sus años de escritor.

Pérez Galdós fue periodista, dirigió revistas y periódicos —a veces sin recibir un salario— y escribió centenares de artículos y ensayos. Éstos, con algunas excepciones, como su excelente discurso de incorporación a la Real Academia de la Lengua, el 7 de febrero de 1897 (*La sociedad presente como materia novelable*) —lo recibió en la docta institución don Marcelino Menéndez Pelayo—, no suelen ser profundos, porque no era un hombre de ideas sino de ficciones, y a la del pensar prefería la de inventar y contar historias. «Es que lo imaginario me deleita más que lo real», confiesa en sus memorias. También resultó en algunas piezas un excelente dramaturgo —el teatro, recordemos, fue su primer amor literario—, que contribuyó a renovar la escena española no sólo como escritor, también como funcionario, pues fue director artístico del Teatro Español.

Llevaba una vida más bien tranquila, frecuentaba los cafés de costumbre, pero según los testimonios de sus amigos y discípulos, no cometía excesos ni comiendo ni bebiendo, y hablaba poco, aunque escuchaba, silencioso y atento, los argumentos de sus compañeros de tertulia. Eso sí, trabajaba muchísimo y de una manera muy disciplinada, lo que explica la enorme obra que dejó, una de las más amplias de la literatura española: cuentos, novelas, ensayos, obras de teatro y centenares (acaso millares) de artículos. Y que, como él, está signada por la serenidad, la moderación, el amor a España que nunca llega al chovinismo y la suave denuncia de todo lo que le parece injusto o excesivo en las costumbres y realidades de su país. Por ejemplo, la guerra y la frivolidad.

Aunque fue un político, pues llegó a las Cortes representando a Guayama, en Puerto Rico —lugar que nunca pisó pues jamás salió de Europa, con la excepción de aquel viaje a Marruecos para documentarse—, mostró, en su carrera parlamentaria, una discreción radical, como si se aburriera muchísimo en aquellas sesiones en las Cortes; sus intervenciones fueron mínimas y poco militantes.

En sus memorias, él explica su candidatura de esta manera risueña: «Proclamada la Regencia de doña María Cristina, subió Sagasta al poder, y su primer acto fue convocar las Cortes para el año siguiente. Un amigo mío [...] indicó a Sagasta que me sacara diputado por las Antillas. En aquellos tiempos, las elecciones en Cuba y Puerto Rico se hacían por telegramas que el Gobierno enviaba a las autoridades de las dos islas. A mí me incluyeron en el telegrama de Puerto Rico; y un día me encontré con la noticia de que era representante en Cortes, con un número enteramente fantástico de votos».

Su pasión no era la política sino escribir historias, volcar en fantasías todo lo que veía y sentía alrededor, en esa España a la que le costaba tantos sacrificios adaptarse a la modernidad —la España de las interminables tertulias en los cafés cargados de humo, que los *Episodios* describen tan bien—, recordando todo lo bueno que había en su pasado y lo mucho que tenía que abandonar y liquidar para volver a ser otra vez próspera, en esa Europa en la que había sido el más antiguo y poderoso imperio.

Un juicio lo enfrentó en 1896 al editor de los *Episodios nacionales*, don Miguel Honorio de la Cámara, paisano suyo, a quien Pérez Galdós reclamaba devolverle los derechos de autor porque, desde 1873, en que firmaron el acuerdo de cesión, lo que recibía de emolumentos le parecía muy escaso. Asesorado por don Antonio Maura, su compañero en el Congreso de los Diputados y en la Academia de la Lengua, presentó una demanda en los tribunales. Un acuerdo de compromiso puso punto final al diferendo el 3 de noviembre de 1896, en que Pérez Galdós recuperó sus derechos de autor.

Hizo varios viajes por Europa, visitando museos de Italia, el país que más lo atrajo, como se advierte en *Las tormentas del 48*. También estuvo en Inglaterra, Francia y algunos países nórdicos, para ver cuadros clásicos —disfrutaba del arte plástico y había incurrido en él, por afición, sin pretensiones—, y, cuando era amante de doña Emilia Pardo Bazán, hicieron juntos un recorrido por Alemania del que disfrutó mucho. Estuvo también en Portugal, en un viaje que compartió con José María de Pereda, a quien había conocido en Santander, donde veraneaba. Y viajó mucho por el interior de España, documentándose para sus novelas. Pero, aunque en sus memorias asegura que le gustaba viajar, no era tampoco hombre de desplazamientos y aventuras, salvo con la imaginación, a la hora de escribir. Se construyó una casa en el Cantábrico, en Santander, y esta casa, bautizada con el nombre de San Quintín, donde veraneaba y donde escribió parte de los últimos *Episodios*, le entusiasmó; se ocupó en detalle de la construcción y de su vasto huerto, de cuyas flores cuidaba con esmero y hablaba con orgullo.

Esos veranos en Santander fueron también de su prestigio consolidado y de la amistad. Llevó allí sus manuscritos, muchos cuadros y objetos, y hasta allí fueron a visitarlo intelectuales, escritores, como Azorín, hombres de Estado y periodistas. Entre sus amigos más estrechos figura, para sorpresa de sus críticos y admiradores, nada menos que José María de Pereda, que estaba en las antípodas de sus creencias y convicciones; conservador y católico, Pereda fue, también, como Azorín, gran adicto suyo. Pérez Galdós dejó un testimonio elocuente sobre esta «entrañable amistad» con el escritor montañés; amistad que permaneció inalterable, fraternal, hasta que acabaron los días del autor de *Sotileza* y *Peñas arriba*.

«Algunos creen que Pereda y yo vivíamos en continua rivalidad en cuestiones religiosas y políticas. Esto no es cierto. Pereda tenía sus ideas y yo las mías; en ocasiones nos enredábamos en donosas disputas sin llegar al altercado displicente. En verdad, ni don José María Pereda era tan clerical como alguien cree, ni yo tan furibundo librepensador como suponen otros». Una prueba más del espíritu abierto y tolerante de don Benito, que ponía la amistad y el afecto por encima de las disensiones políticas.

Lo único que estropeaba esta vejez tranquila y efusiva fue la salud. Siempre había padecido de la vista; con los años, fue perdiendo la visión del ojo izquierdo hasta tener que dictar las cartas y escritos, incluso los últimos *Episodios nacionales*, y poco a poco se fue quedando ciego.

En junio de 1901 falleció Leopoldo Alas «Clarín», el autor de *La Regenta*, de apenas cuarenta y nueve años, víctima de la tuberculosis. Muchos años de amistad lo unían con este joven y destacado escritor, que se había declarado entusiasta lector de sus novelas, en especial de *Fortunata y Jacinta*, a la que consideraba una obra maestra, y que lo había comparado con Cervantes. Clarín llegó a escribir un pequeño ensayo sobre Pérez Galdós, pero no la biografía que se proponía. A su vez, Pérez Galdós fue autor de un prólogo muy entusiasta para una reedición de *La Regenta*. Ninguno de los dos imaginó nunca que, con el paso de los años, los críticos españoles discutirían sobre si *Fortunata y Jacinta* o *La Regenta* era la mejor novela de España en el siglo xix, una discusión todavía viva y que, de tanto en tanto, se reanima, con defensores de una y otra opción. Lo que, en todo caso, está fuera de duda es que ambas novelas son de lo mejor que se escribió en España de ese género en aquel siglo que produjo en Europa una floración de grandes novelistas y extraordinarias novelas.

En una carta privada del 6 de abril de 1885 —que reproduce uno de los últimos libros publicados sobre el autor de los *Episodios nacionales* (Francisco Cánovas Sánchez, *Benito Pérez Galdós: Vida, obra y compromiso*, Madrid, Alianza Editorial, 2019)— que Pérez Galdós envía a Clarín, le comenta y critica *La Regenta*, diciéndole que lo que falla en el libro es «la preocupación por la lujuria», «la demasiada lascivia» que hay en él. Y le recuerda que, a menudo, aquello que una novela oculta o dice a medias tiene más valor que lo explícito. ¡Cómo cambian los tiempos! Ahora, en el siglo XXI, lo que nos entristece a los lectores no son los excesos eróticos de *La Regenta*, que pasan desapercibidos para un lector de nuestros días, y, más bien, si algo tendríamos que reprochar a la excelente y ambiciosa *Fortunata y Jacinta* es la excesiva prudencia que muestra al abordar la vida íntima de las parejas de esa poderosa novela, que parecen vivir como si los deseos y el sexo no existieran para ellas.

Pérez Galdós en la literatura de España

¿Fue un gran escritor? Lo fue. Desde luego que es exagerado compararlo a Cervantes, algo que él nunca pretendió, pero en el siglo XIX y comienzos del XX, no hay ninguno de sus compatriotas que tenga semejante dedicación, inventiva, empeño y la soltura literaria de Pérez Galdós. Por otro lado, su continuidad en el trabajo era notable y no hay ninguno de sus contemporáneos que haya dejado una obra tan monumental como la suya.

Probablemente fue el primer escritor profesional que hubo en España; la verdad es que, salvo en los años finales de su vida, cuando dedicó parte de su tiempo a la política, él no hizo más que escribir, primero periodismo, y luego los *Episodios*, sus novelas y sus obras de teatro.

Es verdad que, tanto en el XIX como en los comienzos del XX, no hay en España grandes escritores —con excepción de un Valle-Inclán o de un Azorín—, pero esto no rebaja en absoluto el mérito de Pérez Galdós. Él sí fue un gran escritor, sobre todo seleccionando en su obra enorme ciertas novelas u obras de teatro en que su genio destacó; como todos los escritores, tuvo también caídas, que sin embargo sirven para dar mayor relieve y profundidad a sus éxitos.

En cambio, no fue un escritor novedoso, que abriera un camino por el que podrían descubrir su voz otros escritores. No; fue un seguidor bien aprovechado de los grandes folletinistas franceses e ingleses del siglo XIX. Pérez Galdós no hubiera existido sin Balzac, Zola, Victor Hugo, Flaubert (estoy menos seguro de las influencias de él en este último) o Alejandro Dumas y el inglés Charles Dickens, de quien tradujo Pérez Galdós los *Pickwick Papers*.

Quizás el más sorprendente e inesperado defecto que debe imputársele es no haber aprovechado la lección de Flaubert sobre la función del narrador en una novela; en el libro me he referido a ello tantas veces de manera que no vale la pena insistir. Sólo decir que esta limitación hizo que muchas novelas de Pérez Galdós se alargaran demasiado, debido a que él mismo se presentaba como narrador de las historias y debía, por lo tanto, construirse una línea autobiográfica en las novelas que las extendía innecesariamente. U olvidar aquello que decía sobre las fuentes de la historia que contaba.

Fue un escritor muy desigual, como la mayor parte de los escritores, sobre todo porque no rehacía sus textos, se limitaba a corregirlos por encima y añadirles palabras o letras a vuelapluma. La suerte de sus manuscritos estaba en si salían o no salían: no había término medio, porque no rehacía lo escrito o lo dictado. Pero, aun así, escribió grandes y admirables novelas, como *Fortunata y Jacinta*, *Misericordia*, *Doña Perfecta*, *Torquemada en la hoguera*, *El amigo Manso* y otras que se pueden leer y admirar ahora mismo, en nuestra época, sobre todo porque en ellas hay una modernidad renaciente, que nunca se ha perdido.

Fue tan buen novelista como autor de teatro y en ambos géneros se mantuvo ese principio de obras maestras y obras de escasa o nula significación, aunque a menudo entretenidas. Sus aciertos pertenecen a ambos géneros, así como sus fracasos. No hay nada de empobrecedor en que un mismo autor sea responsable de grandes éxitos y de enormes caídas. Prácticamente todos los autores entran dentro de esta categoría, en la que a veces aciertan y otras fallan. Pero basta una sola novela para que figuren para siempre en la historia de la literatura. Y Pérez Galdós escribió varias obras maestras.

De otro lado, a Pérez Galdós no hay que juzgarlo como al común de los autores de su época, pues con los *Episodios nacionales* él fijó una cierta orientación y ordenación histórica a su arte y, aunque ninguno de sus contemporáneos lo siguió, él tuvo el enorme mérito de poner al alcance del gran público hechos históricos centrales, que, a la manera de un Victor Hugo o del autor de los mosqueteros, Alejandro Dumas, llegaban a un gran público al que familiarizaban con los grandes sucesos del pasado español. Esta labor fue encomiable y algunos de los *Episodios*, muy logrados, merecen destacarse entre sus obras mejores. También de esta manera un escritor contribuye a crear una sociedad integrada, haciendo que gentes de distintas regiones y costumbres se sientan herederas de un pasado común. En esta manera de «hacer patria» Pérez Galdós fue el único escritor español de su tiempo que lo hizo. En este sentido remachó la obra de su antiguo antecesor, el *Quijote*, sin duda, el libro que han leído casi todos los españoles —que hemos leído y releído todos quienes tenemos la suerte de hablar y escribir en español— y que nos ha hecho sentir herederos de una estirpe y comunidad en la que están representadas las grandes virtudes españolas y latinoamericanas, y algunos de sus defectos más visibles también. Esa fraternidad allende los mares fue, en gran parte, la obra de un escritor solitario: Benito Pérez Galdós.

La orientación de sus críticas fue siempre acertada, ya que el gran problema de España era la estrictez y carácter implacable de la Iglesia católica, con sus prohibiciones y prejuicios intolerables. Pero, a diferencia de otros escritores españoles, Benito Pérez Galdós no parece haber sido un rebelde integral ni mucho menos un revolucionario. Hasta se podría decir de él que era un creyente moderno, bien avenido con las enseñanzas de la Iglesia católica, aunque muy rebelde a aceptar la intolerancia e intromisión de ésta en las costumbres privadas y la vida pública. Que a menudo, en sus obras de teatro y novelas sobre todo, propusiera soluciones a los temas sociales que estaban fuera de lugar —que los ricos se volvieran buenos y repartieran su fortuna entre los pobres, por ejemplo— habla bien de él pero no de las soluciones que sugería, que eran sobre todo muy poco realistas.

Ocurría con Pérez Galdós algo que era típico de los «liberales» de su tiempo: no tenían el menor interés por la realidad económica y, por lo mismo, las soluciones al problema social que proponían estaban siempre asociadas a la religión, es decir, había en ellas algo desconectado por completo de toda realidad.

No fue en España donde se establecieron las formas más atinadas y científicas de acabar con la pobreza. Me refiero a aquella igualdad de oportunidades que distingue a los países más avanzados de la tierra en el orden social de los demás. Los economistas británicos, americanos y austríacos hicieron más que los escritores (franceses y españoles) en este asunto específico. Pero Pérez Galdós se adelantó a su época en el sentido de que fue un «escritor comprometido», claramente angustiado por los problemas de actualidad y que, antes que nadie, osó inmiscuirse en la gran problemática social que vivía su país, y que era la inmensa diferencia de ingresos entre pobres y ricos, tema en el que, como hemos visto, insistían con frecuencia sus novelas y obras de teatro, proponiendo, eso sí, algunas soluciones muy poco prácticas al problema de la desigualdad.

Aunque hizo muchos viajes por Europa, y desde luego muchísimos más por España cuando investigaba para componer algunos de los *Episodios nacionales*, y sabía algunos idiomas —el italiano, entre ellos, así como tenía nociones del francés y del inglés—, no fue un gran lector de literatura extranjera, de manera que no advirtió, o no le dio demasiada importancia, a la revolución de la novela que, iniciada por Flaubert, llegaría luego, con Joyce y los rusos —Dostoievsky y Tolstoi, sobre todo—, a convertirse en algo completamente distinto y superior a lo que había sido en el pasado. Este aspecto de la evolución de la novela pasó completamente al margen de Pérez Galdós, a quien, por ello mismo, debemos leer hoy más como a un clásico que a un novelista moderno. Yolanda Arencibia nos recuerda que Pérez Galdós compraba muchos libros y, entre ellos, la colección de clásicos de Rivadeneyra, los clásicos griegos y latinos, y muchos libros extranjeros, de Lamartine, Victor Hugo, Gautier, Rabelais, así como obras italianas y alemanas. En su caso se confirma aquello de que detrás de un buen escritor hay siempre un obstinado lector.

Vale la pena señalar que fue un escritor y sólo un escritor, pues dedicó buena parte de su vida sólo a escribir sus artículos, ensayos, novelas, obras de teatro y la inmensa y variada obra que nos dejó. No pretendía ser nada más (ni nada menos) que un escritor. No quería ser un periodista tampoco, aunque sus comienzos en el terreno de la literatura fueran en este campo; luego dejó de escribir artículos para concentrarse sólo en los libros. Y la enseñanza jamás se le pasó siquiera por la cabeza. También en el terreno exclusivo de la vocación hay que señalarlo como un caso aparte, el primero de muchos. Siempre fue lo que quiso hacer toda su vida: un escritor. Es verdad que su familia lo ayudó, pero las pellejerías y problemas que tuvo más tarde con sus ingresos, y que están tan detalladamente documentados por Yolanda Arencibia, nos muestran que, pese a que consiguió vivir de sus libros en una época difícil, cuando aquello no se conocía, su voluntad forzó la realidad y, diríamos, la obligó a aceptarlo así, pues fue el primero de muchos escritores en vivir exclusivamente de sus libros. Había en esta profesionalidad de su vida un ejemplo a seguir, y lo siguieron muchos otros. Pero él fue el primero y no hay que olvidarlo, sobre todo en esta época en que tantos escritores viven en América Latina y en España de su propio trabajo.

Las limitaciones de Pérez Galdós son las del país en el que vivió prácticamente toda su vida, aunque hiciera muchos viajes. Pero nunca se le pasó por la cabeza vivir fuera de España, ni escribir sobre otras realidades que los asuntos y los problemas españoles. En aquellos años en que fue más fecundo, España estaba aislada desde el punto de vista literario y esto se refleja en la obra de Pérez Galdós como una limitación tanto en el estilo como en los temas que trataba: su obsesión con los problemas y la historia de España, a la vez que da lumbre a su prestigio, señala una cierta estrechez e incluso síntomas de provincianismo.

La literatura experimental y vanguardista que, por ejemplo, floreció en París, a él no lo tocó como a otros contemporáneos suyos españoles, y eso pone unos límites a la irradiación de su obra fuera de las fronteras patrias. Aunque colaboró en el diario *La Prensa*, de Buenos Aires, y algunos de sus artículos se publicaban en América Latina, el tema español configuró su literatura y le dio una característica central: la de un escritor preocupado exclusivamente por los temas y problemas de España: era lo que saltaba más a su vista, lo que se metía en su casa a diario a través de los periódicos y de las conversaciones con sus amigos.

Por otra parte, no olvidemos que Pérez Galdós iba contra la corriente y recibía ataques por doquier, y, algunos, bastante brutales. Sólo con los años éstos irían amainando y él se iría convirtiendo en una figura respetable, motivo de orgullo, de la que los españoles —todos— podían sentirse halagados. Estoy seguro de que entre las muchas personas que concurrieron a su entierro había algunas que lo habían atacado en su juventud.

Benito Pérez Galdós estuvo a la altura del prestigio que ahora lo rodea. Sus libros son la mejor confirmación de su talento. Fue, sigue siendo y lo será por mucho tiempo un gran escritor.

Agradecimientos

Agradezco a Jorge Manzanilla, que leyó el manuscrito de este libro e hizo inteligentes observaciones para mejorar su contenido.

Y agradezco también a Andrés Trapiello, que generosamente leyó este texto antes de ser publicado y cuyas importantes sugerencias me sirvieron para remodelar su formato.